数字技术时代的高校图书馆服务

申彦舒　著

湘潭大学出版社
XIANGTAN UNIVERSITY PRESS

图书在版编目（CIP）数据

数字技术时代的高校图书馆服务 / 申彦舒著. -- 湘潭 : 湘潭大学出版社, 2023.6
ISBN 978-7-5687-1160-9

Ⅰ. ①数… Ⅱ. ①申… Ⅲ. ①院校图书馆—图书馆服务—研究 Ⅳ. ① G258.6

中国国家版本馆 CIP 数据核字 (2023) 第 127391 号

数字技术时代的高校图书馆服务

SHUZI JISHU SHIDAI DE GAOXIAO TUSHUGUAN FUWU

申彦舒 著

责任编辑：丁立松
封面设计：张丽莉
出版发行：湘潭大学出版社
社　　址：湖南省湘潭大学工程训练大楼
电　　话：0731-58298960 0731-58298966（传真）
邮　　编：411105
网　　址：http://press.xtu.edu.cn/
印　　刷：长沙创峰印务有限公司
经　　销：湖南省新华书店
开　　本：710 mm×1000 mm 1/16
印　　张：15.5
字　　数：269 千字
版　　次：2023 年 6 月第 1 版
印　　次：2023 年 6 月第 1 次印刷
书　　号：ISBN 978-7-5687-1160-9
定　　价：68.00 元

前　言

图书馆被称作为“人类脑外的记忆社会装置”，其基本功能是整理、储存、传播人类的知识经验。显然，在以科学技术为主要标志的人类社会生产力发展水平不同的各个阶段，图书馆功能实现的手段、路径是不一样的，并且其功能本身也在不断地拓展与深化。一方面，技术为图书馆功能的拓展提供了可能与支撑；另一方面，社会发展也对图书馆的服务功能提出了相应的要求。

自20世纪80年代以来，随着通信网络技术、数据库技术、多媒体技术、光盘技术等信息技术的迅速发展，国内国际互联网络的建立，出现了电子图书馆、数字图书馆、无围墙图书馆等许多新名词、新概念，它们具有文献信息数字化、系统平台开放化、资源共享网络化、读者服务多样化等特征。

进入21世纪，图书馆处在一个数字技术飞速发展的时代。数字技术对各学科领域的研究产生了巨大的推动作用，图书馆学研究也不例外。进入数字时代的图书馆，技术、环境、管理、用户需求等方面的不断变化，推动着图书馆以全新的管理思想进行变革。特别是近10年来，大数据、云计算、人工智能、区块链等新技术快速发展，加快了数字技术与图书馆业务工作的深度融合，也促进了图书馆数字化的发展。数字化已经成为引领图书馆可持续发展的新引擎，图书馆发展已经进入了数字化主导的新时代。可以说，现代图书馆正朝着以数字技术为核心、以数字信息为要素、呈现文献信息化和技术智能化的新模式变革。在飞速发展的数字技术的推动下，图书馆所面临的困境和挑战日益凸显，图书馆资源建设和服务模式亟待更新，通过创新服务理念、管理方式和服务平台，以提升图书馆的服务能力、服务质量和服务效率，进而实现图书馆功能的最大化和最优化。

高校图书馆作为高校的标志性存在，是高校办学质量和水平的重要体现，是高校的信息中心、知识管理中心、学习中心、学术交流中心，是广大师生的精神家园。但也毋庸讳言，由于网络技术的发展、众多搜索引擎的出现，图书馆的用户黏性似乎在降低。如入馆人数、纸本图书借阅量都有所减少。因此，在数字技术时代，高校图书馆如何利用新技术，提高服务质量和品位，提升和拓展服务功能，从而更好地为教学科研服务，为学生成才发展服务，为社会经济发展服务，这是值得研究和探讨的重要课题。

本书主要探讨在数字技术时代，高校图书馆数字技术的开发与利用以及与之相关的多领域多方面的服务问题，共七章。第一章，阐述了对高校图书馆服务的一些基本认知，包括高校图书馆服务的意涵、发展历程、理论基础等；第二章，探讨了数字技术在高校图书馆中的应用以及由此推动的高校图书馆服务的变革与创新；第三章，论述了高校图书馆服务资源以及系统建设过程中，数字技术的运用问题。如基于用户的信息资源整合，基于 SOA 的高校图书馆应用系统集成等；第四章，论及了数字技术背景下，高校图书馆学科专业服务的有关问题，包括学科专业服务的意涵特征、基本模式、数字化服务平台创建等；第五章，讨论了如何利用数字技术有效开展大学生就业指导与服务的问题，包括大学生就业信息服务的理论与实践、就业信息服务平台建设等；第六章，研究了数字化条件下高校图书馆的文化育人服务问题，包括高校图书馆文化育人的内涵及意义、文化育人的路径、文创产品的营销等；第七章，探索了数字技术条件下高校图书馆社会化服务的一些问题，包括社会化服务内容、新理念、非物质文化遗产的保护、农家书屋建设、乡村阅读推广等。

由于作者水平能力有限，本书无论是架构还是内容，都有许多需进一步完善的地方，敬请广大读者批评指正。

书中引用了许多专家学者的观点、论述，也参考了许多文献资料，在此一并致谢！

申彦舒

2022 年 12 月于娄底

目　录

第 1 章　高校图书馆服务概述

服务是图书馆永恒的主题，图书馆的各项功能正是通过各种形式的服务来实现的。服务的质量和品位，决定着图书馆存在的价值，决定着读者和各种利益相关者对图书馆的满意程度。高校图书馆作为高校的标志性存在，其基本职能就是为教学科研服务，为学生成才发展服务，为区域经济社会发展服务。显然，服务质量是高校图书馆存在和发展的生命。随着科学技术的发展，特别是数字技术的发展，高校图书馆面临着许多机遇与挑战。在新的形势和条件下，如何加强服务管理、提高服务质量、增强图书馆的用户黏性、深化和拓展图书馆的功能，是值得深入研究和探讨的重要课题。因此，首先我们必须对高校图书馆服务建立基本认知。

1　高校图书馆服务的基本意涵

1.1　服务的概念及其品质

1.1.1　对“服务”一词的理解

提到“服务”一词，人们都不会感到陌生。但要说清楚“什么是服务”并非易事，大多是似懂非懂。“服务”在古代是“伺候、服侍”的意思，主要是指体力方面的付出。《辞海》的释义是：（1）为别人或集体工作；（2）服务也称为劳务，即不以实物形式，而是以劳动的形式满足他人某种需求。《现代汉语词典》的解释是：履行职务，为他人做事，并使他人从中受益的一种有偿或无偿的活动。

在英语中，服务 Service，最早来自古拉丁语的 Servitium，意思是“奴隶制、奴隶身份”，Servus 意为“为……提供服务、效劳、公共服务、服务业等”。

随着社会的发展，“服务”被不断地赋予新的意涵。从广义上看，大量的与人打交道的工作都可称作为服务。可以说，如今服务已成为整个社会不可或缺的人际关系的基础。在社会学中，服务是指为某种事业而工作或为别人、为集体的利益而工作，如“为人民服务”。在这里，服务具有公共服务、社会职责等内涵。现代经济学里，服务是指以等价交换的形式，为满足企业、公共团体或其他社会公众的需要而提供的劳务活动，它通常与有形的产品联系在一起。如芬兰格罗鲁斯（Gronroos）指出：“服务是由一系列或多或少具有无形特性的活动所构成的一种过程，这种过程是在顾客与员工有形资源的互动关系中进行的，这些有形资源（有形产品或有形系统）是作为顾客问题的解决方案而提供给顾客的”。我国叶万春等人认为，“服务是具有无形特征却可给人们带来某种利益或满足感的可供有偿转让的一种或一系列活动”。

学者对“服务”含义的解读，从不同的领域、不同的视角出发会有所差异，但从中还是可以概括出一些共性的因素。如服务是由一种或多种活动组成的一个过程，它的实现涉及三个基本要素：服务的消费方、服务的提供方、服务接触；服务的产生由需求开始，其结果是需求的满足；服务过程中可使用一定的工具或伴随商品的交换；服务的消费方与提供方有一定的互动，服务传递可以通过一定的媒介；服务需要消耗一定的资源；等等。

在信息技术、数字技术飞速发展的今天，实现服务的方式和方法以及手段，与以往相比，有了巨大的改变，知识密集型服务、智能智慧型服务的比重日益提高，对提高服务效率的要求也越来越高。传统服务过程中，人与人之间的直接接触或间接接触，变成了人与机器、人与媒介的接触与相互作用，自助服务变得越来越普遍。如图书馆的自助借还、自助复印，银行的柜员机（ATM）等，通过自助服务来提高服务效率是服务业发展的一种趋势。所有这些，都彰显了服务与设备、技术、知识以及方法之间一种日益紧密的关系。

综上所述，我们可以将服务定义为：通过运用一定的设备、技术、知识、方法来满足顾客需求的行为或活动。

1.1.2　服务的品质

从上面的分析可以看出，服务本质上是一个过程，离不开服务双方的互动，是行为、流程与绩效的综合体。讨论和研究服务或服务管理，不可避免地会涉及服务的质量问题，也就是服务的品质问题。那么，从哪些方面去评判服务的质量，换句话说，服务的品质主要体现在哪些方面呢？为此，国内外许多学者做过一些研究。其中，最具代表性的是美国营销学家帕拉苏拉曼（Parasuraman）提出的五因素论。

（1）有形性（Tangible）。包括实际的设备、设施、空间、环境以及服务人员的外表、着装等。

（2）响应性（Responsiveness）。员工主动提供服务的动机和愿望非常强烈，能自觉做好各种准备工作，能够快速地响应服务对象的要求，满足他们的服务需求。

（3）可靠性（Reliability）。服务方信誉度高，能够可靠地、不折不扣地履行服务承诺。

（4）保证性（Assurance）。包括能力、文明、礼貌、可信度、安全性等。具体是指员工所具有的知识、技能以及表现的自信和可信，能够为服务对象提供有效的服务，服务对象有心理安全、人身安全等方面的保障等。

（5）移情性（Empathy）。也称关怀性，包括理解、沟通、可接近性等。具体是指能够充分了解服务对象的需求，设身处地为他们着想，进而提供人性化、个性化的服务。

帕拉苏拉曼的观点，反映了服务工作的一般规律与特点，对图书馆服务品质的评估，有一定的借鉴意义。图书馆服务是一种文化服务、知识服务，在表现形式上是一个由无形服务和有形产品共同组成的整体。有形产品包括图书馆的图书资源、设备、设施、空间布局、环境氛围、馆员的仪态仪表，都是图书馆服务品质的一个重要表现，在很大程度上影响着读者和用户对图书馆的评价。

目前兴起的数字图书馆、智慧图书馆建设，就是顺应了在新的技术条件下读者和用户对图书馆服务的新要求。充足的文献资源，现代化的仪器设备，清新典雅的借阅环境，馆员整洁端庄的仪态仪表，无疑会带给读者和用户一种很强的愉悦感和满足感。除此以外，图书馆服务的响应性、可靠性、保证性、移情性，也是读者和用户关注的一些重要内容。以人为本，信守承诺，设身处地为读者着想，服务人性化、个性化，所有这些都是图书馆服务品质的重要表现，是图书馆服务质量评价指标体系构建的重要内容。

1.2 高校图书馆服务的含义及其特点

1.2.1 高校图书馆服务的含义

“图书馆服务”的概念是在20世纪90年代确立的。《中国大百科全书·图书馆学情报学档案学》中将图书馆服务定义为“图书馆利用馆藏和设施直接向读者提供文献和情报的一系列活动，有时也称图书馆读者工作”，其外延是“现代图书馆不仅通过阅览和外借的方法为读者提供印刷型书刊资料，还提供缩微复制、参考咨询、情报检索、情报服务、定题情报检索以及宣传文献情报知识的专题讲座、展览等服务”。

刘昆雄认为，现代图书馆服务有4个层次，每个服务层次都是由许多具体的服务项目来实现的。这4个层次是：第一是作为休闲场所；第二是作为学习场所；第三是作为文化和信息中心；第四是作为营销机构。

毕九江认为，图书馆服务是为满足读者的信息需求而开展的各项工作。服务可以划分为信息资源服务、信息咨询服务两类。图书馆服务的内涵并不单单是指为满足读者的信息需求而开展的各项工作，还应包括图书馆的服务理念、服务质量、服务环境以及在图书馆服务过程中工作人员的业务能力、服务态度等。

鲁黎明认为，图书馆是为了满足社会和用户的文献信息等多方面的需求，利用自身的资源，运用多种方法所开展的一系列服务活动。

袁琳对图书馆服务的界定是，“图书馆根据读者的文献需求，充分利用图书馆资源直接向读者提供文献和信息的一系列活动”。

综合多数学者的观点，可以认为，图书馆服务就是图书馆为了满足读者和用户的文献信息等多方面需求，利用自身的资源，运用多种方法所开展的一系列服务活动。图书馆服务的实质是以读者和用户信息需求为导向，确定图书馆的建设方针、服务任务和服务目标，按照图书馆工作自身的特点和规律，准确把握读者和用户的信息需求心理和阅读规律，通过不断地创造和完善服务方式，向社会传播知识，向读者和用户传递文献信息，从而实现图书馆服务的目标。

高校图书馆服务，除了具有一般图书馆服务的一些特性以外，还有其特殊性，概念的内涵与外延有所不同。宗妮指出，高校图书馆服务就是指高校图书馆服务人员为高校学生、教师、科研人员等提供的硬件、软件、人员、管理等方面的服务，并使他们从中受益的有偿或无偿的活动，主要是满足高校图书馆读者和用户在信息资源方面的特殊需求，达到信息资源方面的满足。

黄健指出，高校图书馆的服务是一种特殊的服务，是指图书馆根据用户的文献信息需求，充分利用馆藏资源向读者和用户提供文献和信息的一系列活动，是通过各种各样的服务方法来实现的。

由此可以看出，高校图书馆服务的构成要素：一是图书馆服务对象，主要是高校的教师、学生以及其他相关读者，当然也包括社会各种组织和个人；二是图书馆服务资源，它是图书馆开展服务的基础条件，主要包括文献信息资源、人力资源、设施资源以及其他一切可以为社会和个人所利用的资源；三是满足读者和用户需要的各种服务手段和方式，它是图书馆服务实现的前提条件。因此，可以将高校图书馆服务简单定义为，通过运用一定的技术手段，提供信息资源，以满足高校读者和用户需求的一系列活动。

1.2.2　高校图书馆服务的特点

在高校图书馆的建设与发展中，技术的进步及其广泛应用，从根本上给高校图书馆的服务观念和服务方式带来了巨大的变革。技术的进步改变了高校图书馆的资源建设模式和服务方式，拓宽了高校图书馆的服务领域，也促进了高校图书馆在信息资源共建、共享领域的全面合作和服务。随着信息技术和网络技术的不断发展，人们价值观念的转变，使得人们对图书馆服务的需求也在不断地变化。现阶段高校图书馆服务有以下特点：

（1）服务理念人性化

随着社会的发展，图书馆的服务已经实现了从书的图书馆到人的图书馆的转变，强调读者和用户在图书馆中的位置，突出图书馆是根据人的需要而设置的，是以人为本而运行的。高校图书馆是为教学科研服务的学术性机构，其存在的根本目的就是为了满足师生的需求。以师生需求为中心，进行图书馆服务管理的各种创新，强调员工与读者的积极互动，努力增强图书馆的黏性，打造有温度的图书馆，业已成为高校图书馆服务管理的重心。

（2）服务资源多样化

随着数字技术的发展，图书馆为读者服务的文献信息资源已呈现出印刷型文献与联机数据库、电子出版物、网络化信息资源并重的格局。同时，以现代视频技术为手段而大量涌现的数字视频信息资源为人们获取丰富的多媒体信息创造了条件。信息载体多样化的发展打破了纸质文献一统天下的格局，信息技术的发展使图书馆的服务资源变得更加多样化。

（3）服务方式多元化

图书馆传统的服务方式是简单的借还和阅览，而随着数字技术的发展，图书馆的服务方式趋于多元化，实现了由被动服务到主动服务、由封闭式服务到开放式服务、由人工服务到自动服务的转变，提高了图书馆的服务效能。

（4）服务内容个性化

随着社会需求的不断变化，服务技术逐渐突破，高校图书馆在服务的过程中，可以根据不同服务对象的服务需求，对相关服务内容进行针对性定制，不断为用户提供个性化服务，如定制个人的数字图书馆、学科导航服务、信息反馈等。显然，个性化服务极大地节约了用户从信息海洋中搜索的时间。

（5）服务手段现代化

数字技术环境下，高校图书馆工作手段主要是采用现代信息技术，使图书馆成为一个具有文献信息高速收集、加工、整合、管理、发散、传播的有机系统，以满足读者多样化的需求。读者的各种服务需求可以通过现代化设备和现代化技术的应用得到全方位的满足。如通过网络可以开展数字参考咨询和高层次的情报调研、定题跟踪、专题检索服务等。

（6）服务环境开放化

数字技术时代，图书馆信息服务环境从封闭式实体馆舍转变为开放式数字空间，计算机网络将现代图书馆置于广阔的信息空间里，最大限度地拓展了图书馆信息交流与服务的空间，图书馆真正进入了一个共建共享、共同发展的新阶段。

（7）服务范围社会化

网络技术的发展为读者提供了开放化信息需求的客观环境，加速了读者信息需求社会化的进程，信息产品已成为图书馆自立于信息社会和市场的一个标志。图书馆为了自己的生存和发展，必须走信息服务社会化之路，为广大的信息用户服务。

2　高校图书馆服务的发展历程

图书馆服务经历了从封闭到开放，从仅提供一次文献到提供一、二、三次文献服务，从借阅服务到参考咨询服务，从坐等服务到主动推送服务，从信息服务到知识服务，从无偿服务到有偿服务，从按时服务到即时服务，从在馆服务到馆外服务的漫长变化过程。综合来看，其服务与方式大体经历了以下五种形态，并在整体上呈现阶梯层次，其中每一个较高层次都源于较低层次，但呈现出优于较低层次的新的特征。

2.1　文献实体服务

约公元前3000年，在两河流域的古巴比伦王朝的一座寺庙废墟附近，考古人员发现有大批泥版文献被集中在一起。直到近代印刷革命和产业革命之前，古代的图书馆，无论是西方的尼尼微皇宫图书馆、亚历山大图书馆、欧洲中世纪的寺院图书馆，还是中国殷商时期的“窖”藏甲骨、周代的守藏室、隋唐的书院，在整体上都表现出对社会大众的封闭性，由此便决定了古代图书馆以文献实体服务为特色的服务内容与方式。

这一时期的图书馆由于建设主体、服务对象特殊，功能上与档案室并无太多差异，例如，古代的藏经阁、御书房、私立书院等，藏有各时期许多珍贵资料，还有很多寺庙也保存有万卷经书，是一座座“活历史”，图书馆资源具有原始性、稀缺性等特点，馆藏量少，重藏轻用，强调文献资料的保管和收藏，不重视文献的利用和推广。受当时生产力水平的限制，图书馆发展在数千年的时间里没有实质性变化，服务内容通常为简单的手本抄录、单一阅览等。

2.2 书目信息服务

在我国，由于纸质载体和印刷技术的发明，古代文献卷帙浩繁，书目信息工作由来已久。在西方，书目信息服务大体上与近代图书馆的发展同步。西方近代图书馆起源于文艺复兴和宗教改革时期。欧洲进入资本主义社会后，大机器生产需要有文化的工人的参与，教育开始普及到平民，文献生产能力大大提高，从而使一些全国性的图书馆对外开放。17 世纪，德国图书馆学家诺德提出图书馆不应仅为特权阶层服务，而应向“一切想来图书馆学习的人开放”。19 世纪中期，以英、法等国为代表的工业革命基本完成，科技革命迅速发展，以英国的《哲学汇刊》（1665）、德国的《药学总览》（1830）、美国的《工程索引》（1884）等为代表的科技书刊和文献索引纷纷出现。西方的目录学也正是在这样的经济、科技的基础上获得了快速发展。以 1895 年世界性的目录学组织——国际目录学会的成立为标志，世界目录学实现了从传统目录学向现代目录学的转变。

与此同时，除了传统的文献实体服务外，各种书目信息工作、服务和管理在图书馆界中开始活跃起来，尤其是分类目录、卡片目录、各种二次文献信息产品的开发、新书目录通报以及相关的书目控制、书目情报系统建设等逐步成为图书馆活动和服务的中心工作。

书目信息服务是指图书馆利用书目、文摘、提要、索引、书评、综述等书目信息资源，为信息用户提供文献信息，以节省用户的时间和精力，提高文献查找速度和利用效率的服务工作。书目信息服务的最初形式只有目录一种，随着社会的发展，现在的书目信息服务已经包括书目、索引、文摘等工具。书目的根本特点在于其组织的不是信息资料本身，而是关于它们的信息。人们对文献实体分离出关于文献的信息，并克服了文献与需求者的矛盾，以达到统一记录和组织这些文献信息的目的，这是一切书目活动历史的和逻辑的出发点。传统书目信息服务是以馆藏文献为依据，通过手工、个别解答的方式来提供服务。

2.3　参考咨询服务

参考咨询服务是为用户解答疑难问题以及帮助寻找文献书籍的服务，是方便读者使用文献资料并使其最大程度上满足读者需求的服务。参考咨询服务的宗旨是服务读者，以文献为根本，帮助读者获取文献，获取文献内容，帮助读者根据自身需求选择所需的文献，为读者在寻求信息资源的过程中提供有效的帮助，并为读者讲解检索方式，使读者能够用最短的时间检索到自己需要的文献、文献知识以及文献线索，在读者不会使用检索工具的情况下，积极主动地辅导读者使用，帮助读者解决疑难问题。它是以协助检索、解答咨询和专题文献报道等方式向读者提供事实、数据和文献检索。参考咨询更加强调图书馆的情报职能，更注重用户的信息需求，它将书目信息服务提升为不仅是能够为用户提供书目的工具，而且可以帮助解决实际问题。

20世纪初，多数大型图书馆成立了参考咨询部门，并逐渐成为图书馆服务中的一项重要内容。早期图书馆界认为，参考咨询的内容只限于提供书目。由于读者对图书馆缺乏足够的了解，不知道图书馆能够提供什么文献资源，咨询服务的内容主要集中在咨询馆员帮助读者使用编目工具，进而查找读者所需的馆藏文献资源。随着文献信息的激增和用户需求的增长，早期的指导利用图书馆和书目解答问题等服务内容逐渐发展到从多种文献信息源中查找、分析、评价和重新组织情报资料。20世纪40年代，参考咨询服务不仅为用户提供书目信息，还要根据用户需求解决实质性问题，是学科馆员服务内容的前身，后续又演化出专题文献检索、定题检索、文献代译和综述等服务类型。随着社会发展，学术研究日益增多，参考咨询问题也变得不断深入，用户对参考咨询服务内容的要求也开始变得深入，扩展到了更深层次的服务，参考咨询服务的对象不再只是停留在校内读者，而是社会上的各种各样有需求的用户。参考咨询服务也不再是对图书馆内现有的文献信息进行资源检索、收集和整理了，咨询馆员还要根据实际情况去做实地调查和采集信息。

随着信息技术、网络技术和通信技术的飞速发展和广泛应用，图书馆参考咨询服务的内容、方式、手段和机制流程都发生了重大变化。图书馆参考咨询服务经历了传统参考咨询服务模式、数字参考咨询服务模式和移动参考咨询服务模式。传统参考咨询服务主要是建立人工咨询台，馆员通过与读者面对面的口头交流，回答读者的问题。数字参考咨询服务是利用相关的图书馆文献和信息资源，为有需求的用户提供不间断服务，且不受时间、空间和地域等客观条件的限制。数字参考咨询服务，也称虚拟参考咨询服务或网络参考咨询服务。移动参考咨询服务是承载在移动终端上不受时间和空间限制的参考咨询服务，移动终端最大的优势是可以移动上网、可以收发邮件、便携并且即时性强，用户不仅可以使用移动终端访问图书馆，还可以向参考咨询馆员咨询问题，参考咨询馆员可以即时回答，还能通过后续方式及时地得到用户的反馈，实现了用户和咨询馆员的及时沟通。

2.4 信息检索服务

20 世纪中后期，一些图书馆开始利用计算机和现代通信技术建成各种文献数据库、数值数据库和事实数据库，并逐步实现了联机检索，使参考咨询服务中的部分工作自动化，而参考咨询工作的流程，即接受咨询、进行查询、提供答案、建立咨询档案等，也为信息检索服务的方法和策略提供了一种框架。这些都使信息检索服务方式的实现指日可待。1945 年，美国科学家布什首次提出了机械化检索文献缩微品的设想；1948 年，美国数学家莫尔斯提出了信息检索的概念和思想；英国文献学家布拉德福于 1948 年发表了《文献工作内容的改进和扩展》一文，强调了自 19 世纪 90 年代到 20 世纪 40 年代蓬勃发展的文献工作所面临的必须革新的局面。这些都促成了图书馆文献服务内容与方式从文献实体或文献信息为主体向以信息资源为核心的历史性转移。

信息检索服务是在用户从文献需求向内容需求转变、信息技术的不断发展以及图书馆职员素质不断提高的背景下产生的。信息检索是指将信息按一定的方式组织起来，并根据用户的需要找出有关信息的过程和技术。信息检索服务强调对馆藏信息资源进行加工，再通过各种方式和手段提供给用户使用。

信息检索服务包括对数字化馆藏的检索服务、对网络资源的检索服务以及E-mail服务。数字化馆藏的检索服务可以实现馆藏查询、光盘数据库检索和自建数据库检索等。网络资源的检索服务可以实现线上资料库查询、与相关站点的链接等。E-mail是计算机与现代通信网络紧密结合产生的一项新型通信业务，是一种基于计算机网络，以存贮、转发形式传递各种数据、图像和文字信息的系统。它分布广泛，信息传递快，许多高校图书馆都建立了E-mail服务器，通过E-mail完成对图书馆数据库的自动检索。

随着检索的智能化、数据挖掘、知识发现的发展，以及各类信息咨询和信息调查机构的兴起，全文本、多媒体、多原理和自动化等新型检索方式将会取得长足的进步，信息检索服务将演变成图书馆网络化知识服务的基础和手段。

2.5　网络化知识服务

网络化知识服务是与信息资源的网络化、知识经济和技术创新的社会背景息息相关的，也是信息检索服务发展的必然结果。20世纪90年代后，随着网络技术的发展和普及，图书馆的数字化、信息资源的网络化、信息系统的虚拟化，以及各种非公益性的信息机构将包括文献信息检索传递在内的信息服务直接提供给最终用户，导致信息交流体系和信息服务市场的重组，图书馆对信息服务的垄断地位也不复存在。这些都促使图书馆必须迅速调整和充实服务的内容和策略，重新定位其核心竞争能力，使现有的以信息检索为核心的服务方式向网络化知识服务方式转变，以保证其在数字化、网络化环境中的社会贡献、用户来源和市场地位。

网络化知识服务是一种以用户需求为导向，以传统图书馆的信息收集、组织和标引等技术为基础，借助新的信息技术和知识管理手段将各类零散的显性知识和隐性知识进行语义关联和挖掘，并以各种恰当的方式提供给用户的一种面向知识内容甚至是解决方案的专业化、个性化的知识集成服务。网络化知识服务是在信息服务的基础上，深度挖掘资源内容间的相关关系，力求为用户提供全面的解决方案，强调通过服务来解决用户所面临的问题，是信息服务的深化。知识服务阶段更加注重用户的需求，图书馆通过传统的调查问卷、访谈等形式来获取用户需求的同时，也应用了大众分类标签、用户行为跟踪等技术收集用户的实时信息行为。

网络化知识服务是图书馆信息服务的高级阶段，它是一种基于网络平台和一切信息资源，以科研人员需求为目标驱动的、面向知识内容的、融入情报人员决策过程并帮助他们找到或形成问题解决方案的增值服务。网络化知识服务具有需求导向性、专门定制性、动态集成性、创新性等特征，基本上属于单向或多向主动型服务。

网络化知识服务的主要模式有学科馆员式服务模式、门户网站式服务模式以及个性化服务模式等。学科化服务模式不再是按照文献工作流程来组织科技信息工作，它摆脱了阵地化的发展模式，按照学科、专业、项目等科学研究使信息服务学科化，服务内容也不再是简单的文献检索与传递，而是以面向知识化为核心，从而提高了信息服务对用户需求和任务的支持力度。图书馆门户网站是一个实现用户和图书馆工作人员之间信息交流互动的统一信息平台，它利用图书馆的信息、知识，提供信息资源的收集、加工、整理、传递和共享，从而为用户提供知识服务。门户网站服务模式具有专业性、时效性的优点，是为用户获取信息、交流信息提供基于 Web 的信息服务平台。个性化服务模式是指利用个性化定制技术和信息推送技术，按照特定用户的偏好、习惯等开展知识服务，通过网络提供个性化的服务，将感兴趣的信息推荐给用户，进而满足用户的个性化需求。个性化服务模式主要体现了个性化特点，即逐渐将以往“我提供什么，用户就接收接受什么”的运作方式转变为“用户需要什么，我就提供什么”的发展方向，这种模式具有高度的目标性和流动性、强烈的可控性和主动性等特点。

纵观高校图书馆服务的发展历程，我们不难发现，高校图书馆的服务始终是适应社会发展、变化而不断得到完善和发展的，它的发展既具有相对的稳定性，又在新技术革命的影响下不断创新。服务和发展，将是图书馆界需要面对和研究的永恒不变的重大主题。

3　高校图书馆服务的理论基础

3.1　图书馆学新老五定律

印度著名图书馆学家阮冈纳赞（Shiyali Ramamrita Ranganathan）于1931年撰写了《图书馆学五定律》，图书馆学五定律主要内容是：书是为了用的；每个读者有其书；每本书有其读者；节省读者的时间；图书馆是一个生长着的有机体。这五大定律围绕以人为本的宗旨，揭示出图书馆与图书馆学的本质，是图书馆学与图书馆领域的基本原理。图书馆学五定律的提出标志着图书馆学基础理论进入深入发展阶段，被国际图书馆界誉为“我们职业最简明的表述”，彻底改变了传统图书馆以“收藏”为主的服务观念，强调了图书馆服务的重要性。首先，第一定律“书是为了用的”改变了传统图书馆以收藏为主要使命的观念，明确指出图书馆藏书的根本目的是满足读者需要、为读者服务，并非单纯收藏保存，确立了以用为本的服务宗旨。第二定律“每个读者有其书”，提出图书馆应当为所有读者服务，每个读者都可以平等地使用图书馆，强调服务对象。第三定律“每本书有其读者”，要求图书馆的藏书发挥作用，强调服务的针对性。第二、三定律从根本上确立了图书馆服务从“书本位”到“人本位”的基本思想。第四定律“节省读者的时间”，强调图书馆服务的效率和效益，图书馆服务的直接作用就是节约读者的时间。第五定律“图书馆是一个生长着的有机体”，概括了图书馆的发展观，馆藏资源在增长，需求也在变化，因而图书馆服务也需要不断地创新和发展。可见，五定律既是图书馆服务的基本原理，也是图书馆服务的指导原则。

1995年，美国著名的图书馆学家戈曼在阮冈纳赞五定律的基础上，提出了图书馆学的新五定律。其主要内容是：图书馆服务于人类文化素质；掌握各种知识传播方式；明智地采用科学技术，提高服务质量；确保知识的自由存取；尊重过去，开创未来。可以看出，新五定律的提出有其鲜明的时代特征，体现了随着社会的进步、科技的发展，人们对图书馆的认识也在不断地深入，图书馆工作中涌现出很多新的内容。新五定律强调的仍然是图书馆的“服务”功能，只是将其提升到现代化服务这一高度，是新的时代背景下图书馆工作中需要遵守的法则。

新老五定律的提出，给我们提供了理论基础，它们的精髓都是以读者为中心，说明图书馆的最终目的是为用户提供有效的服务，“服务”是图书馆一切工作的出发点。通过以上对新老五定律的论述可以得出：无论图书馆如何发展，发展到什么程度，服务都是图书馆永恒的主题。只不过随着时代的发展，面对数字化、网络化的环境，图书馆应该在服务模式、服务内容、服务手段等方面，进行不断的创新，只有这样，才能不断地满足读者的需求。新老五定律对图书馆的服务创新活动具有很好的现实指导意义。

3.2 长尾理论

长尾（The Long Tail）理论是美国《连线》杂志主编克里斯·安德森（Chris Anderson）在对 Netflix、亚马逊、谷歌、iTunes 等互联网零售商或互联网服务提供商的成功案例分析和总结的基础上，通过对其产品或服务销售曲线进行细致的观察后提出的。互联网技术发展至今，“长尾理论”在商业领域的应用有着广泛的案例支撑，其经济价值已经被成功验证了。长尾理论指的是只要存放和流通的产品的销售渠道足够多，那些需求或销量低的产品所共同占据的市场份额可能等于或者大于那些少数热销产品所占据的市场份额，换句话说，许多小市场的融合汇聚可以形成与主流市场不相上下的市场能量。

从服务的行为目的和存在意义上来看，图书馆服务是公共服务。而事实上，图书馆服务兼具服务性和产业性的双重属性。具体表现在以下两个方面：首先，从表现形式来看，图书馆与其他提供服务性产品的部门或行业一样具有生产性。图书馆服务的过程实际上就是一种生产过程，产出结果是能满足不同读者需要的图书馆服务产品。其次，从行为模式来看，图书馆服务是各类服务资源和图书馆读者的“中介”。这种“中介”在服务过程中能够产生价值的增值，如有偿的私人定制服务等。由此可见，将公共属性剥离，图书馆服务不仅具有与产业性服务相同的行为特征，还具有与其相同的经济活动特征。这就是图书馆服务的产业属性。正是因为图书馆服务是可以产生经济价值的服务型产品，在商业经济领域被成功验证和广泛应用的“长尾理论”也同样适用于图书馆服务业。

从长尾理论的角度，联系图书馆信息服务的实际情况进行分析，我们不难发现，图书馆信息服务中存在两条长尾，分别是信息资源长尾和用户长尾。信息资源长尾既存在于纸质信息资源，也存在于数字信息资源。纸质信息资源长尾主要是指图书馆馆藏信息资源中利用率较低的纸质文献，数字信息资源长尾主要是指图书馆已购买或拥有使用权但利用率较低的数字信息资源。信息资源长尾告诉我们，要善于抓住重点馆藏资源，最大限度地发挥重要信息资源的价值。同时，也要充分利用当前信息技术，挖掘尚未被利用的“闲散”信息，以便更好地为社会各种文化层次的读者服务。用户长尾既是指现有用户长尾，即用户对信息资源需求的差异性与个性化形成的长尾，也是指潜在用户长尾。数字时代获取数字信息资源的易操作性以及简易信息聚合（RSS）、维基（Wiki）、博客等渠道对用户个性化需求的满足，使得用户的个性化需求被极大地激发出来。与此同时，许多潜在用户的需求也受到了越来越多的关注。图书馆利用先进技术把各种类型的信息资源整合起来，为用户提供统一的检索入口，实现一站式检索服务，以吸引更多的潜在用户利用图书馆的信息资源，从而形成网络环境下图书馆潜在用户的长尾。用户长尾启示我们，不应只注重图书馆20%的核心用户群体，也需满足剩余80%潜在用户群体的信息需求，事实上，潜在用户群体的信息服务市场占额并不比核心用户群体占比小，应注重挖掘潜在用户的细微要求，为用户提供个性化服务，提升用户的服务体验，发展壮大用户群体。

长尾理论是一种“去中心化”的理论，它强调的是经营与需求的差异化和个性化、市场的细分以及信息交流的双向性和互动性。这恰恰与图书馆要适应社会需求的发展思想不谋而合。

3.3　人本管理理论

人本管理是以人为核心、以人为根本的管理思想，源自西方管理思想中的人本主义，形成于20世纪70年代，主要代表人物是美国心理学家马斯洛（A. H. Maslow）。它的兴起和发展直到今天的繁盛，都表现出管理学与伦理学的融合趋势。人本管理是一种把“人”作为管理活动的核心和组织的最重要的资源，把组织内部全体成员作为管理主体，围绕如何充分利用和开发组织的人力资源，服务于组织内外的利益相关者，从而实现组织目标和组织成员个人目标的管理理论和管理实践活动。人本管理的核心价值观是尊重人、关心人，激发人的热情，满足人的合理需要。著名的管理学家陈怡安教授将人本管理的核心提炼为三句话：点亮人性的光辉；回归生命的价值；共创繁华和幸福。这三句话比较全面地体现了人本管理的精髓与最高宗旨。

人本管理主要是秉持着以人为本的管理理念，以人为中心、重视人的价值、满足人的合理需求，从而达到挖掘人的潜能、调动人员积极性、实现管理目标的一种管理手段。在管理中，人占主体地位，所有活动的规划、目标的制定、任务的实施都是取决于人的能力，每个细节的完成度也取决于人本身所具备的能力、智慧和技巧的高低。如果一个组织中没有人在其中起作用，组织也不能够成为组织，各种资源也会因没有人去开发和利用而变得一文不值。不管是企业、政府或是其他单位的管理者，都要尊重每一位员工、每一个人，强调人与人之间的尊重、信任、和谐与支持。

在高校图书馆服务中，服务主体是图书馆中的工作人员，服务客体是学生读者、教职工和校外读者。所有的服务，包括信息资源服务、物理空间服务、个性化服务等，都是以主客体的人为中心，以人本、人性、人文为着眼点。高校图书馆人本管理体现在以用户为本和以馆员为本两个方面。以用户为本，一切创新活动都建立在尊重用户、理解用户的基础上，无论是服务理念、方式、内容还是服务环境，都要从用户的角度出发，以满足用户的需求为最终目标；以馆员为本，一切管理活动都是围绕调动馆员的主动性、积极性和创造性而展开，使管理与服务的质量和品位不断提升，从而实现高校图书馆的可持续发展。

人本管理既是一种指导图书馆管理实践的思想理念，又是一种以人为中心、立足于人的价值的管理模式与方法。因此，这个管理理念被引入图书馆是知识经济时代带给图书馆的新思维和新理念，也是图书馆管理创新的必然趋势。

4　高校图书馆服务的新理念

信息服务理念是开展信息服务工作，确定服务策略、方式与模式的思想准绳和理论基础，是信息服务的灵魂。数字技术时代，图书馆信息服务的创新，必须以科学的、先进的服务理念为指导。在高校图书馆服务实践中，出现了许多新的思想、新的理念。

4.1　用户需求为中心理念

数字技术时代图书馆信息服务是满足用户解决现实问题的信息知识产品需求的活动，用户是图书馆服务的核心，是服务质量的最终评价者，离开用户，图书馆也就失去存在的价值。用户的信息需求是信息服务发展的根本动力。在数字技术持续发展、数字信息爆炸式增长的情形下，图书馆应重点关注读者，将读者需求视为工作的重心，尤其是在数字化快速发展的环境下，读者服务工作要上升到重点一线服务工作中。无论是宏观的图书馆资源建设工作，还是微观的参考咨询服务、用户培训、服务系统平台开发等相应的工作都要以用户为中心开展。在数字技术时代，图书馆环境和用户环境剧烈变化，用户需求体现出动态性、多样性及个性化的发展特点，决定了图书馆的信息资源建设、服务模式、工作重点等都要以用户需求为中心。我们不仅要满足用户的基本需求，还争取超越用户“期望”，使用户感到满意和惊喜。

4.2　知识服务理念

数字技术时代图书馆信息服务是一种知识服务。知识服务所关心的不仅仅是为用户传递、检索或提供了什么文献信息，更重要的是通过图书馆的服务，为用户解决了什么问题。用户的信息需求，从本质上来说，是为解决实际问题对相关知识的需求，信息只是用户生产知识的资源。随着信息技术与信息交流环境的不断变化，传统的信息服务已难以有效切入用户知识应用和知识创新的核心过程，图书馆服务的重心正从传统文献信息服务向知识服务转变。数字技术时代图书馆的信息服务必须在知识服务层次上下功夫，有效地收集、组织、存贮信息资源，根据用户的需要对信息资源进行深层次开发，挖掘其中隐含的知识，提供问题解决的知识。随着网络信息环境的形成，文献检索与传递服务在用户需求中正在逐步弱化，用户使用图书馆服务所关注的是能否从繁杂的信息资源中获取解决所面临问题的知识，将这些知识信息融合和重组为相应的问题解决方案，并将这些知识固化在新的产品、服务或管理机制中。数字时代图书馆的知识服务将会促进知识信息的传播、利用及再生产，使用户掌握知识并使知识创新转化为技术，成为作用于社会经济发展的生产力。

4.3 集成服务理念

集成服务是指以系统思想方法创造性地将不同创新主体的知识、技术、市场、管理、文化以及制度等创新环境中的各种要素进行综合集成而实现创新目的的实践过程。集成服务的目的是在优化配置中让新的系统方法整体质变，用新的优势和创造能力产生比原来更好的集成效应。集成服务不是表面意义上的简单服务，它是设施、资源和服务的整体的优化和集成。将集成服务理念运用到高校图书馆的信息服务创新就是把高校图书馆的物力馆舍、信息技术及先进的工作理念结合起来，集成各种分布、异构和多样化数字信息资源和数字化信息服务系统，动态构建满足各用户群或业务流程需要的虚拟式信息服务，使信息用户在利用图书馆资源时，能够以最小的成本获得最优价值。集成服务可以是信息资源的集成、信息服务方式及手段的集成、信息服务机构的集成以及人员信息服务能力的集成等不同形式。集成服务是高校图书馆信息服务的新方向、新趋势。同时，它也是图书馆界服务的主流趋势。

4.4 个性化服务理念

信息服务的最终目标是满足用户的个体信息需要。因此，图书馆提供和开发出的信息产品及服务必须体现出“广、快、精、准、特”的诸多特色，以个性化的信息服务满足不同用户的不同信息需求。数字技术时代图书馆个性化服务是基于信息用户的信息使用行为、习惯、偏好、特点及用户特定的需求，来向用户提供满足其个性化需求的知识信息内容和系统功能的一种服务。通过分析读者的知识结构、心理倾向、信息需求和行为方式，向读者主动提供其可能需要的信息服务，帮助个体培养个性、发现个性，引导信息需求。个性化服务也叫定制服务，它主要包括三个方面的内容：服务时空的个性化，在用户希望的时间和希望的地点得到服务；服务方式的个性化，能根据用户个人爱好或特点来开展服务；服务内容个性化，所提供的服务不再是千篇一律，而是各取所需，各得其所。

4.5　动态服务理念

传统的图书馆服务是一种基于角色机械定位的静态服务模式，图书馆员、图书和读者等因素都被固定在约定俗成的认知程式中，服务的对象、内容、方法、范围等基本上是不变的。图书馆的信息资源被视为固定存储的静态资源，文献和信息的获取也是一种程式化的管理和服务行为。在数字技术时代，这种物化的服务模式和程序化的管理理念已难以满足读者需求。现代图书馆动态服务是将立足点放在用户与某种数据集合的交互过程，“服务的范围和形式只能由用户信息活动本身的范围和形式来界定”，信息工作“成为一种在多种场所利用多种信息源和工具的以多种形式灵活进行的社会化活动”，并“把图书馆定义为一种活动和功能，通过这种活动来选择联结和组织利用一定的信息资源，以向用户提供信息服务”。动态服务以主动姿态和超前意识来主宰服务过程。

4.6　特色服务理念

网络环境下，信息良莠混杂，质量参差不齐，用户更加注重信息的质量和效用，对信息服务的期望值及质量要求都比以往有很大的提高。这就要求图书馆应避免追求自身服务规模的大而全，更加注重信息服务的特色化、精品化，树立服务品牌意识，做到人无我有、人有我优。对于高校图书馆，特色服务主要体现在特色服务方式和特色文献服务两个方面。特色服务方式是指在一定时空范围内呈现出独有性并产生良好效果的服务。服务模式的不断创新就是一定时空范围内特色服务方式的体现。特色文献服务是指在馆藏文献建设上，依据学校层次、类型、地域，并紧密结合教学、科研的需求，形成鲜明的具有长效的学科、专题和地方文献特色，并提供行之有效的服务。特色服务理念是一种品牌和价值理念，是扩大图书馆知名度和影响力的有效途径。

4.7 开放服务理念

开放服务是时代发展的要求，是现代图书馆的重要特征。根据教育部 2015 年发布的《普通高等学校图书馆规程》第 37 条要求："图书馆应在保证校内服务和正常工作程序的前提下，发挥资源和专业服务的优势，开展面向社会用户的服务"。因此，高校图书馆的开放性服务是大势所趋。现代图书馆的开放应是一种全方位的开放，包括时间开放、资源开放、人员开放和馆务开放等方面。时间开放要求每天开放 12 小时以上并争取做到全年 365 天，天天开放；资源开放要求馆藏资源不仅向校内读者开放，而且要向社会读者开放，为社会读者提供馆藏图书信息资料查询、知识服务等；人员开放要求取消身份条件限制，向校内外一切人员敞开服务大门；馆务开放要求与读者服务有关的决策过程和结果均向读者公开，包括建立读者参与管理、参与决策的机制，公开读者监督途径，公开接受读者评价等。

4.8 服务营销理念

服务营销是企业在充分了解消费者需求的前提下，通过增加顾客的满意度和忠诚度，以此促进相互有利的交换，实现营销绩效的提高和企业的长足发展。服务营销的实质是促进服务的交换，其核心理念是顾客的满意度和忠诚度。将服务营销理念引入图书馆，其核心不是采用市场化、商业化的营销手段或活动，而是借鉴企业先进的服务理念与方法，全面提升图书馆的综合管理能力与服务水平。采用服务营销策略，能从根本上提升图书馆的信息服务质量，增强信息服务的经济效益和社会效益。读者也将会拥有比过去更大的选择自由，他们可根据自己的个性特点和需求在全球范围内寻找信息。

第2章　数字技术推动高校图书馆服务变革

数据库技术、传输技术、存储技术等技术的不断发展，以及数字电视、短视频、云计算、区块链、人工智能等技术的不断涌现，改变了人们的生活思维和相互交流的方式，加快了数字技术与图书馆业务工作的深度融合，数字技术的革新在运营方式、服务手段等方面催生着高校图书馆的变革。

1　数字技术的概念及特征

1.1　数字技术的概念

关于数字技术（Digital Technology）的概念、定义，国外早有学者进行了研究。被誉为“数字经济之父”的著名经济学家泰普斯科特（Tapscott）于1996年最早提出数字技术一词，他认为数字技术将对未来经济社会发展产生重大影响。卡尔森（Carlsson）于2004年将数字技术理解为是互联网技术、网络技术与数字化信息融合产生的全新技术。近年来，数字技术迅猛发展，国外学者不仅对数字技术的概念、定义进行了更深入的研究，还开始探索其内涵及属性特征。俞（Yoo）等人提出数字技术具有成长性和融合性两大特征。菲茨杰拉德（Fitzgerald）等人认为数字技术应是指那些在信息通信技术制造过程中的数据信息或者是那些由信息通信技术所产生的相关产品服务。齐默尔曼（Hans-Dieter

Zimmermann）认为数字技术是一种融合了现有信息通信技术以及通信基础设施技术的综合性技术。吕蒂宁（Lyytinen）等人认为数字技术是与信息和通信技术相关的一切产品及服务，包括直接使用信息和通信技术的产品及服务，也包括因这类技术而间接带动的产品及服务。南比桑（Nambisan）认为数字技术是云分布式计算、SM（Social Media）、增材制造、数字产品和平台以及数字基础设施。奥蒂奥（Autio）等人提出数字技术具有解耦性和脱媒性，主要表现为数字技术可以减少传统生产过程中对特有要素和中间媒介的依赖。皮耶路易吉（Pierluigi）等人提出大数据、云计算、3D 打印、区块链、社交平台、物联网等新一代信息技术是数字技术中最核心、最典型、最具代表性的一类技术。

国内对数字技术概念、内涵及属性特征的研究也十分丰富，不同学者都有自己的独到见解。殷剑峰认为数字技术包括诸多技术，其中主要包括数据存储和查询、数据处理及数据应用技术三方面。余江等人提出数字技术具有可溯源能力、可寻址能力和可关联能力等属性。齐严等认为数字技术是由数字移动网络、数字设备、增材制造与云分式计算技术、AI 和新媒体技术所构成的新一代信息技术。邢小强等认为数字技术可以分为硬件技术、软件技术和网络技术三类，包括区块链、大数据、5G、云计算、人工智能和物联网等新兴技术。余东华等人提出数字技术具有层次结构，具体可分为基础层、核心层以及应用层，同时，还表示数字技术是新一轮工业革命的关键所在。

通过文献梳理，国内外学者对数字技术的内涵界定大致分为类型定义、元素定义和本体定义三种：

第一，划分数字技术类型。早期研究的学者通过列举的方式简单呈现了数字技术的类型。但随着数字技术类型的不断创新以及运用范围的扩大，列举法不能完全覆盖其本质概念的边界。

第二，关注其组成元素。数字技术可以划分为数字组件、数字平台和数字基础设施三个元素，嵌入已有技术、产品和服务中。数字组件是指一组具有一定功能和价值的程序或内容，数字平台是一系列数字组件的载体，发挥通用和共享的作用，数字基础设施则通过集聚数字资源，为数字组件或数字平台提供后台通信能力或计算能力。

第三，探讨其技术性本质。数字技术的基础是可以将信息标准化并允许组织快速编码、存储、形式化和分发知识的信息和通信技术系统，包括设备层、网络层、服务层和内容层四个层次。

从众多学者的研究中可以明确数字技术是新一代信息技术。广义地理解，数字技术是指伴随电子计算机的科学技术，是图形、文本、声音、图像等转换为计算机识别的二进制数“0”以及“1”后的计算、处理、存储、传输、传播和还原的技术。而数字技术狭义指由多种智能化、网络化和数字化技术所构成，可归结为巨量资料、云分式计算技术、物联网和5G 等新型数字技术。随着数字技术水平的不断进步，其概念也将随着云技术与虚拟数字技术的发展不断丰富，应用场景与应用范围也在不断扩展。

1.2　数字技术的特征

研究认为，数字技术按功能类别分为计算类、通信类、连接类、应用类四大类，其特征是：可编辑性、可扩展性、可记忆性、可追溯性、可寻址性、可感知性、可沟通性、可联想性、可供应性与可生成性。

计算类特征包括可编辑性与可扩展性。可编辑性是指数字技术嵌入式和多功能性的计算能力可以通过对数字组件的部分修改将新的功能嵌入数字产品中，例如，微信聊天软件中可以嵌入在线文档小程序，实现多人同时编辑。可扩展性使得数字技术能快速升级原有性能，往往耗费的成本更低。这两种特征反映出了数字技术强大的计算潜力。

通信类特征包括可记忆性、可追溯性与可寻址性。可记忆性是指数字技术能记住产品被使用的主体、时间、地点、交互内容和结果。可追溯性是指数字技术能够复原或追溯被感知和记忆下来的数据。可寻址性用来衡量数字组件“一对多”的响应能力。这三个特征使数字技术具有了通信功能。

连接类特征包括可感知性、可沟通性与可联想性。可感知性是指嵌入数字技术的产品具备情境感知能力。可沟通性是指数字技术能为产品和客户之间搭建起交流与感知的桥梁。可联想性是指数字技术能够将主体、产品或服务以及使用的时间、地理位置等信息进行整理并产生关联。这三个特征反映了数字技术具有与外界进行互动和关联的特性。

应用类特征包括可供应性与可生成性。可供应性指数字技术对特定用户或情境所提供的行动潜力或可能性。数字技术为使用者提供了产生新能力、开发新机会或重塑新模式的可能性。可生成性的特征使数字技术既可以在单独使用时产生价值，又能与其他产品服务连接时发挥更大的价值和功能。可生成性与可供应性展示了数字技术的发展潜力。

2 数字技术与高校图书馆服务重塑

数字技术的发展，既为图书馆服务孕育了新的机遇和发展动能，同时也给图书馆的服务带来了新的挑战。数字技术带来的变革浪潮，使高校图书馆面临办馆理念重塑、馆藏资源重塑、管理模式重塑、服务空间重塑、服务方式重塑等新兴议题，急需重塑图书馆服务的“筋骨”，以顺势而为的战略智慧和持续创新的战略定力，实现图书馆的发展动能、发展资源、发展内容、发展空间等的创新升级之变，以顺应新时代发展的要求，进一步满足读者日益增长的信息需求。

2.1 数字技术引发图书馆办馆理念重塑

图书馆事业的发展、图书馆服务工作效益的提高，都必须以正确的、先进的思想理念为先导。传统环境下，高校图书馆以馆藏信息为图书馆的主体，馆藏数量是高校图书馆水平的主要依据。其用户范围也只局限于本校用户或高校馆际互借用户，为用户提供的是图书借还、面对面参考咨询等大众化的、被动的服务。数字技术环境下，一系列新思想、新理念被引进图书馆界，开阔了图书馆人的视野，改变了传统图书馆只追求单个图书馆藏书体系完整性和系统性的“馆本位”和“书本位”的观念。图书馆不再满足于为用户单一提供书、刊的服务。数字技术环境促使图书馆办馆理念由“书本位”发展到“人本位”，以人为本，一切为用户着想，并在此基础上产生了信息共享意识、开放意识、开发意识、创新意识等新的办馆思想理念。

2.2 数字技术引发馆藏资源重塑

传统高校图书馆馆藏是一个具有明确界限的独立的物理实体，它以传统的静态的方式存在，以印刷型文献为主要收藏载体。数字技术时代，网络使高校图书馆文献信息资源的结构、类型和载体发生了很大的变化。图书馆馆藏不再仅指图书馆的纸质文献，还包括本馆开发收藏的电子文献以及网络虚拟信息资源。图书馆的现实馆藏和虚拟馆藏，可以有效满足不同读者的多样化需求。数字技术时代“无墙图书馆”的诞生，标志着传统意义上图书馆的文献资源以及藏书这一衡量标准的不断弱化，取而代之的是以提供用户所需的大量的其他各种形式的信息能力来衡量。如何利用网络，如何合理组织网络上的有用价值资源，转化为本馆的虚拟馆藏，如何把握现实馆藏和虚拟馆藏在馆藏建设中的比重，更好地为用户服务，更好地满足用户的需求，是数字技术时代每个高校图书馆都必须研究的课题。

2.3　数字技术引发管理模式重塑

数字技术为高校图书馆提供了全新的组织机制和管理模式。传统图书馆的管理基本上停留在经验管理、封闭管理的层次上，业务组织结构是一种线性模式。传统图书馆内各职能部门是一种文献化、过程化和机构化的系统机制，这种机制被局限在一定范围内，束缚着图书馆发挥文献的社会作用。在网络环境下，图书馆的管理将发生重大变化：使人管理人的模式被人管理机器的模式取代，管理体制更加科学化、系统化、合理化；改变了图书馆的组织机构，在网络环境下，图书馆将减少管理层次和管理成员，使组织结构扁平化，管理将变得灵活敏捷；图书馆的管理更加具有深度，在数据技术环境下，各种数据统计更加精确、便捷，管理者可随时掌握第一手资料，及时利用电子邮件或 BBS 交流管理信息和经验。

2.4　数字技术引发馆员角色重塑

图书馆作为为高校教学与科研提供基础性服务并奠定知识基础的服务性机构，资源和服务是其工作的核心，但服务要靠馆员来完成。传统图书馆是以“文献管理员”和“文献服务员”为主要特征。图书馆员主要担负着对文献资料的收集、整理、保存和传递等任务。在数字技术日益发展的背景下，图书馆变成了组织、利用信息资源，为用户提供信息服务的“联络站”。相应地，馆员的角色也随之发生了变化，不再是简单服务劳动的提供者，而变成了“信息系统的建设者”和“信息使用的向导和顾问”，成为“信息专家”。图书馆员将每天面对大量的电子文献和网络信息，与读者的交流既有面对面的，也有网上的，这就要求图书馆员必须具备计算机应用能力、获取各种专业信息的能力，具备网上信息资源组织和筛选的技能以及创造性思维等。他们将用知识的、创新的服务使用户获得更好的知识获取和学习的方法并指导用户的各项专业研究。

2.5 数字技术引发服务方式重塑

传统图书馆是以借还纸质文献的流通阅览为基础服务方式，这种方式无疑是机械的和被动的。其弊病表现为文献资源的利用率受到很大限制，难以满足用户对信息“快、广、深”的需求。图书馆传统的服务方式将在自动化和网络化的冲击下发生深刻的变化：图书馆的服务形式变得多样化，可以开展联机书目查询、网上咨询、馆际互借、信息检索、主动推送、移动开放、自助服务等。图书馆的服务范围得到大大拓展，开始从图书馆走出去，主动接触用户；图书馆的服务模式发生改变，在数字技术环境下，图书馆可基于校园网、国际互联网等模式为用户提供形式多样的信息服务，提供珍贵文献和智能服务将成为重点，个性化服务、特色化服务、网络信息导航服务等受到重视。图书馆服务从以满足读者书刊借阅的文献需求为主的模式，转化为以满足读者的知识信息需求、以知识开发服务为主的模式。

2.6 数字技术引发服务空间重塑

随着数字技术和通信技术的发展，人们学习与获取知识，突破了时间和空间的局限，人们可以随时随地学习，获取信息。但图书馆作为一种特定的文化符号，是人们难以割舍的精神存在，高校图书馆更是如此。图书馆专业化的文献资源、特有的文化气息、现代化的设备设施、温馨典雅的空间布局、孜孜以求的读书氛围，使广大师生在有效获取知识的同时，还有精神和文化上的熏陶与享受。高校图书馆是师生学习生活不可或缺的重要场所。因此，在当代，高校图书馆如何运用数字技术，打造布局合理、功能齐全的学习空间，以满足数字时代读者的各种需求，已成为人们研究的重要课题。一方面，原有的建筑应当注入数字技术元素进行馆舍空间更新，实现人人能学、处处能学、时时可学、人人爱学的图书馆服务空间新形态。数字技术创新图书馆的全域空间、融合空间和创意空间，使图书馆实体空间形式越来越多元化、复合化和智能化。另一方面，在新馆设计与建设时，应当融入具有时代化的设计理念，采用大开放、大开间的建筑样式，安排多样化的功能分区，实现实体空间与虚拟空间的有机融合，给师生在馆学习带来方便实用的、智慧化的体验和感受。就图书馆服务的整体空间而言，数字技术引发的图书馆服务空间重塑应当秉持全域服务的理念，注重读者体验和实体馆的建筑空间设计、内部布局、知识氛围的创建，从馆舍空间走向社会空间和网络空间，从有限的物理服务空间走向无限的读者潜在需要空间，从而拉近读者与图书馆之间的距离，更好地满足读者的服务需求。

2.7　数字技术引发信息整序重塑

传统图书馆的信息组织活动基本上是在手工操作或机械操作的情况下进行的，每个图书馆几乎都要重复分类、编目工作，而且对信息内容的提示极为浅显。而在网络环境下，图书馆的信息整序发生了重要改变：信息整序变得数字化，图书馆可将各种形式的信息数字化后提供给网络用户使用，也可组织较大型的数据库管理等；信息整序变得深层化，图书馆可采用数据仓库、超文本、多媒体等技术，方便地按全文专题、信息单元等形式组织信息；信息整序变得高效化，图书馆可采用先进设备的应用和多馆联合作业的模式，取得了一次输入多种输出、一馆输入多馆享用的成效；信息整序变得自动化，网络使得图书馆信息整序的技术标准和性能指标向国际靠拢，自动分类和自然语言检索等大大解放了人力。

2.8　数字技术引发服务内容重塑

传统的高校图书馆服务内容主要集中在检索借阅和基础参考咨询等服务上。随着数字技术的发展，传统图书馆的服务内容发生了很大变化。数字技术开始深入图书馆服务链各个环节，可以开展个性定制的“我的图书馆”、读者画像分析、个性化推送、数据分析与挖掘等服务内容。高校图书馆在服务内容的建设上突破了单一的服务内容，趋于多样化、专深化、整合化、共享化发展。资源内容的提供方式向知识服务发展，咨询服务向虚拟参考服务方式发展，基于场所的服务向智能空间、第三空间服务发展。数字技术为图书馆服务内容的重塑开辟了无限广阔的空间，高校图书馆需充分利用信息技术带来的高效和便捷，不断地拓展服务的内容，使任何用户都可以在网络条件下不受时空限制，方便高效地利用图书馆提供的文献服务、信息服务和知识服务。

综上所述，随着互联网技术、信息检索技术、数字出版、物联网、云计算、大数据等技术的快速发展，图书馆事业正在被深刻地改变，从资源建设、组织结构、服务方式到服务内容等都在发生着变化，作为知识殿堂的高校图书馆，正面临着一次全方位的技术革新。数字技术时代，高校图书馆更应当主动与技术变革对接，审时度势、精心谋划、超前布局，积极开拓数字图书馆发展路径，为其服务职能的重塑与变革搭建新平台，让今日的数字技术的图书馆服务重塑成为明日图书馆的正道沧桑，为图书馆事业在新时代带来新气象。

3　RIA：数字图书馆发展的新契机

随着 Web 2.0 技术的迅速发展，人们在满足于方便快捷地获取大容量信息的同时，现在更多的是追求信息获取与交流的直观、体验和享受。RIA（Rich Internet Applications），中文全称“丰富互联网应用程序”，简称富媒体，以其丰富的媒体内容表现形式、特有的画面表现力和互动能力成为提升用户体验的首选技术，逐渐成为网页互联网应用的主流。在国外，RIA 已经在电子商务领域产生了很大的经济效益，但它的应用不仅仅限于商业领域，还可以应用于企业内部交流与培训、虚拟社区、远程教育等各个方面，它的出现同样给数字图书馆的发展也带来了新的动力和生机，引入了一种全新的技术理念。

3.1　RIA 的概念及其特点

3.1.1　什么是 RIA

RIA 是从传统 Web 技术演化而来的新技术，2004 年，由 Macromedia 发布

Flex 时提出。传统网络程序的开发是基于页面的、服务器端数据传递的模式，内容基本上是通过 HTML 展示的，而 HTML 主要是用于展示文本内容的一种技术，它不能很好地满足用户在多媒体及其他交互特性上更高的、全方位的体验需求。随着计算机技术的发展及广泛应用，用户希望将桌面良好的交互设计、多媒体特性和互联网易于传播的优势结合起来，于是，RIA 技术应运而生。

RIA 是具有动画、声音、视频的组合式、交互性的信息承载方式，通常包含流媒体、音频、Flash、图片、文本以及嵌入 Javascript、Java、DHTML 等程序设计语言。它简化并改进了 Web 应用程序的用户交互，提供更丰富、更具有交互性和响应性的用户体验。

3.1.2　RIA 的特点

RIA 是一种具有高度互动性和丰富用户体验的网络应用程序技术，融合了桌面应用程序和 Web 应用程序的特点。RIA 最突出的特点就是"rich"，主要包括数据模型的丰富和用户界面的丰富。其客户端应用程序使用异步客户/服务器架构连接现有的后端应用服务器，是一种安全、可升级、具有良好适应性的面向服务模型。同时，丰富多样的 UI（User Interface）展现、动态驱动及响应、深度用户交互、较低的实施成本硬件投资及维护成本、便捷的部署，使 RIA 将成为系统架构下一步的发展趋势。

3.1.3　RIA 的价值

RIA 最大限度地提高了广泛性和丰富性，给用户带来了很好的使用体验，并且弥补了桌面应用程序发布更新以及 Web 网页用户交互性体验较差的问题。RIA 已被充分证实可提高生产率、降低成本、带来显著的商业利润，这种技术的发展势头越来越猛烈，将被广泛应用到各行各业。图书馆领域也不例外，新兴的 RIA 技术可以大大提高数字图书馆的服务质量，是当前提高用户体验的有效途径。

3.1.4　实现 RIA 的主流技术

当前，RIA 包括 Ajax、Adobe 公司的 Flex、开源的 Laszlo 技术、微软公司的

SilverLight 等主流的开发技术。各种 RIA 技术，其客户端基本上可以归纳为 5 种解决方案：Ajax 模式、使用 Java 对象、利用 Flash 外挂、安装自己的描述引擎或使用专门的浏览器、安装 Silverlight 插件。

Ajax 是 DOM、JavaScript、CSS 等几项技术的结合体，它的基本理念是使用 JavascriPt 更新页面而不重新加载页面，相当于在客户端和服务器之间加入一个中间层来处理客户端的请求，使用户操作与服务器响应异步化，从而改善 Web 应用程序的用户体验。Flex 作为新型 RIA 应用的开发平台和工具，是目前发展最完善的 RIA 技术，被广大开发者所使用，它是基于标准编程模型的高效 RIA 开发产品集，将应用程序编译存储为 SWF 文件格式的 SWF 字节码，由 Flash Player 中的虚拟机来解释执行。Laszlo 是一个开源的 RIA 开发环境，开发者只需编写名为 LZX 的描述语言，Laszlo 平台会将其编译成 SWF 格式的文件并传输给客户端展示。Silverlight 以浏览器的外挂组件方式，提供 Web 应用程序中多媒体与高度交互性前端应用程序的解决方案，通过跨浏览器 Web 技术进行设计，以实现多操作系统、多设备的无缝运行。

3.2 RIA 对数字图书馆发展的促进

3.2.1 RIA 促进图书馆数字资源整合

随着数字图书馆的不断发展，图书馆拥有的数字资源越来越丰富多样，然而，这些数字资源往往都有自己独立的数据库和检索发布系统，给用户访问使用数字资源带来了很大的不便。利用 Ajax 技术可以调用来自外部数据源的数据，能轻松地实现整合。通过在显示检索结果的 Web 程序中嵌入一段 javaScript 代码，同时在显示检索结果的页面上增加一个或多个 div 元素，即可非常方便地使这些来源不同、类型不同的数据库之间建立有机的联系，实现对数字资源的整合和数字资源的“一站式”查询。

3.2.2 RIA 促进图书馆互动业务的高度互动

数字图书馆逐渐开展了实时参考咨询、IPTV 等互动业务，从实时参考咨询和 IPTV 业务开展现状可看出，存在内容不够吸引人、界面设计不美观、速度慢、系统不稳定、合作模式不够顺畅、用户体验较差等问题。RIA 技术可以充分利用其丰富的表现形式和交互能力，进一步提升实时参考咨询、IPTV 等互动业务的体验。基于 RIA 技术的互动业务平台，将利用 RIA 同服务器进行交互，不需要刷新页面，节省服务器的计算资源，节约网络带宽；RIA 强大的响应性能和表现性能大大增强了与用户的交互，同时可以实现基于 Web 页面的实时音频、视频等多媒体信息的交互；RIA 强大的扩展性能也为互动业务的发展提供了更广阔的空间。

3.2.3　RIA 促进图书馆品牌建设

图书馆品牌由图书馆文化品牌、服务品牌、藏品品牌、员工品牌、环境品牌等构成。RIA 丰富的表现形式、高度互动、超大容量和丰富的 UI 功能，可以使各类创意得以伸展，提高了品牌宣传层次，有效提升了宣传效果，为塑造品牌形象提供了良好的创作平台。借助 RIA 技术，可以获得与用户互动时间长短、用户关注度等信息，同时，RIA 丰富的媒介渠道带来了丰富的绩效指标，还可以了解到用户的品牌偏好度、使用意向和信息相关性等绩效指标，这些指标都大大有助于图书馆品牌建设。

3.2.4　RIA 促进图书馆自动化管理系统的最大优化

图书馆自动化管理系统能否满足用户的需求，能否给用户提供更好的使用体验将是检验系统发展方向的评定标准。计算机技术的进步为图书馆自动化管理系统的发展和演化提供了机遇，促进了图书馆自动化管理系统的架构从 C/S 到 B/S 再到目前 RIA 架构的演化。RIA 架构下的图书馆自动化管理系统具有低成本、丰富的响应和交互性、丰富的用户界面、跨平台性、泛在性等优点，既具有传统 C/S 架构下客户端的计算能力和良好的用户界面、易使用性、易操作性等特点，又具有 B/S 架构下的易部署和易维护性等特点。RIA 架构将是图书馆自动化管理系统体系架构的发展方向。

3.2.5　RIA 促进图书馆营销方式创新

随着 Web 2.0 技术的发展与应用，图书馆的营销方式日益丰富多样化，涌现了博客营销、RSS 营销、网络视频营销、播客营销、SNS 社区营销等方式。面对日益复杂多变的营销传播环境，图书馆需要积极寻求新的营销方式。RIA 是一个高效的营销工具，它的出现促进了图书馆营销方式的创新。RIA 集合了流媒体、Flash、图片、音频、文本、视频为一体，给予了最大限度的设计和创意空间，通过寻求新的营销亮点，可以打造丰富多样的营销形式，而不拘泥于单一的、常规的营销形式，在减少用户接受信息的乏味及疲劳感的同时，将大大提高营销效果。

3.2.6 RIA 促进图书馆门户网站黏性的大力提高

“体验”是用户在使用图书馆各项服务过程中的感受，良好的用户体验将有助于提高用户的忠诚度，提高图书馆门户网站的黏性。RIA 可以帮助图书馆在至少两个方面改善用户在网站上的体验。一方面，可以让用户的数字资源检索过程更加顺畅，比如，通过 RIA 技术把页面分成多个 div 实现页面的局部刷新，可以大大缩短检索的时间、减少无效信息数量等；另一方面，可以更好地满足用户个性化的需求，RIA 技术可以让用户自己个性化地配置自己所需的功能和自己喜爱的界面风格，根据自己的喜好随心所欲地构造个性化的系统界面，这在很大程度上满足了用户个性化的需求。

3.2.7 RIA 促进虚拟图书馆与实体图书馆的无缝对接

近年来，一些商业网站利用 RIA 研发的基于三维场景的网络应用给用户带来了生动的感官体验，随后，RIA 技术逐渐地在各行各业的信息化建设中受到了青睐。就图书馆而言，采用 RIA 技术，可以使虚拟图书馆与实体图书馆实现无缝对接。实现以三维场景的方式生动地、充分地将图书馆的内部物理建筑及其环境展现给用户，使用户可以直观地、全面地对图书馆各功能区进行身临其境的漫游，在形象的时空中获得生动的感官体验，并能详细地了解图书馆的各种资源、服务和环境，同时，采用 RIA 技术可以使虚拟图书馆实现自动导航和图书馆业务过程的模拟功能等，使实体图书馆可以在网络上实现无障碍功能拓展，大大提升了图书馆的服务质量。

随着 RIA 技术的不断完善和成熟，RIA 将会很好地与数字图书馆相结合，使图书馆的服务内容、服务方式、服务范围都更加多样化。图书馆应看清 RIA 的巨大潜能，抓住机遇，主动引入 RIA 技术，推进图书馆的发展。

4 IPTV：数字图书馆信息服务创新发展的新方向

随着网络技术、数字媒体技术、移动通信技术等现代信息技术的不断发展与融合，集流媒体技术、互联网技术、通信技术等多种技术于一体的 IPTV（Internet Protocol Televisions），即交互式网络电视，已成为一个全新的、极具发展前景的信息服务新平台。

4.1 基于 IPTV 技术的数字图书馆服务可行性分析

IPTV 是一种利用宽带有线电视网，集互联网、通信、多媒体等多种技术于一体，向用户提供包括数字电视在内的多种交互式服务的新技术。IPTV 的先进性为构建基于 IPTV 技术的数字图书馆系统提供了可能。

4.1.1 技术可行性分析

IPTV 技术融合了宽带网络、流媒体、编解码、信息加密和存储技术等数字技术，其系统结构主要包括流媒体服务、CRM 内容管理、存储及认证计费等子系统，传输网络为 IP 网，用户终端可以是计算机、机顶盒加电视机、手机等所有可以承载视音频业务的智能显示设备，传播方式可采用广播、组播、单播等多种发布方式。与传统电视相比，IPTV 除常规数字电视服务外，可以灵活地实现时移电视、视频点播、交互通信等互动电视业务，还可以实现可视电话、网页浏览、在线游戏、网上购物和远程教育等各种增值业务。同时，IPTV 具有较强的开发性，在稍做改动的情况下，能支持不同的视频编码标准，只要添加少量设备，就能将图书馆的信息服务送入千家万户。IPTV 技术的先进性为建立基于 IPTV 技术的数字图书馆提供了良好的技术基础。图书馆可以利用 IPTV 强大的交互功能，开发相应的接口，将数字图书馆与 IPTV 连接起来，建立一个基于 IPTV 技术的数字图书馆服务平台，实现跨网络、跨终端、跨媒体的泛在服务，从而大大提高现有数字图书馆的使用效率，满足用户个性化的知识需求。

4.1.2 社会效益可行性分析

互联网的出现改变了人们获取信息的方式和渠道，网络已成为人们获取信息的重要渠道。越来越多的人习惯通过搜索引擎获取信息，而不再“麻烦”图书馆，图书馆信息资源中心的作用面临极大的挑战，同时，人们的阅读方式和阅读习惯随之发生了深刻变化，以快餐化、动漫化、图解化为特征的“浅阅读”正成为新趋势，大众阅读能力趋于弱化。IPTV 是基于 IP 协议的电视广播服务，基于 IPTV 技术的数字图书馆能够很好地将网络与图书馆各自的优势结合起来。IPTV 依托互联网，信息资源来源非常丰富，图书馆只要在 IPTV 中找到与之相适应的切合点，就能实现资源的无限增长。同时，IPTV 具有很强的实时性和交互性，它的出现完美地整合了互联网和传统电视业务，接收终端可以是计算机、IP 机顶盒加电视机、手机等，终端的普及率远远高于网络的普及率，未来 IPTV 的覆盖范围将远超过互联网，成为引领大众利用图书馆的桥梁和纽带，为图书馆泛在服务模式的实现提供了更加广阔的发展前景，拓展了图书馆的生存空间和发展空间。

4.1.3 经济效益可行性分析

IPTV 业务终端基本可以分为 PC 机、手机、电视机三种类型，这三种类型的终端都是 IPTV 用户的基础。根据中国互联网络信息中心（CNNIC）发布的《第 51 次中国互联网络发展状况统计报告》的统计数据显示，截至 2022 年 12 月，我国手机网民规模达 10.65 亿，三家基础电信企业的移动电话用户总数达 16.83 亿户，三家基础电信企业的固定互联网宽带接入用户总数达 5.9 亿户，根据 2022 年国民经济和社会发展统计公报显示，截至 2022 年 12 月，我国有线电视实际用户 1.99 亿户，有线数字电视实际用户 1.90 亿户。庞大的 PC 机、手机、电视机用户数决定了 IPTV 的市场空间和发展规模，为 IPTV 的发展奠定了坚实的基础，有利于 IPTV 的推广和普及。尽管目前网络电视的收费与数字电视相比有点偏高，但随着广电、电信、中国移动、中国联通等运营商之间的竞争加剧、IPTV产业链各方利益的逐渐协调以及IPTV服务的不断丰富等优势的日渐明显，IPTV收费标准将逐步优化，届时将越来越多的人能享受到价格低、功能更多的媒体信息服务。同时，建立基于IPTV的数字图书馆可以利用现有的通信网络，为图书馆节约了大量的网络建设费用。图书馆可以充分利用信息资源优势与通信运营商合作，成为其信息内容提供商，探索“双赢”的盈利模式，充分发挥其信息资源中心的作用。

4.2　IPTV技术环境下数字图书馆服务平台构建

基于IPTV的数字图书馆为图书馆信息资源提供了一种新的利用模式，是图书馆增加与读者互动、扩大外延服务的一条新途径。开发相应的接口，实现对现有数字图书馆的访问，将图书馆数字资源、视频资源、视/音频流媒体节目等，从节目中心播出，通过IP骨干网、城域网以及宽带等接入网传输，直到被用户接收。该平台总体上可划分为四个部分：内容服务系统、业务服务系统、承载网络和用户终端接收系统，如图2-1所示。

（1）内容服务系统

内容服务系统主要负责完成内容的文字、图像和视频制作，提供各种节目内容。

（2）业务服务系统

业务服务系统包括流媒体系统、EPG系统、存储系统、运营支撑系统、编码器、信源转换设备等，主要负责IPTV平台的用户管理、计费管理、业务管理、资源管理、设备管理、分析统计、运营管理等。

（3）承载网络

IPTV系统使用的网络是以TCP/IP协议为主的网络，包括IP骨干网、IP城域网、内容分发网络和宽带接入网络等。主要负责将IPTV信息从业务服务平台传递给终端用户。

（4）用户终端接收系统

IPTV用户终端一般有三种接收方式：电脑、手机、电视机+机顶盒，通过ADSL、LAN、WLAN等方式接入，主要负责接收发送用户的请求和媒体流的存储播放。

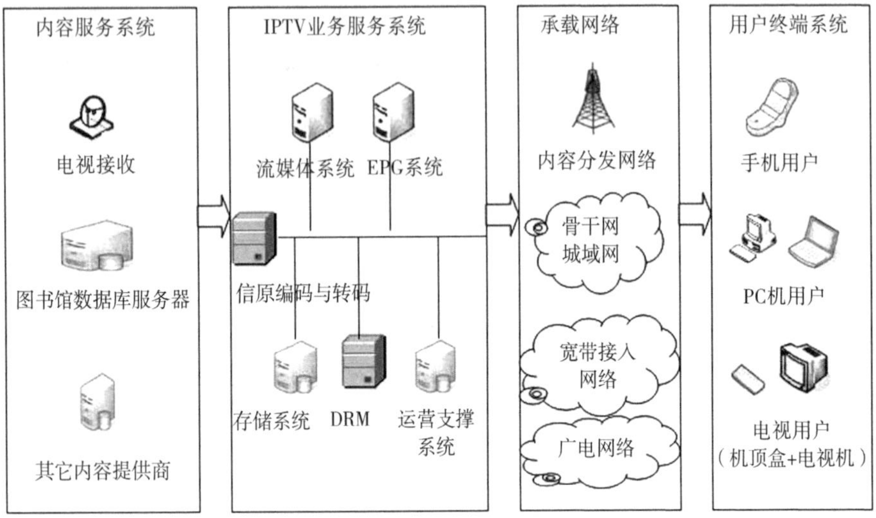

图 2－1　基于 IPTV 技术的数字图书馆服务平台架构图

4.3　IPTV 技术环境下数字图书馆服务创新

当前泛在环境下，用户需求高度多样化，IPTV 以其先天的技术优势，为泛在环境下个性化知识服务的实现提供了强有力的支撑。图书馆要及时发现用户需求的变化，利用这种先进的技术，提供有针对性的、个性化的、高质量的信息服务，更好地满足用户多样化的需求。面向读者信息服务的角度，数字图书馆在 IPTV 技术环境下的服务创新主要表现在以下方面：

4.3.1　导航服务

图书馆 IPTV 系统可以图文并茂地介绍馆内的一些基本情况，如组织机构、馆藏情况、服务对象、借阅规则等；可以发布图书馆的最新公告、新闻、讲座信息、展览活动等；还可以通过分类法、主题法的介绍指导用户利用图书馆资源。

4.3.2　查询、预约、续借服务

查询功能包括新书通报查询、书目信息查询、读者信息查询、借阅信息查询等。通过 IPTV 平台，用户可以享受便捷的服务，还可以进行图书的预约和续借。

4.3.3　收视情报跟踪服务

通过采集设备从 Portal、BOSS、业务设备和终端提取数据，收视统计分析体系能够完成用户的收视采集，并且根据用户当前的、以往的收视数据和用户的基本资料，可以建立满足用户需求的个性化模型，通过模型来分析用户的收视行为，以更好地满足用户个性化的知识需求。

4.3.4　多媒体同步交互服务

IPTV 系统包含互动信息管理平台，该平台支持 IPTV 运营商为用户提供互动信息服务，提供一个实时交互的平台。在现有内容的基础上增加节目的互动，如在视频节目中插入实时测验、在线问答，增加一些名词、人物情况、背景资料等知识的链接，终端用户可以通过互动信息管理平台，达到与系统交互的目的，这种服务尤其适合知识学习类节目。

4.3.5　移动阅读、光盘点播或视频欣赏服务

用户可以利用接收终端登录图书馆的 IPTV 平台进行检索浏览或下载文献、查阅电子图书，实现随时随地的阅读，也可以直接欣赏多媒体音像资料、学术报告视频、专题讲座视频等，还可以利用 IPTV 光盘点播程序为用户提供光盘点播服务，充分利用图书馆的光盘资源。

4.3.6　信息推送服务

IPTV 存储系统可自动存储用户的需求信息，并进行分类处理，图书馆通过 IPTV 系统可以把握用户的年龄分布、兴趣、地理位置、需求信息变化等信息，通过 IPTV 系统，以点播或广播的传播方式，把特定的信息定时推送给特定的用户，从而使图书馆的被动服务变为主动服务，增强服务的针对性和主动性。

4.3.7　付费服务

用户在图书馆中发生的费用主要有图书逾期滞纳金、图书赔款、查新费、上网费、复印费等。在传统图书馆中这些费用的支付由用户直接到图书馆缴纳

现金。IPTV 提供了即时付费服务，用户可以通过 IPTV 账号绑定银行卡，也可以通过 IPTV 账号绑定或非绑定的计费号码支付图书逾期滞纳金、图书赔款等费用，极大地方便了广大读者，也减少了读者因延误付费造成的损失。

4.3.8 提供泛在学习平台服务

基于 IPTV 的数字图书馆的传输网络是将多种承载方式，多种接入方式融合于一体，真正实现了无缝接入。通过 IPTV，可以为数字图书馆提供流畅的通信服务平台，使用户无论何时何地都可以获得所需服务、存取所需知识，可以在无缝的学习空间中自主地学习，并将学习从课堂延伸到实际工作和生活场所，从而为用户构建了一个泛在的学习空间，极大地增强了人与人之间的交流和协作。

4.3.9 监控视频服务

IPTV 电视监控通过 IPTV 的终端设备，可实时访问或控制全球眼的前端摄像机，用户在使用 IPTV 相关业务时，只要通过简单的切换操作，就可以在显示终端设备上显示出希望浏览或监控的画面。由于目前国内大部分图书馆已经布置有一定数量的电子摄像头，可以将这些摄像头与网络连接，引入一个监控网关和实时转码模块，实现全球眼系统与 IPTV 系统的融合，通过 IPTV 平台，可以实时地查看图书馆阅览室、书库、自习室等的流通情况，将用户所需的画面清晰地呈现在用户面前。

5 手机图书馆：图书馆移动阅读的新时代

手机作为不可或缺的通信工具和新兴传播媒介，使阅读手段和阅读形式越发多样化和个性化，延伸和拓展了传统图书馆信息传播和信息服务功能，使读者能够不受时间和地点等客观因素制约，及时获取需要的信息和服务。手机图书馆以手机为视听终端和上网平台，依托现代多媒体技术和无线移动网络技术，集阅读、互动、娱乐为一体的多媒体载体，以网状结构的传播格局实时、快捷、高效地向读者提供图书馆相关资源和服务。相对传统图书馆来讲，它是信息传播和信息服务功能的创新和变革，具有传统图书馆无法比拟的优势。

5.1　手机图书馆在信息传播上的主要优势

5.1.1　改变了传统的信息传播方式

从传播学角度来讲，传统图书馆的信息传播主体就是其本身，信息传播的内容是其馆藏的图书文献，即指文字、图像、音像等用来存储和传播人们知识创造成果的符号编码。信息传播的媒介是图书、期刊、音像制品等，信息接收者是读者。传统图书馆的信息传播模式是：图书馆→符号编码→出版物→读者。这种单向度的信息传播模式有两点劣势：其一，读者是被动的信息接收者，缺乏互动性。其二，是信息媒介的内容与载体合二为一，无法分离，影响了信息传播效率。手机图书馆作为新的媒介形态，改变了传统图书馆在信息传播中的结构链条，对信息传播和信息行为产生了重要影响。

5.1.2　个性化的信息传播

手机媒体时代，由于手机属于人们便携性和私密性的社会交往工具，使得人们对自身个性化的业务内容需求越来越强烈。与千人一面、百人一孔的大众化信息服务相比，手机图书馆呈现个性化和多样化发展趋势。

5.1.3　信息传播的多向度

社会中各种各样的信息介于人际传播网络和大众传播网络之间。社会信息的流动一方面可以从大众信息传播领域经过手机媒介进入人际信息传播网络，另一方面也可以通过手机媒介的信息传播到大众信息传播领域。手机作为信息传播媒介，大大改善了人际信息传播和大众信息传播方式，“改变了信息流动的方向向度”。也就是说，它不再是单向度、单一维度的信息传播流动，而是多向度、多维度的信息流动，是一个立体的信息流动网状结构。

5.1.4　简化了信息传播环节

手机图书馆相对传统图书馆，实现了信息传播载体与传播内容之间的彻底分离，信息传播内容脱离物质载体而独立存在。从根本上革新了传统图书馆的信息传播方式。在传统图书馆中，将信息内容传递给人们，信息传播的主要环节包括信息的采集、信息的编辑、信息的筛选、信息的加工、信息的制作和信息的流动等几个环节。然而，在手机图书馆中，由于图书、期刊、音像制品等媒介完全以数字化信息形式在信息传播中流动，所依托的终端媒介是手机，不依赖其他物质载体。它将传统图书馆的信息传播环节简化为信息采集加工、信息存储转换、信息传递三个部分。借助手机这个媒介就可以获得对图书、期刊、音像制品等内容的访问和浏览，实现了手机图书馆“一站式”服务。手机图书馆是对传统图书馆的一种扩充性媒介融合，正是因为手机媒介功能越来越强大，它是对图书、期刊、报纸等媒介的革故鼎新的转换，与以往任何传统媒介都截然不同。正如麦克卢汉的“媒介四定律”：第一，放大，即媒介它提升和放大了什么；第二，过时，即媒介使什么过时，又使什么应时；第三，再现，即媒介呈现了什么；第四，逆转，即媒介逆转后成为什么。据此推断，手机从最初的通信工具，到现在成为最具兼容性和整合性的媒体形式。在此基础上应势而生的手机图书馆，凭借种种优势因传统图书馆的不足而产生逆转。

5.2 手机图书馆在信息服务上的功能

手机图书馆的信息功能，一方面是基于传统图书馆功能基础上的增值服务，另一方面也是随着互联网、无线网络和多媒体技术不断融合发展而延伸革新出来的新功能。其信息服务主要功能主要有四个方面：

5.2.1 图书、期刊等信息查询、借阅、参考咨询等基本信息服务

图书、期刊等信息查询是手机图书馆最基本的服务之一。通过手机图书馆的手机 WAP 平台或用手机短信将要查询的图书、期刊等信息发送到指定特服号，进行图书、期刊等简单检索、组合检索和分类查询，即“可查询图书、期刊等是否在馆等，实时了解馆藏情况”。同时，随着互联网高速发展，使手机图书馆实现了参考咨询服务的移动和无边际服务。可以通过 I－mode、WAP、IDB 等方式，实现实时、在线的参考咨询服务。

5.2.2　个性化信息推送和个性化信息定制服务

手机图书馆个性化信息推送指的是通过一定的技术协议，依据人们的信息偏好直接推送到用户手机上。传统图书馆往往以电子邮件来进行信息推送，由于人们不能及时查阅电子邮件，容易带来阅读时间上的迟滞效应。而手机图书馆跟踪人们的阅读偏好向用户推送相关信息，使用户获取和阅读信息更加便利和畅通。手机图书馆个性化定制指的是人们介入信息传播过程，根据自身实际需求，将特定的需要指定在信息服务上，获得人们定制的个人属性强烈或需求匹配的信息服务。例如，新书信息公告、科普讲座信息提示、预约到书信息提醒等信息服务。

5.2.3　移动阅读和在线视频点播服务

手机图书馆移动阅读指的是使用手机移动终端设备及安装的阅读软件进行阅读，包括在线阅读电子图书、期刊文献、数据库等数字资源。这种低成本、方便携带的手机图书馆极大地提高了“碎片时间”“缝隙阅读”的利用率。手机图书馆的在线视频点播服务指的是综合技术和典型的宽带多媒体信息的服务。随着计算机、网络通信、多媒体、存储等技术发展，以 VOD（Video On Demand）等技术为支撑，通过手机图书馆来获取大量的视听资源。

5.2.4　优化图书馆图书采购服务质量

图书馆采编部门通过手机图书馆与用户进行信息沟通，了解用户的实际阅读需要。用户可以通过手机图书馆的在线自助服务，进行书刊预约或预购。用户可以通过手机图书馆进入书刊预约或预购的采访征询页面，根据页面提示选择或指定用户所需要的书刊。这样的功能使用户突破了时间地点的约束，实现了采购人员与用户之间的互动沟通和相互交流，用户反馈及时有效，提高了用户参与积极性，提升了采购效率，优化了图书馆的采购服务质量。

5.3　手机图书馆对数字图书馆发展的促进

5.3.1　提升图书馆的图书、期刊等文献资源重组

文献信息在线服务是手机图书馆创新和持续发展的一个重要因素。而传统

图书馆的图书、期刊、报纸等馆藏资源是其优势所在，也是手机图书馆发展的基础。为实现方便、快捷地提供文献资源，结合数字化和通信技术的运用，从而最大程度地发挥传统图书馆的优势，建立起以手机为媒介载体的文献服务体系，将其延伸、扩展到用户的手机上。突破了传统图书馆自身局限，一定程度上能够实现信息公平和知识共享。

5.3.2 促进图书馆的技术开发

手机图书馆由于有多媒体技术的支撑，使阅读更加丰富和多样，倍受用户青睐。与传统图书馆比较来看，手机图书馆作为一种创新，一定程度体现在技术手段和方式上。全面数字化技术高速推进，尤其是互联网和多媒体两种技术的融合，使手机图书馆能够独树一帜。在这样的技术时代背景下，应该最大限度地满足用户的时代需求。从传统图书馆的发展战略和存在价值角度上，开发出有利于创新服务的技术支撑体系，从而更好地发挥自身功能，将其业务向纵深发展。

5.3.3 推动图书馆阅读模式的变革

手机阅读可以理解为以用户为核心，强调可互动、可交流、可分享和可移动的全新阅读模式，意味着用户可以获得更多的分享机会和参与机会。不仅打破了区域空间的区隔、整合了碎片化的时间、提升了信息传递时效，更重要的是，这种手机阅读模式所带来的新的价值认同和情感共振。传统图书馆以手机为媒介，适应移动状态下的阅读需要，推出如微视频、微阅读、微评论等服务，拓展了阅读资源，颠覆了阅读逻辑和重构了阅读模式。

5.3.4 强化图书馆之间的知识共享融合

通过大数据挖掘，整合传统图书馆之间的知识共享，激活了单个传统图书馆馆藏闲置资源，在传统图书馆知识共享融合的基础上，进行需求对接和资源整合，推动“知识共享融合升级”。通过知识共享融合能够进一步激发用户的阅读热情、共同参与知识互通和创建，提炼和推广了优质资源，推动传统图书馆被动服务向主动服务转向。

5.4　我国手机图书馆信息服务存在的问题

5.4.1　读者缺乏了解手机图书馆，认识浅

绝大多数手机图书馆服务在首页并没有注明该项服务模块，很多图书馆该项服务是从通知公告或者读者服务等模板中间接标明的，更有很多图书馆虽提供该项服务但并没有向读者注明。手机图书馆在发布图书馆公告其方式也是非常单一的，主要以网站发布为主，通过对手机图书馆服务等功能的简单介绍来使得读者有所认知和了解，但很多不登录手机图书馆的读者将得不到此类信息，这对于手机图书馆服务有需求的读者来说有一定的障碍。

5.4.2　读者使用手机服务意愿低、顾虑多

很多读者通过手机图书馆服务来阅览信息，但仍有许多读者认为其技术的不完善导致该项服务的终止，还有读者认为手机图书馆中获取有效信息是甚微的，从而使用手机图书馆的意愿和主动性都是较弱的。目前来看，手机图书馆业务都是需要通过智能手机来实现阅读的，例如，图书馆 GPS 定位和 PDF 格式期刊阅读等。WAP 网站页面上的手机图书馆目前尚不能实现一些设置，对于读者或者手机图书馆使用客户等提出的问题均不能及时解答，由于 WAP 网站的运行速度和响应都是较慢的，使得很多手机使用方的上网流量使用过度，如此引出的众多问题都会使得手机图书馆使用者对该项业务产生怀疑，从而减少对该项业务的使用。

5.4.3　手机服务内容偏于形式化，特色少

我国手机图书馆业务仅仅将部分服务内容通过手机加以落实，但从根本上来说，手机的运用并没有使得手机图书馆该项服务得到最优化的利用，其基本服务对于使用群体来说也并没有扎实地落实到位，仅仅是基本服务，如图书的借阅提醒或者图书的预约、收藏服务得以开展。另外，对于图书管理人员来说，基本业务如条形码扫描、图书采编、清点等服务是没有得到发展，其中所涉及的服务都是较为肤浅的。

5.4.4 短信、WAP 模式功能粗糙，响应迟

目前我国手机图书馆业务的短信模式都是单方向发展的，例如，读者接受来自图书馆的相关信息都是纯文本形式，枯燥单调的模式自然不必多说，随着多媒体信息和媒介的发展，WAP 形式得到了众多读者的青睐，除了简单的界面和流畅的搜索形式对于读者来说都是较为便利的，其较为全面的模式也为读者带来了新鲜的尝试。但关于 WAP 模式中，读者需要对于网站进行多次重复登录方能成功，累赘复杂的模式也是需要进行修整的。

5.5 手机图书馆的未来发展趋势

5.5.1 以服务为导向的技术体系研发

手机图书馆是改进传统图书馆信息传播和信息服务质量的技术手段，一方面，需要移动通信技术服务的支撑，以满足 WAP 服务和短信服务等简单应用。另一方面，更应从服务对象、服务内容等方面最大限度地满足读者对创新服务的需求，即研发对手机图书馆信息资源和服务更有针对性的技术支撑体系，使手机图书馆沿着自身业务需要向纵深发展。目前，手机图书馆 SMS + WAP + App 模式是时代发展的趋势，既要考虑系统各自的独立性，也要提升各自的兼容性。服务是手机图书馆的基础和灵魂，更是其存在的基础和意义，以服务为导向的技术支撑体系开发，探索新的呈现方式，改进服务手段和服务质量。从满足读者的多样化需求角度出发，进行服务战略规划，研发手机图书馆信息服务的技术支撑体系。

5.5.2 对传统图书馆的馆藏文献进行资源重组和优化

丰富多样的电子文献是手机移动阅读的优势所在，重组和再开发已有资源，将传统图书馆的服务经验融合到手机图书馆中，提供更好的专业服务和信息资源。手机图书馆进一步发展，需要对馆藏文献进行阅读资源重组和挖掘，建立传统图书馆与手机图书馆统一的参考咨询平台，读者和图书馆馆员可以进行“面对面”的交流互动。做好传统图书馆的多媒体资源转换，将多媒体数据库、

学术报告等资源转换成手机媒介格式，提供给用户使用。同时，使手机图书馆的检索入口、网络资源导航与传统图书馆实现有效对接，协同推进服务融合和信息共享。

5.5.3　提供个性化定制服务

依托信息推送、数据挖掘、智能检索、人工智能等技术支持，提供以E-mail为基础的定制参考服务，提供实时交互、便捷、及时、个性化的新型服务。手机图书馆融合了电脑、通信和电子产品等不同技术领域的最新成果，在处理、传播和存储信息等方面具有强大功能，它作为新兴的图书信息传播模式，极大地丰富了读者的视听世界，集阅读、娱乐、互动为一体的手机图书馆必将催生一场传播领域的革命。随着智能手机市场和通信技术的不断发展，为手机图书馆的发展将提供新的机遇，未来手机图书馆会更加便携化、更加人性化、更具及时性和更具交互性。

5.6　我国手机图书馆发展策略

手机图书馆是建立在移动通信技术上的信息传播方式，具有手机增值服务和图书馆服务的双重属性。在信息服务领域竞争压力不断增大的情况下，SWOT分析有助于手机图书馆更好地选择发展路径。

5.6.1　我国手机图书馆的 SWOT 分析

SWOT 分析法即态势分析法，四个英文字母分别代表优势（Strengths）、劣势（Weaknesses）、机遇（Opportunities）、威胁（Threats）。SWOT 分析法通过对与研究对象密切相关的各种主要内部优势、劣势以及外部机会、威胁进行系统、准确的研究，进而分析、确定其发展策略。对我国手机图书馆进行 SWOT 分析，旨在针对手机图书馆服务中出现的主要问题，正视现代信息环境所带来的外部威胁，充分利用手机图书馆服务的优势，积极寻求手机图书馆的发展机遇，从而确定其发展策略。

（1）优势（Strengths）分析

① 便携性。在传统数字图书馆信息服务中，虽然实现了较高层次的自动

化、网络化服务，但还要依赖计算机设备。手机图书馆服务则是通过无线网络实现的，手机的便携性、随身性让其无处不在。人们可以实现随时、随地登录图书馆网站进行信息获取，不受时间空间的限制，不受网线的限制，真正摆脱了数字图书馆服务以有线互联网为基础而受到的“线”和“电脑”的束缚，使“随时、随地、随意”利用图书馆服务变成现实。

② 交互性。手机图书馆的服务具有很强的双向互动性。既可是图书馆主动推送服务，也可是读者用短信的方式主动上传咨询详细业务，还可以进行实时交互咨询，实现与读者的双向互动，使传统图书馆信息咨询服务实现了从被动单向服务为主向主动双向互动服务为主的转变。

③ 实时性。手机图书馆突破了时间的限制，用户可以第一时间获取最新的信息，体验最新的服务。手机图书馆的随时随地服务，不仅仅把传统图书馆和数字图书馆的为读者满意服务发挥得淋漓尽致，而且把这种服务扩充到了馆外任何地点，满足了读者需求的实时性服务。

（2）劣势（Weaknesses）分析

① 图书馆馆员服务观念相对保守、科学文化综合素质偏低。在各种交互式信息网中，图书馆员要有先进的服务理念与较高的科学文化综合素质，才能胜任“信息向导”“信息过滤者”等职责。而长期以来，图书馆工作人员观念相对保守落后，同时，馆员队伍构成复杂，知识结构不合理，既懂图书馆学专业知识，又精通现代信息技术等相关知识的复合型人才比较缺乏，不利于手机图书馆信息服务发展的需要。

② 手机终端瓶颈。首先，国内手机读者虽已非常普及，但是手机的配置参差不齐，手机内置操作系统多样化，这些现状直接影响移动多媒体消息业务的开发和读者的体验质量。其次是兼容问题。多媒体格式的兼容性和SMIL语言的兼容性都因为终端手机的品牌、配置不能完全兼容，很大程度影响多媒体消息的传输质量，终端显示不正确势必影响读者的使用热情。

③ 产业价值链不成熟。手机图书馆平台的开发模式基本上是通过与第三方的合作，将图书馆已有的系统功能延伸到移动网络平台上。有学者指出，由于经济利益的驱动，目前推动手机图书馆服务的主要是移动运营商以及担任手机图书馆系统设计的信息技术公司，图书馆自身的积极性还未充分展现。5G革命

的到来使得手机图书馆的产业价值链越来越复杂化，产业价值链中各成员将处在多维互动的状态中，各环节对价值创造的贡献需被重新界定。

（3）机遇（Opportunities）分析

① 庞大的手机用户及手机上网用户。中国互联网络信息中心（CNNIC）发布了《第 51 次中国互联网络发展状况统计报告》，报告显示，截至 2022 年 12 月，我国网民规模达到 10.67 亿，手机网民规模达 10.65 亿，网民使用手机上网的比例为 99.8%。根据工业和信息化部发布的 2022 年全国电信业统计公报，截至 2022 年 12 月，移动电话用户总数 16.83 亿户，其中，5G 移动电话用户达到 5.61 亿户，占移动电话用户的 33.3%。庞大的手机用户规模决定了未来手机图书馆的市场空间和发展规模。

② 用户的信息需求。用户信息需求是推动手机图书馆发展的内在动力。在信息社会，用户的信息需求呈现出以下特点：第一，时效性，即要求能随时随地获取信息与服务。第二，便捷性，即要求能以最方便、快捷的方式获得信息与服务。第三，经济性，即要求以最小的成本获得信息与服务。第四，手机阅读，手机阅读作为一种新兴的阅读形式，正在迅速发展成为一种潮流，手机在线阅读成为用户使用得较多的几大服务之一。在众多信息渠道中，手机图书馆以其即时、即地、方便、快捷、可移动等特征，成为新的聚焦点。

③ 5G 等通信技术的发展。5G 等移动通信技术的发展，为手机图书馆的发展提供了坚实的技术保障。随着通信技术从 1G 发展到 5G，通信技术不断完善，使手机的众多功能得以实现，图书馆服务不再局限于简单的语音通信、信息浏览、FTP 等，电子商务、远程教育、视频点播等新的服务和应用相继出现在网络世界，将会大大地丰富手机图书馆的内容和形式。

（4）威胁（Threats）分析

① 信息安全和隐私保护问题。随着 5G 市场的增长，用户终端的数量和类型在不断拓展，用户终端也极易受到移动恶意软件的攻击。攻击者向终端用户发布恶意软件，获取用户的通信链路，进而得到用户终端的用户身份数据、活动情况以及个人隐私等信息。因此，手机图书馆系统必须加强对手机病毒的安全检测和手机用户隐私数据的保密措施，给手机用户提供一个安全可靠的上网保障。

② 手机图书馆运转费用问题。手机图书馆建立在图书馆与运营商合作基础上，这种服务公益性与增值性间难免会产生费用纠葛。经费短缺一直是制约图书馆事业发展的主要问题，图书馆很难再拿出更多的经费补贴手机图书馆运营。移动运营商属于企业范畴，经济效益最大化是其发展的主要目的，这种以营利为目的的商业活动极大地威胁了图书馆公益性的本质，压缩了手机图书馆的生存空间，移动运营商也不大可能投入巨资维持。因此，手机图书馆运转费用问题始终是其发展的瓶颈。

5.6.2 发展我国手机图书馆的对策

(1) SO 策略——利用机遇，发挥优势

① 利用信息技术，创新服务内容。良好的服务氛围，独具特色的服务模式，是图书馆打造服务品牌，争取读者的主要手段。要保持发展活力，还需创新服务内容，最大限度地满足读者多元化、个性化、多层次的信息需求，吸引和稳定更多的用户。5G 和智能手机技术的发展为图书馆提供了从简单的服务到内容多样服务的可能，电子资源阅读、文献直接下载使用、点播流媒体资源服务、可视化参考咨询服务、定位导航服务、虚拟付费服务、信息聚合推送等，都可以成为手机图书馆服务的内容。

② 利用广大的用户群体，加强手机图书馆的宣传力度。图书馆在开通手机服务的同时一定要做好宣传与推广工作。图书馆可以为广大读者就手机服务举办相关讲座，还可以利用手机短信告知、板报、图书馆网站新闻公告、新生入学教育等形式，吸引更多的用户关注它，引导读者熟悉手机服务，并乐于接受手机服务。

(2) ST 策略——发挥优势，化解威胁

① 妥善解决服务安全问题。由于移动服务固有的敏感性和特殊性，安全性是实施手机图书馆服务过程中必须考虑的问题之一，是影响服务能否正常快速发展的重要的一个环节。手机图书馆服务的安全问题可以从物理安全、网络安全、信息安全问题等方面加以考虑，其解决措施可以从权限控制（身份鉴别和统一授权）策略、技术（加密和公开密匙）保障方面、无线传输安全协议、制度保障策略等方面展开，以确保信息的完整性、保密性、可靠性、真实性和信

息传输的安全性。

② 探索新的商业运营模式。建设手机图书馆的关键是技术和内容。一方面，实现手机图书馆服务的技术基础是移动通信网的接入，而移动运营商垄断着通信网络；另一方面，图书馆拥有高质量的内容资源，这是手机图书馆开展信息服务的根本和前提，运营商必须联合内容提供商提供最新最好的内容服务才能在市场中立足。尽量规避收费问题，争取慈善基金、企业赞助等方式解决经费困扰问题。因为一旦收费，手机图书馆的生存空间必将受到压缩。

（3）WO 策略——抓住机会，克服劣势

① 建立标准化、开放式的移动电话软件平台。以 Android 为例，它是基于 Linux 内核的软件平台和操作系统，是当今最流行、谈论得最多的移动平台。Android 主要分为三部分：低层以 Linux 内核工作为基础，只提供基本功能；其他的应用软件则由各公司自行开发，以 Java 作为编写程序的一部分。很多智能手机厂家几乎都加入了 Android 阵营，并推出了一系列的 Android 智能机。摩托罗拉、三星、LG、Lumigon 等厂家都与谷歌建立了 Android 平台技术联盟。以其开源等特点，其应用程序数量呈几何级增长。建立起标准化、开放式的移动电话软件平台，在移动产业内形成一个开放式的生态系统，可以让手机读者便捷地浏览资源。

② 强化手机图书馆产业链。目前，移动运营商、网络信息技术开发公司、内容提供商是手机图书馆产业价值链的核心组成部分，而移动运营商垄断着通信网络、拥有手机图书馆的发布渠道，成为产业链的领导者。实际上，作为手机图书馆内容提供者的图书馆处于产业链的源头部分，其工作质量的高低在很大程度上决定了整个行业的成败，因此要将图书馆放在与运营商、网络信息技术开发公司同等的地位上，建立合理的价值分配模式。5G 时代手机图书馆产业价值链的协作方式应由过去基于产品或服务的利益交易，逐渐发展成为以战略联盟、优势互补、资源共享、流程对接和目标共赢等为特征的深度合作。

（4）WT 策略——克服劣势，化解威胁

① 提高图书馆员素质。随着 5G 通信技术在图书馆领域的引进与应用，图书馆员必须加强对 5G 技术的学习和掌握，努力提高 5G 新技术环境下的业

务素质。可以邀请图书馆界知名学者开展讲座或派送图书馆员到处于先进水平的图书馆参观学习，促使馆员树立顺应时代发展需要的服务理念。同时，还可以与国内外高校、IT界建立紧密的合作关系，把现有馆员培养成既懂图书馆学专业知识又精通计算机网络技术等的复合型人才，使他们尽快适应新的环境变化。

② 加强手机图书馆的建设。手机图书馆的建设并非单靠技术就能实现，还涉及图书馆理念、信息资源、读者服务等各方面因素，需要进行整体的规划，与图书馆其他自动化子系统紧密结合，协调发展。同时，需要积极跟踪移动通信技术的发展，关注发达国家的实践和研究动态，认真研究适合本馆的服务模式。此外，5G时代的手机图书馆服务需进一步优化数据库结构，数据库建设要保证较强的安全性。在保证数据库性能的前提下，要防范黑客及病毒对数据库、WAP服务器、网关以及手机的攻击，可以择优选择相关技术的应用，如数据库加密、防病毒等技术，以确保服务器功能和服务的正常运行。

通过上述分析，我们可以获得对我国手机图书馆业务的如表2－1所示SWOT分析矩阵。

表2－1　我国手机图书馆业务的SWOT分析矩阵

内部因素 外部因素	优势（Strengths）： 1. 便携性 2. 交互性 3. 实时性	劣势（Weaknesses）： 1. 图书馆馆员服务观念相对保守、科学文化综合素质偏低 2. 手机终端瓶颈 3. 产业价值链不成熟
机遇（Opportunities）： 1. 庞大的手机用户及手机上网用户 2. 用户的信息需求 3. 3G等通信技术的发展	SO策略： 1. 利用信息技术，创新服务内容 2. 利用广大的用户群体，加强手机图书馆服务的宣传力度	WO策略： 1. 建立标准化、开放式的移动电话软件平台 2. 强化手机图书馆产业链
威胁（Threats）： 1. 信息安全和隐私保护问题 2. 手机图书馆运转费用问题	ST策略： 1. 妥善解决服务安全问题 2. 探索新的商业运营模式	WT策略： 1. 提高图书馆员素质 2. 加强手机图书馆的建设

通过对手机图书馆的SWOT分析，可以发现我国的手机图书馆业务优势与劣势同在，机遇与威胁并存。为了更好地发展我国的手机图书馆业务，我们需

要充分发挥手机图书馆的优势，加强手机图书馆产业链相关各方的合作，积极探索有效的商业运营模式，不断创新服务内容，妥善解决服务安全问题。另外，我们还需要加强手机图书馆服务的宣传力度，提高图书馆员的素质，从而推动我国手机图书馆的进一步发展。

6　抖音号：融媒体时代数字图书馆服务的新媒介

图书馆抖音号是一种以短视频形式向读者宣传图书馆事业的新媒介。在用户需求和媒介技术的双重推动下，移动短视频已经成为中国民众信息消费与社会交往的主流形态。在此背景下，以“抖音”为代表的短视频 App 迅速崛起，截至 2020 年 3 月 24 日，抖音短视频 App 在华为应用宝的下载次数高达 6.0 亿次。根据《2019 中国移动互联网秋季大报告》数据显示，截至 2019 年 9 月，短视频行业用户接近 6 亿人，短视频行业渗透率超 70%。移动短视频吸引了越来越多的企业、高校、政府部门等，图书馆界也不例外。

6.1　短视频的产生、发展及特点

6.1.1　短视频的产生与发展

短视频起源于美国，Viddy 公司于 2011 年 4 月最早发布了移动短视频社交应用产品，国内的社交短视频始于腾讯、新浪等公司，2013 年，新浪上线“秒拍”，腾讯推出“微视”。近两年，国内短视频行业迅速发展，诞生了快手、抖音等一系列短视频 App，从而开启了短视频时代。作为短视频平台的典型代表，“抖音”于 2016 年 9 月正式上线，两个月后，“抖音”开始迅速爆发，现已成为短视频平台的行业翘楚。

6.1.2　短视频的特点

（1）技术准入门槛低

“抖音”上的短视频制作工具便利，打破了视频生产的专业壁垒，所需的硬件成本、技术成本、制作成本非常低，用户可以根据音乐背景进行二度创作，随时随地发布、浏览、传播信息；平台层级划分合理，操作路径较短；平台操作流程简单；观看界面及交互设置简单明了；内容短，“15 s 成名”的快感吸引越来越多的普通人加入“抖音”，参与主体的广泛性也使得抖音表现出了技术准入门槛低、亲民、接地气的特点。

（2）传播内容碎片化

新媒体时代的到来，极大地转变了用户接收信息的习惯，碎片化的信息成了现代人的最爱。而抖音利用 15 s 的时间进行音乐短视频拍摄，迎合了人们快节奏、快消费的生活习惯，满足了新媒体时代用户的使用习惯和传播方式，碎片化、娱乐性给用户带来了极佳的体验，进而能有效地吸引用户的注意力。

（3）病毒式传播

抖音既不同于传统媒体的线性传播，也不同于 BBS 等网络媒体的网状传播。短视频平台的独特推荐算法彻底改变了信息传播逻辑，使短视频表现出极强的“马太效应”。即表现越好的短视频得到的推荐量越大，这将进一步扩大其影响力，并表现出“病毒式传播”特征，其实时性、现场感以及快捷性，几乎超过了所有媒体。

（4）交互性强

短视频平台注重互动体验，诸如“转发”“评论”“点赞”“回复”等技术功能为用户之间的信息交互提供了保证。抖音还开发了个性化的功能设置，例如，特色滤镜和道具、换肤、配音以及控雨术、星空装特效等；通过“搜索”模块，可设置挑战大赛，鼓励用户积极参与短视频的创作；设有热搜榜，通过首页推荐，可短时间内聚集大量粉丝，具有很强的开放性和互动性。

6.2 我国图书馆抖音号发展现状

在 5G 和互联网 + 的时代背景下，我国图书馆短视频平台的开通、使用和效果如何，存在哪些问题，如何利用短视频平台提升图书馆的传播和影响力，诸如此类的种种问题亟待得到解决，下面是有关的调查研究。

6.2.1　调查方法

通过抖音 App 搜索功能，以“图书馆”为关键词进行检索，定位“用户”选项，调查时间截至 2020 年 4 月 1 日，剔除没有发布任何作品和动态以及没有认证的图书馆抖音号，据统计，共有 44 家图书馆开通了抖音号，基本情况如表 2－2 所示。

表 2－2　图书馆抖音号情况调查

序号	图书馆	开通时间	作品	动态	粉丝	获赞
1	国家图书馆	2019 年 4 月 16 日	64	73	3.3 万	3.8 万
2	临沂市图书馆	2018 年 6 月 3 日	543	784	9.6 万	126.2 万
3	江西省图书馆	2019 年 11 月 14 日	78	347	5.3 万	195.4 万
4	上海图书馆	2019 年 4 月 22 日	141	144	4 587	2 786
5	温州市图书馆	2018 年 10 月 17 日	14	14	1.6 万	116
6	杭州图书馆	2018 年 4 月 10 日	74	84	4 048	1.2 万
7	朔州市图书馆	2018 年 5 月 18 日	607	694	1.2 万	11.3 万
8	合肥市图书馆	2018 年 7 月 17 日	317	440	3 899	1.0 万
9	陕西省图书馆	2019 年 4 月 22 日	248	423	6 962	24.5 万
10	四川省图书馆	2019 年 9 月 19 日	39	39	2 797	3.0 万
11	重庆图书馆	2019 年 4 月 16 日	71	72	3 107	1.1 万
12	长沙图书馆	2018 年 7 月 12 日	56	57	1 627	1 042
13	首都图书馆	2019 年 4 月 22 日	42	47	6 728	2.8 万
14	太原市图书馆	2018 年 9 月 27 日	211	273	1 441	3 311
15	宁波图书馆	2019 年 9 月 27 日	41	42	1 090	5 276
16	吉林省图书馆	2019 年 8 月 14 日	160	181	548	8.2 万
17	湖南图书馆	2018 年 8 月 10 日	25	29	1 024	5 583
18	浙江图书馆	2019 年 12 月 27 日	20	21	303	378
19	嘉兴市图书馆	2018 年 12 月 11 日	3	4	163	31
20	湖北省图书馆	2018 年 9 月 7 日	69	70	645	1 413
21	中国科学院图书馆	2019 年 5 月 16 日	29	46	417	388

续表

序号	图书馆	开通时间	作品	动态	粉丝	获赞
22	威海市图书馆	2018 年 12 月 23 日	65	112	487	1 298
23	长春市图书馆	2019 年 2 月 1 日	65	67	310	1 211
24	新疆图书馆	2019 年 8 月 3 日	18	20	360	803
25	深圳图书馆	2018 年 8 月 1 日	27	29	500	384
26	共青城市图书馆	2019 年 8 月 23 日	21	30	748	1 601
27	中新友好图书馆	2019 年 10 月 30 日	27	27	1 148	7.9 万
28	佛山市图书馆	2019 年 3 月 2 日	102	105	250	474
29	山东商务职业学院图书馆	2018 年 8 月 27 日	73	73	1 309	2 936
30	济南图书馆	2018 年 10 月 12 日	21	23	392	449
31	北海市图书馆	2020 年 1 月 17 日	29	29	389	363
32	营口理工学院图书馆	2018 年 11 月 23 日	32	32	1 449	1 271
33	海宁市图书馆	2019 年 10 月 31 日	16	16	269	1 249
34	盐城市图书馆	2020 年 3 月 24 日	15	16	271	2 466
35	金陵图书馆	2020 年 2 月 27 日	60	60	269	1 348
36	河南工业大学图书馆	2019 年 4 月 23 日	50	50	324	653
37	包头市图书馆	2019 年 10 月 30 日	9	10	326	2 151
38	西安图书馆	2018 年 9 月 28 日	9	10	326	331
39	丰城市图书馆	2019 年 7 月 16 日	17	25	354	2 225
40	青海省图书馆	2019 年 5 月 21 日	19	20	427	1 140
41	青海省海北藏族自治州图书馆	2019 年 2 月 19 日	55	57	298	786
42	安徽省枞阳县图书馆	2018 年 8 月 25 日	12	15	131	136
43	大兴区图书馆	2019 年 1 月 30 日	24	25	198	220
44	北海市图书馆	2020 年 1 月 17 日	30	30	403	377

6.2.2 调查结果分析

(1) 图书馆抖音号数量分析

这 44 个图书馆抖音号，既包括公共图书馆，也包括高校图书馆，其中公共图书馆抖音号的数量为 40 个，占总数的 90.9%，高校图书馆抖音号数量为 4

个，占总数的 9.1%，公共图书馆抖音号的数量明显多于高校图书馆抖音号。可以看出，抖音号在图书馆界没有得到广泛应用，当前开通抖音号的主要是公共图书馆，高校图书馆较少涉及。

（2）图书馆抖音号作品动态内容分析

图书馆抖音号作品内容和动态信息归纳起来主要涉及以下几个方面：

① 新闻公告类。移动短视频因为其内容简短，可以通过手机、网络等多种方式及时发布、接收和查看，所以提供这类主题内容非常方便，几乎所有的图书馆抖音号都提供了此类信息。新闻既包括本馆新闻公告，如活动预告、活动新闻报道等，也包括社会新闻热点。如国家图书馆抖音号发布的“抗击疫情，共盼春来——国图女馆员的坚守和心愿”消息，“图书馆与时代同行国际学术研讨会”信息，“各地图书馆阅读推广活动展播”消息；临沂市图书馆发布的“全省共听一本书，听书答题赢大奖”活动公告；上海图书馆发布的“上图杯 2019 上海阅读马拉松秋季赛”活动；杭州图书馆发布的“杭州图书馆国艺荟萃集锦”；首都图书馆发布的“乡土课堂与您有约”活动；佛山市图书馆发布的“第六届佛山市民最喜爱图书评选活动”等。

② 馆藏资源推荐类。这类服务主要是图书馆主动向读者推荐馆藏资源，内容既包括硬件资源，如图书馆硬件设备、空间等，也包括软件资源，如纸质资源、数字资源等。如国家图书馆推出的“文津奖图书推荐”活动、“好书推荐官”活动，由图书馆馆员和明星好书推荐官来推荐经典读物；重庆图书馆抖音号推出的“微讲座”；宁波图书馆发布的“玩转图书馆数字阅读平台”；长春图书馆推出的“童之趣书之光”儿童文学推荐活动；营口理工学院图书馆纪念改革开放四十周年专题书架活动；长沙图书馆推出的“云阅读”图书推荐；吉林省图书馆发布的新书预览专区活动；合肥市图书馆推出的“合图君荐书”；朔州市图书馆推出的“众志成城，抗击疫情”主题连环画创作推广公益行作品系列。

③ 品牌活动推广类。这类服务主要是宣传推广图书馆的品牌特色活动。如国家图书馆推出的“我的健康故事——健康文化推广人”“我的音乐故事——古典音乐推广人”“圆梦国图——从读者到馆员的故事”等；中国科学院图书馆推出的“百年院士风采系列”；佛山市图书馆推出的“我在佛图修古籍”“我

们的志愿者”；长沙图书馆推出的“长图最炫酷实习生”；吉林省图书馆发布的“青青草大讲堂之少儿真人图书馆”；合肥市图书馆推出的“我是一个修书匠”；朔州市图书馆推出的“朔图品牌栏目——super 图图故事会”。

（3）图书馆抖音号发文数量分析

图书馆抖音号的发文数量差异很大，作品动态数量排前三的是临沂市图书馆、朔州市图书馆、合肥市图书馆，其开通抖音号的时间均是 2018 年。但有些图书馆抖音号同样是 2018 年开通的，发布的作品动态数量合起来不到 10 个。从表 2－2 中的开通时间和发布的作品动态数量来看，大多数图书馆都能长期坚持更新作品动态消息，及时与读者互动，但也有相当一部分的图书馆开通后很长一段时间内没有发布作品动态消息，处于停滞状态。

（4）图书馆抖音号粉丝和获赞数量分析

图书馆抖音号粉丝和获赞数量直接反映了图书馆宣传的力度、广度以及影响力。在公共图书馆中，抖音号粉丝最多的临沂市图书馆和最少的枞阳县图书馆相差 9 万多；获赞数量最多的江西省图书馆和最少的嘉兴市图书馆相差 190 多万；高校图书馆之间抖音号粉丝数量和获赞数量相差没那么悬殊。从表 2－2 中数据还可以看出，公共图书馆抖音号的粉丝数量、获赞数量明显高于高校图书馆，可以说，公共图书馆抖音号受关注的水平要高于高校图书馆抖音号。

（5）存在问题分析

部分图书馆能长期坚持更新发文，吸引了大量粉丝和点赞，通过调查发现，也存在一些问题，主要表现在：① 定位模糊，建设目标不够明确。一部分图书馆抖音号没有很好地定位，创建之初没有明确短视频的整体风格、功能定位、内容偏好等问题，有“赶时髦”之嫌，随意性较强。② 内容更新不及时。抖音平台作品和动态内容更新不及时，有的图书馆十天半个月才更新一次，有的甚至几个月没有更新，几乎成了“僵尸号”。③ 交互性不够，用户参与度不高。对于读者的评论和提问，有些图书馆能及时回复，有些没有回复。④ 短视频作品和动态质量有待提高。当前部分短视频作品存在内涵不够丰富、视频拍摄质量不高、原创性不强、审核不到位的问题。

6.3 图书馆抖音号的建设与管理

6.3.1 加强对抖音号短视频平台的宣传推广

抖音功能满足了年轻人的个性化需求，在抖音庞大的用户群中，大学生逐渐成长为一支生力军。短视频是近年社交软件的发展热点，也是未来社交形式的发展趋势。调查显示，短视频渗透到了图书馆领域，但其发展还不成气候，仅仅处于萌芽阶段。图书馆特别是高校图书馆要借助抖音拓展服务新阵地，以价值引领为导向，设置传播正能量的议程；积极开通图书馆抖音号，利用大学生喜爱的风格来展示图书馆的形象，转变大学生对图书馆的刻板印象。同时，开通抖音号还要重视利用网络、微信等各种途径进行宣传推广，吸引更多的读者参与到平台中来。

6.3.2 重视内容创作，实现沉浸式感染

形式为内容服务，任何情况下“内容为王”都是金科玉律。重视内容创作可以从以下几个方面着手：（1）注重内容的原创。UGC 是指由用户原创的内容，符合当今时代的传播特征和受众心理，同时满足了传者和受者的需求。（2）注重内容的新意。在注意力稀缺的时代，短视频内容尽量将网络热点和本部门的特色结合起来，强化“用户思维”，增加内容的贴近性和解释性，让用户产生思想上的共鸣和主动扩散的欲望。（3）注重视频内容的质量。仅用平铺直叙的手法拍摄短视频，很难在信息流中吸引用户的注意。要转变固化思维，开拓视频创作的思路，通过音乐、调色、特效等不同手段提高视频质量。（4）注重内容的及时更新。抖音号建立后要及时更新内容，不仅要发布线下活动通知类消息，还要多开展线上活动，创新活动形式，不断丰富平台内容，通过抖音平台加强读者互动。

6.3.3 重视“意见领袖”，提高用户“黏性”

除了发布短视频外，抖音平台还提供了点赞、转发、回复、评论等多种功能，图书馆抖音号要充分利用这些功能加强与用户的交流和沟通，积极回复用

户评论、请求、咨询，在互动交流中发挥图书馆抖音号服务的功能。此外，根据用户的参与情况，通过数据分析工具挖掘那些能够引起更多转发和更多其他用户参与评论的粉丝，建立图书馆抖音“意见领袖”粉丝数据库，积极与其互动，既可保证信息的精准传播，又保持了与忠实读者长期的社交互动，从而提高了用户“黏性”。

6.3.4 深化平台融合，促进优势互补

短视频通过互联网编织的“社会网络”形成了具有资源整合力的“传播资本”。图书馆抖音要善于整合媒体资源，打造全方位、立体化的信息传播模式。首先，加强与传统媒体的融合。传统媒体有强大的公信力和深厚的底蕴，两者的融合发展，有利于打造“新型主流媒体”“现代传播体系”。其次，加强与微博、微信等新媒体平台的融合，建立统一的信息发布平台，形成传播的合力。再次，与行业内相关平台融合，如加强与档案馆、博物馆等机构合作，对馆藏资源文化内涵进行深入挖掘，同频共振传播，壮大主流声音。

6.3.5 制定运营规划，加强内容监督

“凡事预则立，不预则废”，建设图书馆抖音号也不例外。建设之初，就要制定计划和目标，对拟实现的功能、栏目、内容和结构、发布人员和管理人员等，都要有明确的定位。在运营过程中，要加强内容监督，防范化解风险，强调规范化、流程化方式进行内容发布。对于抖音短视频提供的评论和转发功能，应加强管理，屏蔽杜绝不良信息，特别是对于作品和动态发布的权限控制，应该有较为严格和流程化的管理机制。

短视频平台的出现为图书馆服务提供了良好的发展机遇，5G 时代的移动通信网络为移动终端的短视频平台创造了优质的发展条件和基础，图书馆要把握好短视频这一创新渠道，不断探索更好的策略和方式，借势调整现有的服务模式，更好地宣传图书馆的服务，更好地满足读者的需求。

第3章　高校图书馆服务资源与系统建设

数字技术的飞速发展，大量搜索引擎的研发与运用，使得人们获取知识信息的途径与方式发生了变化，这对图书馆的生存与发展来讲，既是机遇，也是挑战。因此，探索在数字技术背景下图书馆服务资源建设新模式，构建先进的资源管理系统和服务平台，以提升图书馆的服务能力，这一点显得尤为重要。

1　重复数据删除技术在数字图书馆数据备份中的应用

如今，无论规模大小，无论行业差别，都面临数据量不断增长的困境，而且在海量的存储数据中，又存在大量重复的数据，保存这些重复的数据，实际上无形中占用存储系统太多的资源空间，间接地也耗掉了数据中心里很多不需要的一些电力以及相应的管理成本。同时，当虚拟化技术在各行各业中扮演越来越重要的角色的时候，越来越多的逻辑服务器整合到现有的物理计算机系统中，服务器虚拟化成为一种趋势。在服务器虚拟化后，虚拟机上面大量的数据是重复的，虚拟机镜像文件也很大，每天产生的虚拟机文件给存储空间带来了特殊的挑战。可见，基于磁带的传统备份和恢复方法无法满足数据增长和服务器虚拟化影响的需求，那么如何才能实现高效的重复数据删除，大大节省存储空间，降低存储成本，确保业务连续性和数据安全性，提高数据保护级别，实现高效数据恢复，重复数据删除技术的引入为我们提供了一套可行的方案。

1.1 重复数据删除技术概述

1.1.1 重复数据删除技术的定义

重复数据删除（data de-duplication）也称为智能压缩（intelligent compression）或单一实例存储（single-instance storage），是一种可自动搜索重复数据，将相同的数据只保留唯一的一个副本，并使用指向单一副本的指针替换掉其他重复副本，以达到消除数据冗余、降低存储容量需求的存储技术。通过重复数据删除技术不但能解决单数据中心中多副本占用空间的问题，还可以减少传输备份数据所需要的带宽。

1.1.2 重复数据删除技术分类

重复数据删除技术主要分为基于硬件的重复数据删除和基于软件的重复数据删除两种方式。

基于硬件的重复数据删除在存储系统本身进行数据削减。正常情况下，备份软件会将专用设备看成一般的“磁盘系统”，并且不会感知其内部正在进行的重复数据删除进程。基于硬件的重复数据删除技术具有更高的压缩比，成本高，适合大型企业使用。

基于软件的重复数据删除旨在消除源的冗余，以获得带宽的补偿。软件本身是具有重删功能的备份软件，使用 Client/Server 结构。Server 制定策略并在指定时间发起备份，调度 Client 对备份数据进行分块，将数据块输入 Hash 程序进行运算，结果计入 Hash 表。后面的数据块运算结果与表内存在的值相同就删除数据，不同就记录结果并保存数据块。数据恢复根据表值和保存数据块还原被删除数据，重组数据后恢复到系统中。实现方式优势是数据输出到网络前，在业务主机就实现了重删操作，减少网络流量并降低了存储空间用量。基于软件的重复数据删除产品有 EMC 的 Avamar 和赛门铁克的 veritas netBackup 等。

1.1.3　重复数据删除技术原理

从工作原理上讲，重复数据删除技术可区分为基于哈希（Hash）算法的重复删除、基于内容识别的重复删除和基于ProtecTier VTL的重复删除。

（1）哈希算法

Hash，一般翻译为散列，或音译为哈希。备份时，数据将被分块计算Hash值，按照索引把新数据块的Hash值和所有已存数据块的Hash值进行比较，如果发现有相同的Hash值，就判定它对应的数据块是重复内容，使用Hash值替换数据块写入存储系统中，并且建立存储系统保存位置Hash值与Hash表中相同值的索引指针，删除重复的数据块。这样存储系统中保存的备份数据副本是由唯一数据块和那些重复数据块对应的Hash值合成的，而且数据块和Hash值的排列顺序保持和原数据一致。而找不到匹配的数据块将被直接以原有形式保存到存储系统中，并且建立数据块与Hash值的索引指针，以供以后比较。

（2）内容识别

内容识别软件技术不是以算法技术为核心的技术理论，而是针对数据实体的内容进行识别、区分、标注、记录及删除等处理操作的重复数据删除软件技术。其原理是：当备份数据第一次被写入重复数据删除软件技术核心的时候，不会进行数据扫描、切分、计算、构建指针、重复数据的删除等这些操作，而是直接保存到存储系统中，对备份数据副本进行扫描、内容识别、信息抽取操作，并且将元数据保存到软件技术的数据库中。当来源相同的下一份备份数据再次被写入的时候，还是被直接保存到存储系统中，进行扫描、内容识别、信息抽取操作，然后用新的抽取信息和原来保存的抽取信息进行比对。根据比较结果构建索引指针，在两份完整备份数据副本中重复的数据内容之间建立索引指针指向关系，再进行一次数据指针对应关系的完整性检查，最后删除先保存的那份备份数据副本中的重复数据内容，将后来保存的那份备份数据副本完整真实地保存在存储系统中。

（3）基于ProtecTier VTL

这种方法像基于哈希算法那样将数据分成块，并且采用自有算法决定给定的数据块是否与其他数据块相似，然后与相似块中的数据进行逐字节的比较，以判断该数据块是否已经被存储。

1.1.4 使用重复数据删除技术的核心价值

第一，利用重复数据删除技术可以对存储空间的利用率进行优化，以消除分布在存储系统中的相同文件或者数据块，大幅降低需要采购和管理的物理存储容量。第二，利用重复数据删除技术可以减少在网络中传输的数据量，进而降低能量消耗和网络成本，并为数据复制节省大量网络带宽。第三，VMware 备份映像文件非常大，而这些备份映像的冗余程度极高，重复数据删除可使备份数据缩小几十倍，并可缩短多达 90% 的备份时间窗口，这就大大提高了 VMware 备份速度，减少了基础架构压力，允许更大规模的服务器整合，并消除了共享资源上的传统备份负担。第四，重复数据消除技术还充分利用随机存取磁盘存储，可以大大缩短多种应用程序的恢复时间，与顺序存取（磁带）方法相比提高了恢复性能。

1.1.5 重复数据删除技术的优势

（1）大大节省备份空间

重复数据删除技术的原理是只保存唯一一份备份数据的数据段。当数据写入备份设备时，数据会被分成可变长度的数据段。重复数据删除软件会实时将该数据段与已经存储的各数据段进行比较，从而可以确保每个具有唯一性的数据段仅备份一次。因此，拷贝或编辑的文件、共享的应用程序、嵌入的附件，甚至每天都在变化的数据库，都只会产生少量的增量备份数据。从而可以大大节省备份空间，满足磁盘的长期备份需要。

（2）降低存储成本

重复数据删除软件技术通过删除备份数据之间重复的部分，实现了几十倍的备份数据压缩效应，大大节省了备份数据按照保存周期要求占用的数据存储空间，节约了投资成本。对于已经应用了磁盘备份架构的企业，重复数据删除能够拉动整合，这可以降低电力成本以及最大限度地减少数据中心的占地空间。

（3）节省带宽

目前，大多数企业需要进行全天候不间断的业务运营，每年30%～50%的持续数据增长使备份流程面临着前所未有的挑战，可用网络带宽在多数情况下已无法满足数据增长的需求。据统计，将重复数据删除用于数据中心、虚拟环境以及远程办公室，能够将日常备份带宽降低至原先的1/500左右。存储优化程度取决于数据类型、数据变更率以及保存时间。传统办公文件类型是优化的主要对象，压缩数据格式，例如，音频、视频以及医疗影像等的优化则相对较少，而通过安装了重复数据删除的系统进行初始完整备份，所需带宽要比原先少了3/4倍左右。传统备份方法通常要求进行后续完整备份，这就需要占用大量的带宽。而客户端重复数据删除能够降低后续完整备份的带宽需求，使其大小仅为原来的1%。在增量备份中，由于重复数据删除技术仅对发生变化或修改的文件进行备份，因而带宽利用率的提高达12倍左右。

（4）提高数据恢复水平

重复数据消除技术可大大提高备份性能，从而可以在有限的备份时间内完成备份。重复数据消除技术还充分利用随机存取磁盘存储，可以大大缩短多种应用程序的恢复时间，与顺序存取（磁带）方法相比提高了恢复性能。同时，利用磁盘还便于执行运行状况检查和其他自我修复或故障预防措施，提高了数据安全可靠性。

（5）充分利用服务器整合优势，提高虚拟机备份速度

VMware备份映像非常大，这些映像的冗余程度极高，重复数据删除技术可用于消除共享资源对冗余数据的处理，从而减少物理资源争用并加速虚拟机备份。重复数据删除技术软件可使备份数据缩小几十倍，并大大缩短备份时间。

1.2　重复数据删除技术的应用

虚拟化尽管不是一种新技术，却被公认为是近几年的IT技术热点。其原因在于，自从1998年VMware将只有在大型机中采用的虚拟化技术引入X86平台至今，虚拟化技术已经为全球用户节约了大量成本，提升了服务器运营效率，更重要的是，下一代的数据中心也将基于虚拟化技术来进行构建，特别是现在

热门的云计算，更是离不开虚拟化技术的支撑。随着图书馆数字化建设的不断发展，图书馆拥有的应用系统越来越多，虚拟化技术同样被引入图书馆领域，部分图书馆已经利用虚拟化技术实现了服务器的整合，大大提高了服务器的利用率，成为满足数字图书馆应用服务种类不断增加、数据库资源数据量不断增长的有效手段。当虚拟化技术在各行各业中扮演着越来越重要的角色的时候，越来越多的逻辑服务器将被整合到现有的物理计算机系统中。其中，最主要的问题是如何保护每个虚拟机的数据完整正确，不出错或遗失。这也就是要做好虚拟机备份的问题。虚拟机的备份现已成为各行各业关注的重要课题。

1.2.1 虚拟机备份及难点

(1) 虚拟机备份的概念

虚拟化技术使得一个物理机器上可以运行多个操作系统，打破了软硬件的紧耦合性，带来了分区、隔离、封装等好处。虚拟机的备份包括虚拟磁盘、内存、CPU 寄存器等部分，主要包括虚拟磁盘和内存的保存。这就涉及虚拟机存储和内存虚拟化技术。虚拟机存储包括虚拟磁盘、内存以及其他配置信息；虚拟机内存是虚拟化技术的一个难题，主要涉及内存页表的变换。

(2) 虚拟机备份的难题

① 资源争夺问题。由于一台物理服务器可以实现多个虚拟机，提高了服务器的利用率，这也是虚拟化部署的目标。然而，服务器的使用在增加，所用的相应资源在减少。备份应用是资源消耗大户，它们会消耗服务器大量的输入/输出、CPU 和内存资源。通常，我们希望这些备份应用能够在备份范围内相对较快地完成工作。在物理服务器阶段，这些应用可能占用了 10% 的服务器资源，备份可以利用那些闲置的资源，不会对正在进行备份的应用程序造成严重的影响。对于虚拟化，服务器的使用方式更近于容量，这种服务器不再具有大量的闲置资源供备份使用，而备份工作及其备份的应用程序更加消耗服务器和存储硬件资源。因此执行备份需要的那些额外的资源可能会影响这台虚拟机的性能，甚至威胁到所有共享同一个硬件设备的其他虚拟机的正常运行。

② VCB（VMware Consolidated Backup）并非实现虚拟基础架构的完整备份

方案。备份管理员通常采用传统的物理备份解决方案，可能会误认为 VCB 是对虚拟数据中心的完整解答。然而，只有在极少数情况下，VCB 才会允许管理员彻底移除虚拟服务器中所有的备份代理。其原因在于，VCB 无法完成以下工作：执行专业的应用程序备份；执行非 Windows VM 的文件级备份；完成备份文件的管理、分类或归档；将文件直接恢复到虚拟机。作为一种脚本架构，VCB 需要和第三方备份程序集成，才能实现上述功能。

③ 存储空间问题。虚拟机镜像文件很大，通常达到数十 GB，虚拟机文件给存储空间带来了特殊的挑战。其严峻性在于，每个快照都会被看作一个新文件，被完全备份下来，而不会考虑这份快照和上一份快照中有多少数据发生了改变，又有多少数据根本没有变化。如果能进行重复数据删除或者在源头进行重复数据删除可以节省存储媒介，与此同时，可以达到最小化备份的时间。

面对上述备份的难题，重复数据删除技术，特别适合虚拟机的备份要求，因为它可以减少备份数据量，能够大大减少争夺 I/O 的可能性等优势。

1.2.2 重复数据删除技术的应用领域

(1) 数据备份领域

重复数据删除技术为数据备份领域带来了革命性突破，有效地改善了磁盘数据保护的成本效益。面对业务系统数据的日常备份，传统的备份解决方案都会先做一个整个文件系统或者数据库的全备份，然后每天做一个增量备份，再定期做一次全备份，如此一来，在做全备份的时候，很多文件实际上都是重复的，势必会增加许多重复数据。采用重复数据删除技术，通过删除冗余数据，确保相同数据段仅备份一次，就会大大降低用户备份的数据量，节省大量的存储空间，这也是重复数据删除技术最有价值的应用领域。

(2) 数据归档领域

重复数据删除技术通过消除冗余数据实现高效率的归档存储，从而实现最低的成本。目前，一些常有的且不使用的数据，用户通常会对其进行相应的归档，把它存到一些低成本的存储上。如果通过重复数据删除加工，则会大大降低归档设备的使用容量。还有在线存储，通过重复数据删除技术，让重复数据消除在生产环节，后期的备份与归档则自然轻松很多。这方面，部分企业目前已推出了在线存储支持重复数据删除的解决方案。

（3）远程灾备系统

在远程灾备系统中，需要将大量的数据迁移到异地的系统中。随着数据量的不断增长，数据传输的压力越来越大，通过重复数据删除技术在数据传输前检测并删除重复的数据，可以有效地减少传输的数据量，提高数据传输速度。

1.2.3 重复数据删除技术在数字图书馆中的应用

以某高校图书馆为例，该图书馆拥有图书馆自动化集成系统、光盘数据库系统、一卡通系统、论文提交系统、门禁系统、监控系统、数台存储设备、各类型数据库资源服务器等。各个应用系统的技术环境不一样、操作系统也有多种，如 SCO Unix、Windows Server 2022 等，面临着以下的困难：业务数据重要，恢复时间长；各系统的数据采用分散的模式各自独立保存，其数据备份方式一般采用磁盘、磁带、光盘等方式，分散管理，复杂度高，备份系统不可靠；大量备份数据只有单份拷贝，存在数据丢失风险；试图利用虚拟化技术实现服务器的整合，但又存在虚拟化平台数据量大，重复数据多，传统的备份方案难以满足需求等问题。

（1）重复数据删除技术在数字图书馆应用的设计

针对上述情况，购置4 台高配置的服务器，利用 VMware 软件将数据库资源服务器以及各系统服务器进行整合，在其中心机房搭建一台备份服务器，用来部署 Avamar 技术，Avamar 可以与 VMware 虚拟化系统紧密集成，采取多种方式结合制定了利用重复数据删除技术实现数据备份和恢复平台方案。具体实施如下：

① 配置虚拟机。建立虚拟机模板，根据各应用的要求建立 Windows 7 和 Windows 10、SCO Unix 三个模板，利用三个模板转换出虚拟机；然后根据各应用对各个虚拟机的 CPU、内存和硬盘进行调拨，淘汰了原有旧服务器。

② 使用 Guest Level 方式，把 Avamar 软件直接安装在每个虚拟机上，根据每个客户端的不同需求，采用灵活多样的备份策略。该方法可方便实现客户系

统级别/文件级别的备份。此类备份一般不需要编写脚本，可能需要基本客户端设置以外的配置来支持特定应用程序，如 Microsoft SQL Server 或者 Oracle 等。此方式的主要优点：可实现最高级别的重复数据消除；支持虚拟机内应用程序的备份；物理机和虚拟机的备份方法完全相同，可轻松地完成虚拟机的恢复。恢复整个虚拟机映像的方法如图 3－1 所示。

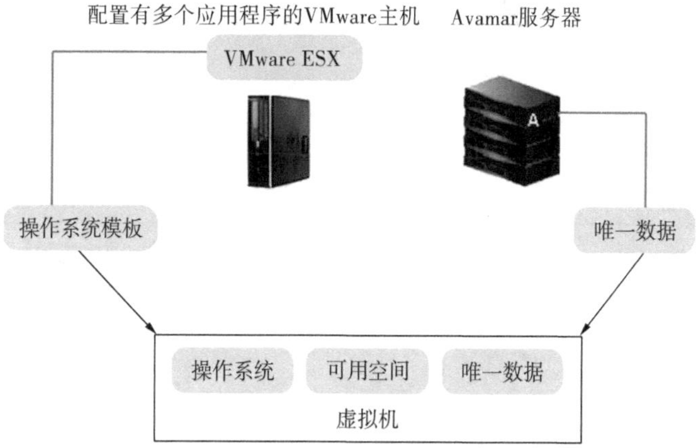

图 3－1　恢复整个虚拟机映像的方法图

若要实现完整系统恢复，可使用模板或现成的操作系统映像，创建安装了操作系统和 AVamar 代理的虚拟机。若要恢复服务器上的整个文件系统，可执行以下步骤：从模板和映像部署新虚拟机；开启该虚拟机并向 Avamar 服务器注册该虚拟机；执行到新虚拟机的重定向恢复。

③ 使用 VCB 方式，使用 VCB 代理服务器，在代理服务器级别利用 AVamar 重复数据删除功能。此方式可以实现对所有虚拟机 image 级别的备份，方便虚拟的整机恢复。不仅提供了源位置重复数据删除的所有优势（降低基础架构成本、减少网络带宽、缩短备份时间），而且还将备份和恢复任务移至代理服务器。

在数据中心放置 Emc Avamar Data store 10TB，集中管理 Vmware 虚拟化环境操作系统和应用数据的快速备份和恢复。在 VMware 虚拟化系统上使用代理服务器和 Guest 备份相结合的方式，在源位置上缩减备份数据集。备份任务通过 Avamar 管理控制台实现集中管理。

使用重复删除技术后新备份系统运行环境如图 3 – 2 所示。

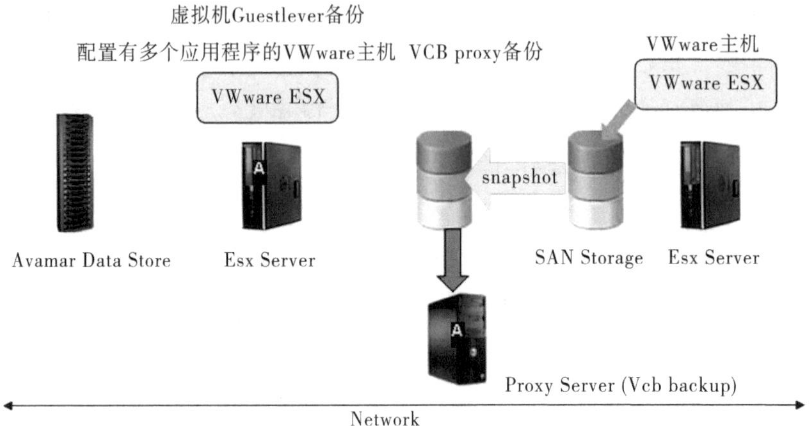

图 3 – 2　重复删除技术后新备份系统运行环境图

(2) 实施效果

使用 Emc Avamar 重复数据删除方案，虚拟机的数据在传输之前就进行了重复数据删除，删除比可达 90% 以上，极大地减少了备份作业需要传输的数据量，大大节省了带宽，缩短了备份时间，也节约了备份空间；提高了备份设备利用率，降低了成本；Avamar 备份每天都是生成的完全备份，而不是传统备份方式的“全备份 + 增量备份”，只需操作一次就可以恢复所需要的时间点数据，能轻松实现快速恢复。由于数据是备份到存储阵列的，存储阵列上有 RAID 冗余磁盘技术，可以随时、自动对数据进行校验，可靠性大大提高。

1.2.4　重复数据删除技术不足及努力方向

(1) 应用领域有待拓宽

重复数据删除技术目前的应用领域是信息系统内的数据备份系统，主要用于处理和保存备份数据和备份数据副本。由于被重复数据删除处理过的数据格式发生了变化，还原数据需要的时间超过了随机访问的要求，不能被信息系统应用直接使用。因此，目前的重复数据删除软件技术应用于备份系统，属于离线存储技术范畴，无法与业务生产系统软硬件集成实现在线方式的数据访问。此外，目前不是所有用户的信息系统都能够使用重复数据删除软件技术，首先，只有那些有备份需求并且数据量大的信息系统才适合部署这类技术；其次，价格不菲。因此，限制了这类技术的应用领域。所以，开发商应该去除技术壁垒，进一步完善重复数据删除技术功能，为消费者提供更广泛的功能和选择空间，使大量的潜在消费群体能够享用这种技术。从而推动技术开发和大批量生产，有效降低开发成本，扩大市场占有率。

（2）多技术融合是发展趋势

目前，重复数据删除技术通常采用的是基于 Hash 和基于内容识别这两种算法。前者计算量比较大，后者需要针对不同情况分别提取不同的元数据，实现起来比较复杂，这两种算法具有很大的互补性，在未来的研发中，开发商可以试着将两者相互结合。另外，由于新的压缩理论以及更有效的数学模型不断涌现，压缩技术发展非常迅速，未来可以通过引进新的压缩算法而开发出新的重复数据删除算法，也可以将基于 Hash 的算法与其他数据压缩技术一起使用，以达到更有效地优化存储空间。

随着数据的爆炸式增长，数据占用空间越来越大，而应用系统所保存的数据中高达 60% 是冗余的，而且随着时间的推移越来越多，保存这些重复数据无形中占用了存储系统大量的资源空间，管理保存数据的成本及数据中心空间和能耗也变得越来越严重。重复数据消除技术的出现在很大程度上缓解了该问题，能有效减少存储介质数量、减少数据传输所需的带宽、降低成本、提升备份和恢复性能，该技术会得到越来越广泛的认可。

2　基于用户的图书馆信息资源整合

随着图书馆信息资源的不断增长，其整体的无序化也日渐明显。应用系统各异、数据结构和组织方式多样、查询方式以及显示界面不同使得图书馆的信息孤岛问题日益严重。读者为了查询到所需资料，不得不分别进入不同的检索界面，熟悉各种不同电子资源的访问方式，不仅无形中增加了读者的负担，而且也浪费了他们的宝贵时间。同时，网络环境下用户对信息的需求已不再停留在文献获取层面上，而是希望得到能直接解决问题的知识性信息，用户要求图书馆将传统的“提供什么，用户就接受什么”的简单文献服务发展为“用户需要什么，就提供什么”的高层次知识服务。此外，随着信息资源成倍增长，不可避免地出现“信息超载”和“资源迷航”，用户希望图书馆能针对自己的个人需求、环境、心理、知识等特征实施服务。因此，以用户的信息需求、认知结构为中心，更加关注用户的满意度，为用户提供一站式、个性化和一体化的信息服务，构建一致的能广泛共享的信息资源整合平台，在此基础上实现图书馆系统内外各种相关资源的整合，已经成为图书馆信息资源建设与整合过程中急需解决的问题。

2.1 图书馆信息资源整合的意义

2.1.1 有利于读者检索到更有序、更综合化的信息

多样化的信息资源丰富了馆藏，能更大程度地满足用户的信息需求。但同时又给用户利用信息制造了新的麻烦：不同载体形态的信息资源之间缺乏关联，影响了信息查询的查全率；不同来源的信息资源不可避免地出现重复、冗余，影响了信息查询的查准率；各种信息系统缺乏允许内容共享与传送要求的界面，迫使用户为了查全信息必须逐一检索各系统，降低了信息查询的效率；不同的信息系统由于其所信赖的技术环境不同，造成信息检索方法、检索界面的复杂性、差异性，要求用户要掌握多种检索方式，增加了信息查询的难度。而信息资源整合能使分散无序的信息资源有序化，使重复、冗余的信息被剔除，使纷繁复杂的检索方式、检索界面得到统一，从而使用户轻松地获取所需的信息资源。

2.1.2 有利于满足读者多元化、个性化的信息需求

现有各类信息资源由于其自身的局限性或者使用界面不统一等问题而无法充分满足读者的不同需要，提供的信息价值性不强，容易造成读者对信息的理解困难，读者对信息的利用难度加大。信息资源整合将弥补这些缺陷，其服务适合多元化、多层次的读者，通过广泛的信息收集，深入的整合分析，以各种形式向读者提供增值性的有效信息，以满足各类读者多元化、个性化的信息需求。

2.1.3　有利于读者对信息资源进行有效的评价，提高竞争优势

图书馆对信息资源的整合，为读者提供了方便、快捷的检索途径，可以使读者对网络中的资源信息进行有效的吸收、整理。读者可以对信息的准确性、权威性，或者对检索系统的美化性，等等，进行评价，并给出合理化建议。结合读者的建议，图书馆利用各类统计分析的方法，寻找和确立图书馆的服务竞争优势，采取措施，协调、优化信息服务提供方式，在巩固原有优势的同时寻求新的服务点，从而保证图书馆社会职能的顺利实施。

2.2　基于用户的图书馆信息资源整合模式

2.2.1　学科信息门户整合模式

学科信息门户（Subject-Based Information Gateways，简称 SBIGs）是一种网络信息组织工具，也是图书馆实现对网络学术信息资源整合的一种重要方式。它是根据特定学科用户群体的信息需求，针对特定的专业领域，进行专业信息资源的集成，能整合与集成本领域的主要检索系统、文献资源系统、重点出版物、开放出版或资料系统，其他形式的专业信息资源和专业信息服务系统等；能根据用户需求与偏好，或通过用户信息访问行为的动态分析来推测用户意图，进行信息过滤和信息推送；门户根据不同的角色预设了不同界面内容，可基于用户所属的角色来提供给用户相应的信息内容。学科信息门户为用户提供方便的信息检索和服务入口。其按照某学科（专题）用户的需求对网络中相关的信息资源进行了更有针对性、更深入的揭示，给用户提供更专门、更专深的信息检索服务，有助于专业用户在本领域的“信息超市”（information supermarket）中选择高质量的资源和获得“一站式检索”（one site search）。学科信息门户具有以下内涵：

（1）学科门户是一种基于互联网的服务。

（2）门户中的数据是经过了质量控制的符合专业需求的各种资源。

（3）以资源描述为基础。

（4）具有检索和浏览的功能；资源的选择和描述都是经过专业人员或信息

专家（含图书馆学家）人工参与。

（5）资源的组织主要依赖于主题和分类等方式。

（6）拥有电子邮件通报服务和一些附加增值服务，如信息推送服务、资源推荐等。

以资源为基础，以读者服务为中心，以技术为手段，围绕资源，创造一个有良好组织和管理的动态学术信息门户是目前所关注的重要方面。

2.2.2 RSS 整合模式

RSS（RDF Site Summary，或 Rich Site Summary，或 Really Simple Syndication 的缩写），是 Web 资源的聚合技术，是典型的所谓 Web 2.0 技术，可以说 RSS 是 XML 的第一个具有广泛社会意义的成功应用。所谓 RSS，是一种信息聚合的技术，是某一站点用来和其他站点之间共享内容的一种简易信息发布和传递的方式，实现个性化的信息推送。RSS 包含一套用于描述 Web 内容的元数据规范，并提供一种新颖的 Web 内容联合机制，包括内容整合者、内容提供者和最终用户 3 个组成部分。内容提供者在更新网站的同时生成网站内容描述文档 RSS Feed 并予以发布，内容整合者利用 RSS 聚合器参照 RSS Feed 内容收割网站信息（网站内容摘要或全文），并建立本地数据库，支持用户对多个网站内容的集成检索。RSS 适合对已知网站的信息整合，具有以下特点：

（1）“一站式”服务。RSS 客户端根据用户定制信息，将用户感兴趣的相关信息按一定顺序发送到用户桌面。用户不用在不同网站来回切换查找。从而方便了用户，节省了用户时间。

（2）信息过滤。由于 RSS 提供的是定制式服务，只有用户定制的信息才会通过客户端推送到用户桌面，用户没有定制的信息则不会出现。这样可以避免广告之类的无用信息的干扰，真正实现“绿色”界面。

（3）操作简单，管理便利。用户只需在 RSS 客户端定制自己所需信息，不需复杂的操作，当不需要相关信息，可以退定。所以，用户可以便捷的管理信息。

（4）信息发布时效强。RSS 定制信息更新及时，系统根据更新策略及时更新信息。更新策略可以有多种，如可以固定时间系统统一更新，也可以根据用户设定的更新策略。

RSS应用在国外已经非常普遍，从个人博客（Blog）栏目、企业站点到世界级的门户都提供基于RSS的服务。在图书馆领域，RSS可用于信息资源内容的聚合、共享、推送、订阅、发布，以及各类新闻报道、服务推送、书目或其他数据的定题查询定制（类似传统的SDI服务）等，是目前Lib2.0应用得最多的技术之一。用户应用RSS，可以通过一个浏览窗口或阅读软件，将大量具有RSS Feeds的信息源聚合到一起，形成自己的信息门户，不需逐一访问各网站，就能得到网站推送的信息。如台东大学图书馆RSS订阅服务系统提供新书通报、中外新书书目、到馆新书展示系统和新购藏书的RSS订阅服务。

2.2.3　My Library模式

My Library是一种个性化色彩很强的信息资源整合和服务模式，是一种图书馆资源和服务的个性化集成系统，也是目前最具代表性和最成功的个性化图书馆实现方案。MyLibrary是一个以用户为核心，由用户驱动的个性化集成定制门户，是以个性化选择为界面的图书馆信息资源搜集方式，它向用户提供对虚拟资源集合的个性化定制功能，目的是根据用户的专业领域和兴趣爱好等特征建立服务定制，系统则根据用户特征的不同而提供不同的服务项目和服务结果，帮助用户获得与其描述特征相一致的数字化资源，减少用户在信息使用过程中信息过载的困扰。通过MyLibrary的构建可以相对解决数字信息资源超载和管理负担过重的问题。Mylibrary的个性化服务功能主要有：

（1）书签功能。该功能类似浏览器提供的bookmark，允许读者挑选若干个Web页面的URL地址放入书签，Web页面可以是图书馆网站的检索页面，搜索引擎或者其他需要经常访问的站点。与浏览器的bookmark相比，Mylibrary书签的内容可以让用户在任何机器上访问。

（2）分类定制图书馆数字资源的功能。包括图书馆本地所有网络数据库、电子期刊、新书书目等。用户可以把常用的数据库放在定制页面上，以方便检索。定制页面内容的更新将与数字资源的更新同步。

（3）推送最新信息的功能。在用户访问Mylibrary页面时，会弹出一个窗口，通告图书馆最新动态和最近投入使用的数字资源信息，并可直接把感兴趣的资源添加到 Mylibrary 里。

（4）智能代理和帮助检索的功能。智能代理通过跟踪用户在信息空间中的活动，自动捕捉用户的兴趣爱好，主动搜索可能引起用户兴趣的信息提供给用户，并帮助用户调整和修改其检索策略，从而得到满意的检索结果。

（5）建立与搜索引擎的衔接。Mylibrary 能够提供一些著名的搜索引擎列表，用户只要选择其中一种并输入关键词，浏览器便自动跳转至该搜索引擎的搜寻结果页面。

（6）有一定的数据挖掘功能，能满足用户对潜在信息的需求。

基于用户的信息资源整合要求以用户为核心，形成一种聚合信息资源、信息服务、信息利用活动的动态机制，其最终目的是成为用户利用信息、提炼知识、解决问题和优化用户环境的支持平台，从而使用户在信息资源与个人需要的有机结合中获得积极的体验。

3　国外数字资源联盟保存研究及启示

自 1996 年美国 Internet Archive（IA）揭开网络信息资源保存（Web Archive，以下简称 WA）研究的序幕，WA 日益受到业界的高度关注和重视。全球范围内掀起了一场 WA 运动，各国图书馆、档案馆等机构纷纷展开了积极的研究，并逐步开展了相关的实践研究项目。以美国为主的西方国家针对 WA 的研究案例日益增多，取得了丰硕的理论成果和实践经验，对于国内开展数字资源联盟保存研究，有一定的借鉴意义。

3.1　国外数字资源联盟保存研究现状

3.1.1　理论研究现状

数字资源长期保存研究是一项复杂的系统工程，需要通过紧密合作才能取得高效，合作保存已经成为一种主流、有效而且必然的方式。如何促进在数字资源长期保存方面的高效合作，国外学者展开了积极的探讨，相关理论研究主要集中于对联盟保存对象、主体、原则、政策、标准与法规、技术、系统、对策建议等方面。如米德（Darryl Mead）将研究定位于苏格兰国家图书馆应该保存什么样的资源，然后建议从建立一个整合的苏格兰数字资源长期保存基础框架、建立一个战略环境等方面进行良好的合作；大多数人认为，数字资源联盟保存的主体是图书馆、档案馆、博物馆等文化机构；韦伯（Sharon Webb）和卡罗尔（Aileen Carroll）探讨了爱尔兰数字仓储建设过程中的联盟问题；巴扎内拉（Barbara Bazzanella）研究了基于实体命名系统（Entity Name System）建立的长期保存标识符 E 框架，可实现当前的各类标识符系统能跨地域、组织和技术壁垒互认；斯特法诺（Stefano P）和沃尔特斯（Walters T O）以定量分析的方法调查了美国研究型图书馆在数字资源长期保存过程中的合作情况，归纳出了联盟保存资源的有益建议；乔娅拉（Chiara C）建议从联合开展专业培训、促进企业界与研究机构的优势整合、运用基于风险评估的数字存储审计方法协调各项保存活动、启动数字资源联盟保存的专项研究项目等方面加强数字资源的合作保存与传播。

3.1.2　实践进展

国外学者在进行数字资源联盟保存理论研究的同时，也注重联盟保存的实践研究，相关实践层出不穷。国家图书馆、政府档案馆、传媒机构、教育科研机构等组织都是数字资源联盟保存的积极践行者，其研究领域已渗透到了社会生活的各个层面，对档案资源、电子出版物、文化和科技资源等数字资源的长期保存展开了积极的实践探讨。如 AMIS（机构间数据管理模型计划）是弗吉尼亚大学图书馆牵头的合作式的团队运行项目，旨在建立一个完善的国内或者国际间的数字档案框架；NEDLIB（网络化欧洲存储图书馆项目）由荷兰国家图书馆牵头，欧洲 7 个国家图书馆以及 3 个主要出版社参与，其目的是保证电子出版物的长期获取；Presto PRIME（音像内容建档项目）是从欧洲发起，联合欧洲一些大学的图书馆，旨在为音像制品建立档案，并为这些档案提供良好的保存环境；NCGDAP（北卡罗来纳州的地理空间数据存档项目）是北卡罗来纳州立大学和北卡罗来纳州地理信息分析中心的合作项目，旨在致力于建立空间数据基础设施以应对长期保存地理信息资源面临的挑战。

3.2 国外数字资源联盟保存的特点

3.2.1 合作内容广泛

数字资源长期保存的合作战略已经成为国际共识，欧盟成员国启动较早。目前，合作数字资源保存是数字资源长期保存研究的一个重点研究内容，发达国家已经有了一系列的合作保存数字资源的项目和联盟。纵观国外数字资源保存的实施情况，它们以国际合作、地域合作的方式，以具体的项目实践为依托，通过各种学术会议，共同探讨网络信息资源的长期保存和永久可使用。合作保存对象涉及电子期刊及整个数据库等；合作内容有技术上的及战略上的合作等。研究内容主要集中在基础设施建设研究、生命周期或工作流程研究、成本分析研究、元数据技术研究等。

3.2.2 合作项目丰富

数字资源的长期保存是一项很复杂的活动，具有长期性、动态性、协作性的特点，合作已经成为数字资源长期保存发展的趋势，一些发达国家已经在理论研究的基础上建立了很多合作保存联盟。例如，美国的国家数字管理联盟（NDSA）、英国的数字保存联盟（DPC）、基于高等学府的学术资源保存信任联盟（APTrust）、OCLC 的云图书馆计划、元数据存档联盟（MetaArchive）等。开展了很多成功的合作保存项目。具有代表性和影响力的数字资源长期保存合作项目有：由英国利兹大学和美国密西根大学合作的 CAMILEON 项目、英国高校图书馆联合发起的 CEDARS 项目、欧洲共同体启动的 ERPANET 跨国研究项目、美国国会图书馆领衔的 NDIIPP 项目等。

3.2.3 合作模式多样

近年来，国外均积极进行着多种合作模式的实践和探索。按照合作的紧密程度，可分为集中分布式合作、平行分布式合作和高度分布式合作。按照联盟的建设模式，可分为 Portico 隐暗保存联盟（重点保存、限制使用）、HathiTrust 开放保存联盟（保存与开放使用并重）和 DPN 生态保存联盟（保存为会员服务、生态发展）三种模式。按照资源保存的维度，有“集中管理－集中存储”“分散存储－集中整合”“集中指导－分布存储”等模式。

3.2.4　合作机制完善

数字资源合作保存相关法律政策的制订和完善，是解决长期保存法律问题的根本。国外数字资源合作保存非常重视合作机制的建立和政策法规的制订，建立有完善的数字资源长期保存合作机制，同时重视规定的可操作性与信息服务的交流。合作保存项目多以国家级图书馆牵头，负责全面协调和管理。随着数字资源的激增，发达国家越来越重视数字资源长期保存对版权等法律问题的解决，英国、澳大利亚、荷兰等国家还制定了数字资源的呈缴规定或签署了相关协议，有效地确保了合作保存的可靠性和合法性。

3.3　对我国开展数字资源联盟保存研究的启示

我国数字资源联盟保存的理论和实践研究均比较薄弱，尚处于初步阶段。因此，借鉴国外合作保存的成功经验来开展我国相关研究具有重大意义。

3.3.1　树立先进的数字资源保存理念，铸造战略联盟

国外在数字资源长期保存的实践中，充分表现出了先进的长期保存理念，无论是图书馆之间还是不同机构之间的合作，都为数字资源保存带来了规模效应。长期以来，我国的数字资源保存工作自成一体，较为封闭，合作意识薄弱，合作有限。在信息技术高速发展的时代，应及时转变观念，强化战略合作意识，冲破保守主义、本位主义等思想的束缚，提高对数字资源联盟保存的认识，树立先进的数字资源保存理念，务实合作，互利共赢。突出国家图书馆在项目中的组织领导作用，由国家图书馆负责牵头，与其他机构合作，开展全国性的数字资源合作保存。同时，积极参与国际合作项目和国内外相关机构铸造战略联盟，共同面对数字资源保存的挑战。

3.3.2　利用新兴计算机技术，搭建联盟保存技术平台

国外实践经验表明，云存储联盟是数字资源长期保存联盟比较好的战略选

择。它以云技术为依托搭建数字资源仓储系统，能实现资源存储与开放服务的统一，实现对资源的集中监控和动态管理，既能无限量存储，又可降低保存成本。我国要充分利用云存储环境带来的资源保存优势，积极应用新兴技术如云计算机技术搭建联盟保存技术平台，建设支持多种移动终端的资源整合与利用平台、构建私有云平台、整合机构资源库平台等。始终以用户需求为导向，平衡合作各方利益及合作效益，建立跨区域的数字资源长期保存和服务体系，实现整体协同效应。依托联盟平台对内激励联盟成员参与力度，整合资源优化保存结构，共享保存成果扩大资源效益；对外推进技术研究并与国际接轨，促进数字信息长期保存的良性发展。

3.3.3 争取多渠道的资金来源，建立可靠资金保障体系

数字资源的长期保存是一项长期的系统工程，需要较为稳定的资金来源作为经费的保证。国外的数字资源长期保存项目拥有多种渠道的经费来源，不仅可来源于政府，还可来源于基金会、公司、民间组织等，有的国家还针对保存项目的资金制定了相关法规。我国各项目资金主要来源于国家或政府机构专项投资等，对于重要的数字资源，我国政府的资金支持力度还远不够。我国要进一步加大政府的支持力度，争取更多渠道的资金来源，在法规中明确规定用于保存项目的资金投入，建立可靠的资金保障体系，确保项目得以顺利和持续进行。

3.3.4 完善联盟保存机制

完善的联盟保存机制是决定数字资源长期保存成功与否的关键性因素之一，也是联盟合作与交流的基本保障。数字资源长期保存工作具有广泛的社会性，涉及技术、法律、设备等方方面面的问题，需要制定一系列的方针政策和制度加以规范。依据我国的国情，从国家战略高度重视数字资源保存建设，由国家成立专门机构主导工作，从总体层面着手规划，制定长期保存规划方案，完善联盟层面的保存政策及制度，出台数字资源的呈缴制度、基金保障制度、知识产权制度等，对全国性的研究和实践活动加以指导，实现统筹规划与集中管理相结合，从而以健全的服务机制开展合作保存工作。

国外数字资源合作保存的研究日趋成熟，我国应借鉴国外成功经验，从合

作共赢、平等互利的视角，加强数字资源联盟保存的服务体系建设，共同面对和解决数字资源长期保存所带来的挑战。

4　基于SOA的高校图书馆应用系统集成

随着现代信息技术和互联网技术的不断成熟，我国高校图书馆信息化建设取得了蓬勃发展，各种信息管理系统在我国各类高校图书馆得到了迅速普及，如图书馆自动化管理系统、门禁管理系统、电子阅览室管理系统、光盘管理系统、学位论文管理系统、图书馆办公系统等，应用系统种类繁多。由于缺乏有力的共享体系支持，各应用系统都是各自为政，自建自享，导致图书馆内部各种系统信息管理内容、模式、数据标准均不尽相同，使资源难以共享。同时，随着读者用户需求的不断变化，图书馆服务业务将不断扩展，“信息孤岛”问题将日益严重。因此，需要对现有分散的、异构的、业务不同的图书馆应用系统进行整合。作为新一代的体系结构，面向服务的体系架构（Service Oriented Architecture，SOA），具有松耦合、标准化、开放性、跨平台的特点，是当前解决异构系统整合、现有系统和新增系统接口、应用系统集成最理想的方案。利用SOA架构来构建图书馆应用系统集成，既能有效整合现有系统资源，消除信息孤岛，形成图书馆资源的互通互联，又能方便地增加对新增系统和新业务的支持，从而达到最大限度地实现图书馆资源的集成共享。

4.1　SOA架构原理及实现技术

4.1.1　SOA原理

SOA是一种以通用为目的、可扩展、具有联合协作性的架构，实质上是一个组件模型，它将应用程序的不同功能单元称为服务，通过这些服务之间定义的接口和契约联系起来。接口根据可扩展标识符、格式和协议单独描述，独立于实现服务的硬件平台、编程语言和操作系统。一个基本的SOA体系结构由服务提供者（Service Provider）、服务请求者（Service Requester）和服务注册中心

（Service Registry）三个部分组成。服务提供者将服务发布到服务注册中心，并控制对服务的访问、升级和维护；服务请求者是一个应用程序、一个软件模块等，它发起对服务注册中心中的服务的查询、绑定和调用；服务注册中心集中存储服务信息，帮助服务提供者和服务使用者互相发现。

4.1.2 SOA 实现技术

SOA 实现技术有很多，包括 Session Bean、JINI、Web Services 等，但随着 Web Services 技术越来越被重视，已经成为构建 SOA 的主流技术，它使 SOA 可以对资源进行统一描述、发布、发现以及动态绑定与调用。Web service 技术使用一系列标准和协议实现相关的功能，如可扩展标记语言（XML）、Web 服务描述语言（WSDL）、简单对象访问协议（SOAP）、通用服务发现和集成协议（UUDI）等技术规范。以 XML 技术为基础，通过 WSDL 对提供的服务进行封装，然后通过 UDDI 在 Internet 发布服务并提供该服务的相关信息，服务请求者通过 SOAP 访问所需的 Web 服务。

4.1.3 SOA 架构的优势

以往采用的面向过程的架构，实现整合功能的代码与实现应用程序功能的代码通常混合在一起，在这种架构下，造成了系统的复杂性，增加了维护系统的成本；而面向服务的 SOA 是一种松散耦合、基于标准和独立于协议的分布式软件架构设计理念，将应用程序功能统统封装成服务，而服务之间彼此相对独立，可以单独用作单个应用程序功能或组件，也可以根据图书馆业务需要组合成新业务或与新增业务进行组合，具备快速部署分布式的信息搜索、访问和处理的能力，从而确保了架构的开放性、动态性、可互操作性、安全性和易维护性等优势。

4.2 基于 SOA 的图书馆应用系统集成框架的构建

4.2.1 构建的目标

SOA 的主流实现技术 Web Services 是建立在分布式计算技术的基础上，具有自包含、自描述、自适应以及模块化等特点，可以通过 Web 发布、查找和调用。SOA 鼓励尽可能使用现有的服务、对象和应用来构建新的服务和系统。因此，利用 SOA 技术来集成图书馆应用系统目标就是保留图书馆原有各种分散的资源系统，对其不做任何修改，将各种图书馆应用系统资源按照统一的标准封装为 Web 服务，这些服务彼此相对独立并且可以进行组合，实现业务流程动态重用，同时，采用服务总线集成各服务接口，并开发统一的门户供外部不同的客户端调用，从而有效地实现图书馆各种应用系统的综合集成，使集成平台具有良好的可扩展性和柔韧性。

4.2.2　构建思路及技术途径

（1）利用 XML 对现有的图书馆应用系统资源定义统一的描述规范，统一数据标准，解决由于数据格式的不一致而无法相互集成的问题。

（2）对已有图书馆应用系统中的功能模块进行封装，使其成为 Web 服务，并利用 Web 服务描述语言 WSDL 对服务的接口进行描述、定义。避免应用系统的重复开发。

（3）将 Web 服务进行注册、发布。服务提供者在服务注册中心注册和发布服务，供各个业务系统使用和集成，由服务注册中心负责管理已注册的服务，供服务请求者查找和绑定。

（4）绑定和调用 Web 服务。服务请求者通过注册中心发现、绑定并调用所需服务，将这些颗粒化的服务串接起来形成新的业务功能，从而实现系统的集成。SOA 架构中的服务提供者、服务注册中心、服务请求者三种角色之间以 SOAP 协议为基础进行通信，通过 SOAP 实现异构网络环境中信息与服务的交互，从而实现图书馆应用系统的整合和共享。

4.2.3　构建方案及框架

图书馆应用系统集成方案是采用 Web Service 技术实现的 SOA 架构体系，对图书馆现有的各种应用系统进行分析、分类和梳理，将各个应用系统中需要公开的功能封装成 Web 服务发布到服务注册中心供业务系统集成、调用，服务间数据的传输采用 XML 方式，系统结构见图 3－3。基于 SOA 的图书馆应用系统集成架构从逻辑上分为5层，分别是资源层、数据访问层、服务层、业务层、表示层。

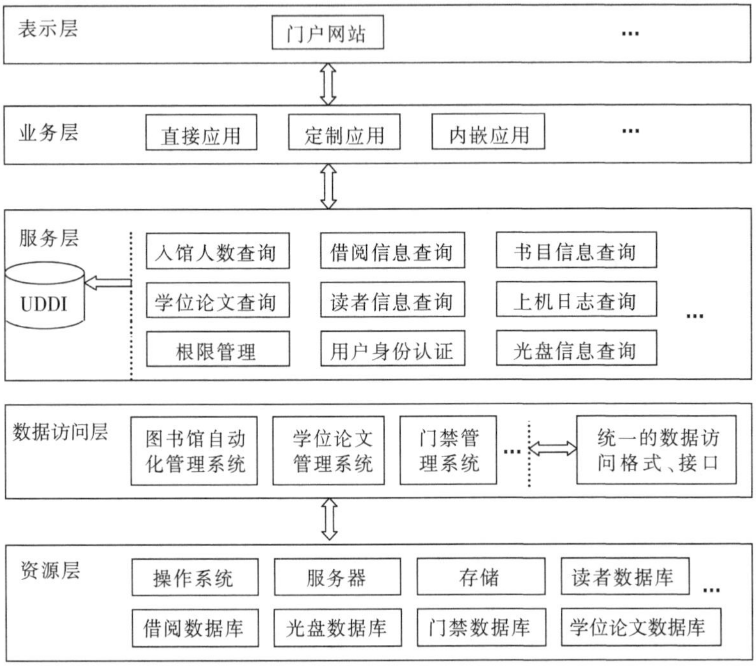

图3－3　基于SOA的图书馆应用系统集成架构

（1）资源层

资源层主要为资源整合前的基本设施，包括信息交换和传输的硬件和软件，如操作系统、现有分散异构的各种数据库、存储系统和各种应用服务器。

（2）数据访问层

数据访问层提供统一的数据访问格式和统一的数据访问方式，包括统一数据标准、数据转换与集成以及数据交换标准等。利用XML对资源定义统一的描述规范，对各种形式和类型的图书馆应用系统资源进行整合，为服务层提供数据服务。SOA架构中的底层数据形式和类型复杂多样，通过该层的数据集成后将会以统一的方式提供数据访问，从而实现了分布数据源的统一管理。

（3）服务层

服务层是SOA架构中最重要的一层，在该层要将底层各种服务封装起来，使其成为所需要的不同功能的颗粒化的 Web 服务，如借阅信息查询、学位论文查询、上机日志查询、读者信息查询、光盘信息查询、权限管理等，并对这些服务进行发布、注册，由服务注册中心负责管理服务的生命周期和接口调用规则，以方便在搭建业务系统时对这些全方位、颗粒化的服务进行整合。

（4）业务层

业务层是图书馆所有业务的逻辑集合，将粗粒度服务编排和组合成图书馆不同的业务流程，实现动态化。面向不同用户业务层可以提供不同的应用模式，如直接应用、定制应用和内嵌应用模式等。直接应用是将服务内容直接加载在 IE 浏览器上；定制应用可提供二次开发接口，使用户可以根据自己的个性化需求，进行二次开发和功能扩展，定制专题系统；内嵌应用则是提供网络链接技术，方便用户可以嵌入式在线调用信息服务。

（5）表示层

表示层是图书馆应用系统集成平台在线提供数据和服务的出口，也是用户在线获取数据和服务的入口，通过 Web 门户将 SOA 架构中的各种服务通过统一的访问入口显示给用户，直接体现了图书馆应用系统集成平台的服务能力与快速响应能力。

4.3　图书馆应用系统整合需注意的问题

4.3.1　服务设计问题

SOA 架构中的服务层，它将业务层和数据层之间的信息进行有效的沟通，对于服务请求者来说，彻底摆脱了技术的束缚。所以，服务的设计必须考虑业务的需要，在进行 SOA 的服务设计时应遵循以下原则：必须始终考虑现有系统；服务命名时，应以最大化易用性为目标；精心选择服务的粒度；服务应是内聚而完整的，创建功能内聚的接口；服务接口应该是无状态的；服务应使用状态事务建模；服务可以进行分类和聚合。

4.3.2　安全性问题

在基于 SOA 架构的整合系统中，组件都是以 Web 服务的形式发布，而 Web

是一个公开的网络环境，安全措施不到位的话，传输中的消息、内容将会被容易地窃取，因此，系统的安全性问题显得尤其重要。整合系统的安全问题可以从业务安全、信息安全、网络安全、物理安全等方面加以考虑，其解决措施可以从权限控制策略、XML 加密、XML 签名、SOAP 签名技术、传输安全协议等方面进行展开，以确保系统的保密性、可靠性、真实性和信息传输的安全性。

SOA 架构具有与软件和平台无关、松耦合的特性，通过 Web Service 技术进行服务封装，屏蔽了异构系统间的差异性，提供了一种解决图书馆应用系统之间的“信息孤岛”问题的服务模式。运用 SOA 构架实现图书馆应用系统的集成，将有利于推进图书馆信息化建设的进程。

5　利用虚拟机技术实现图书馆服务器整合

随着图书馆数字化建设的不断发展，图书馆拥有的应用系统越来越多，所需要的服务器也不断增加，设备的不断增加和设备利用率低下之间的矛盾也日益明显。大量相互独立难以整合的应用系统、服务器已经成为图书馆数字化建设的重大障碍。如何才能解决这个问题，经过不断的探索，发现采用虚拟机技术可以达到“一石二鸟”的效果。虚拟机技术是当前非常流行的一个名词，但它并不是一个全新的概念，早在 20 世纪 60 年代，虚拟机技术就产生了。虚拟机技术的本质是一种资源管理技术，它可以让资源更合理地被利用，但是并不会创造任何新的资源。使用虚拟机技术使虚拟服务器能够在同样的硬件资源下运行多个操作系统和应用程序，从而有效地提高服务器的利用率，减少服务器的数量，降低服务器的能耗，进而降低运营的成本。

5.1　虚拟机技术概述

虚拟机（Virtual Machine）指通过软件模拟的具有完整硬件系统功能的、运行在一个完全隔离环境中的完整计算机系统。虚拟机软件实际上也只是一种应用软件，其特别之处在于，由它创建的虚拟机与真实的计算机几乎一模一样，不但虚拟有自己的 CPU、内存、硬盘、光驱，甚至还有自己的 BIOS。在这个虚拟机上，可以安装 Windows、Linux、Unix 等真实的操作系统以及各种应用程序。

目前，流行的虚拟机软件有 VMware 和 Virtual PC，它们都能在 Windows 系统上虚拟出多个计算机，用于安装 Linux、OS/2、UNIX、FreeBSD 等其他操作系统。微软在 2003 年 2 月收购 Connectix 后，很快发布了 Microsoft Virtual PC 2004。但出于种种考虑，新发布的 Virtual PC 2004 已不再明确支持 Linux、FreeBSD、NetWare、Solaris 等操作系统，只保留了 OS/2，如果要虚拟一台 Linux 计算机，只能自己手工设置。相比而言，VMware 不论是在多操作系统的支持上，还是在执行效率上，都比 Virtual PC 2004 明显高出一筹。

VMware 是 VMware 公司出品的一个多系统安装软件。利用它，可以在一台电脑上将硬盘和内存的一部分拿出来虚拟出若干台机器，每台机器可以运行单独的操作系统而互不干扰，这些“新”机器各自拥有自己独立的 CMOS、硬盘和操作系统，可以像使用普通机器一样对它们进行分区、格式化、安装系统和应用软件等操作，所有的这些操作都是一个虚拟的过程不会对真实的主机造成影响，还可以将这几个操作系统联成一个网络。VMware 主要的功能有：

（1）不需要分区或重开机就能在同一台服务器上使用两种以上的操作系统。

（2）完全隔离并且保护不同 OS 的操作环境以及所有安装在 OS 上面的应用软件和资料。

（3）不同的 OS 之间还能互动操作，包括网络、文件分享等功能。

（4）有复原（Undo）功能。

（5）能够设定并且随时修改操作系统的操作环境，如内存、磁盘空间、周边设备等。

5.2　基于虚拟机技术的图书馆服务器整合的实现

5.2.1　实现原理

以整合图书馆自动化集成系统（ILAS）服务器和超星电子图书服务器为例。ILASII 运行于 UNIX 操作系统下，超星电子图书服务器运行于 Windows Server 2022 操作系统下，通过在新服务器上利用虚拟机技术将运行于两种不同的操作系统服务器进行整合，实现一台服务器替代以前的二台服务器。

5.2.2 实现步骤

将真实操作系统简称为主机，将在 VMware 中安装的虚拟机操作系统成为虚拟机。主机运行的是 Windows 7，虚拟机操作系统分别为 Windows Server 2022 Standard Edition 和 SCO Unix 5.07。

（1）VMware 的安装

VMware workstation v6.0.2 汉化版软件安装过程比较简单，按照安装向导的提示进行即可，首次出现的是英文原版，当英文原版安装完成后，注意以下选择：提示“reboot your computer”，此时，选择“NO”，接下来就加载汉化补丁的安装。其他的都选择 next 即可。

（2）VMware 创建和设置虚拟机

① 启动 VMware，选择“新建虚拟机”建立一个新的虚拟机。根据提示进行，使用 VMware 提供的“Typical”典型配置方式。

② 在选择客户机操作系统时，选择“Microsft Windows”单选钮，在版本中选择“Windows Server 2022 Standard Edition”。这里我们也可以看到 VMware 支持多种操作系统。

③ 设置虚拟机的名称和对应的虚拟机文件存放的硬盘位置

④ 选择网络方式，这里我们选择“使用桥接网络”。可选的有四种，分别是：

使用桥接网络。通过计算机中的一块以太网适配器直接连接到一个本地以太网。这通常是让虚拟机访问本地网络的最容易的方式。使用桥接网络，虚拟机在同一个物理以太网上显示为和主机一样的一台额外的计算机。显然，一台使用桥接网络的虚拟机可以使用在它桥接到的网络上的任何可用服务，包括文件服务器、打印机、网关，等等。但需要给虚拟机的网卡分配一个本地以太网的 IP 地址。

使用网络地址翻译（NAT）。允许客户操作系统使用主机的 IP 地址访问主机的拨号或者外部以太网连接。

使用仅为主机网络。通过一个虚拟网络从内部连接客户操作系统到主机。

正常情况下，虚拟机对于主机外部是不可见的。

不使用一个网络连接。虚拟机运行在一个隔离的环境中，不能与主机操作系统或其他任何运行在主机上的虚拟机通讯。如果出于测试或者安全目的希望完全隔离，应使用这个选项。

⑤ 为虚拟机设置虚拟硬盘的大小，根据需要可自行设置。

⑥ 安装完成后，可对新建的虚拟机硬件进行设置，如调整内存大小、硬盘大小等。选择虚拟机内存大小，可根据主机内存大小和实际应用情况具体选择。

此时，已经创建好的虚拟机还只是一台裸机，只有在它的上面安装操作系统及应用软件，它才具备实际的意义。注意，Vmware 所建立的硬盘是虚拟硬盘，事实上，它只不过是在主机硬盘上建立了一个特殊的文件夹，因此不管你在 Vmware 中如何对硬盘进行分区甚至低级格式化，都不会影响主机的硬盘分区，这也是虚拟机软件的一大特色。在操作虚拟机时要注意，我们的鼠标与键盘默认的服务对象是主机，要想切换到虚拟机，只要在 Vmware 窗口的上面点击一下鼠标，此外，同时，按键盘上的“Ctrl”键与“Alt”键，将从虚拟机切换到主机。

(3) 虚拟机操作系统的安装

安装操作系统有两种方法：一种方法可以将安装光盘放入主机的光驱中，启动虚拟机，按 F2 将虚拟机的 BIOS 设置为光盘启动安装；另一种方法可以通过 ISO 镜像文件来安装。将安装光盘做成镜像文件或下载相关系统的镜像文件，然后将虚拟机的光驱指定为镜像文件。下面具体介绍第二种方法：

① 双击虚拟机的“CD - ROM (IDE 1:0) Auto detect”项。

② 选择“使用 ISO 镜像”，选定要安装的系统镜像文件，点击“OK”。

③ 在新建的虚拟机上点右键，选择“Power On”，启动虚拟机，随后的安装过程和真实计算机安装 Windows Server 2022 Standard Edition 一样。安装好操作系统后，安装超星电子图书相应的应用程序即可。

(4) 主机和虚拟机网络设置

① 主机的网络设置。当安装完成 VMware 后，会在网络连接里新增两块虚拟网卡 VMware Network Adapter Vmnet1 和 VMware Network Adapter Vmnet 8，前者是实现主机和虚拟机通讯的网卡，后者用于网络地址翻译 (NAT) 网络。

VMware Network Adapter Vmnet1 要处于工作状态，不可被禁用。

② 虚拟机的网络设置。如果安装时没有进行网络配置，可在机器启动后点“网上邻居”，跟真实计算机网络设置一样。

用同样的方法，再新建一个虚拟机，安装 UNIX，安装 ILAS 应用程序，这里不再重复。两个虚拟机可以通过选择窗口中的标签来切换，非常方便。

5.2.3 实现效果

新购置服务器的利用率明显提高，通过整合减少了物理服务器数量，节省了设备经费，避免了“一台服务器、一个操作系统、一种应用”的孤岛模式，支持多种新旧操作系统和应用平台，满足了图书馆应用种类多样化的需求。

通过在服务器上安装多个虚拟机，在 1 台服务器上运行多个应用程序，完全可以实现部分非关键性服务器的整合，有效地提高了服务器效率，节约了服务器资源，简化了系统管理程序。当应用需求增加时，可以迅速创建更多虚拟机，从而无须增加物理服务器即可灵活地响应不断变化的需求，最大限度地满足数字图书馆的发展需要。随着虚拟机技术的创新发展和应用的成熟，相信会有更多的价值被发现。

第 4 章 高校图书馆学科专业服务

学科专业服务是图书馆参考咨询服务的进一步延伸和拓展，是一项开拓性的主动参与式的创新服务，既是高校图书馆读者和用户服务的一项重要内容，更是高校图书馆一种新型的服务运行机制。

1 学科专业服务的意涵与特征

1.1 学科专业服务的意涵

1.1.1 学科馆员的概念

学科馆员的概念最早出现在国外，其相应的英语称谓有多种，如学科专家（subject specialist）、学科馆员，也有称作学科书目员或学科书志馆员（subject bibliographer）或领域书志馆员（area bibliographer）、领域专家（area specialist）和学科领域专家（subject area specialists）、专业专家（professional specialist）、图书馆联络馆员（library liaison）、学术联络馆员（academic liaison）、参考书志馆员（reference bibliographer）、院系馆员（faculty librarian）、（院系）联络馆员［（faculty）liaison librarian］等。具体到单一图书馆，往往又称作某学科馆员，如科学馆员（science librarian）、法律馆员（law librarian）、社会科学书志馆员

(social science bibliographer) 等。而国内大多数图书馆所称的学科馆员一词则是从学科馆员 (subject librarian) 翻译而来的，也有称为学科联系人、学科联络员或学科馆长等。

对于学科馆员概念的准确定义，国内外并无公认统一的描述。

史密斯 (Eldred Smith) 认为，学科馆员也就是社会学家所称为的“知识工作者”，他是某个特定领域的专家，并利用此项技术为读者提供所需的复杂服务。

美国图书馆学会 (ALA) 将学科馆员定义为，一种受过专业训练并拥有丰富学科知识，主要负责图书馆某一学科专业文献的选择和评价，有时也负责学科信息服务和书目文献的组织。

汉弗莱斯 (K. Humphreys) 指出，学科馆员是指发展某个特定学科领域的技术与参考服务的图书馆员。霍尔布鲁克 (A. Holbrook) 提出，学科馆员是指为某个特定学科的读者服务的图书馆员，他的职责在于发展图书馆服务，并使他所负责的资源得到最大程度的利用。

图书情报学在线词典 (Online Dictionary of Library and Information Science, ODLIS) 将学科馆员定义为，以专业知识和经验用于选择专业资料，并对用户提供某主题领域或学术专业（或学科分支）的书目指示和参考服务的图书馆员。在大学图书馆中，学科馆员通常还持有学科领域的第二硕士学位。他们也可以叫作主题分析馆员。

国外有学者认为，学科馆员指的是图书馆馆员中针对某一专业领域学科承担开发图书馆技术或参考服务的馆员。也有学者认为，学科馆员是一种知识工作者，是一个或多个专业领域学科或专题的书志学专家，熟悉该领域书目的组织与分布，能运用他们的学识专长为用户提供高层次的服务。

国内杨小英指出，学科馆员是指高校图书馆选用的，既具有学科专业知识，又兼备图书情报专业知识，能够为教学科研提供专门化、个性化、深层次服务的图书馆专业人员。

周玉芝等人提出，学科馆员是指具有某一学科专业背景，同时具有图书情报和信息专业知识、技能的图书馆员，不仅熟悉对口学科的信息资源分布情况，而且具有信息分析与综合能力，能够深入理解和把握用户的知识需求，可以主动为用户提供多方位、深层次的学术性信息服务。

我们对这些概念进行分类和归纳，大致有以下三种观点：第一，学科馆员是一种服务模式，以大学学科为服务对象建立起来，由高级馆员提供对口服务。第二，学科馆员是联络人员，由图书馆设专人与某个院系或学科专业建立对口联系，向用户提供主动性和针对性服务。第三，学科馆员是学科信息专家，他们熟悉乃至精通一门学科或几门学科知识，能够针对性地为教学与科研提供信息服务。

1.1.2 学科专业服务的概念

1998 年，我国图书馆界“学科馆员”制度产生。“学科馆员”既是一种制度，也是一种岗位，还是一种服务。2005 年，清华大学学科馆员组更名为学科服务组，名称的改变意味着淡化学科馆员的身份，强化学科服务的职责。这之后，复旦大学、东南大学、中国海洋大学等不少高校陆续推出“学科服务”的名片，将学科馆员从一个岗位的认识真正上升到服务。

多年来，学者在不同阶段、从不同角度定义学科专业服务。学科专业服务，有的学者称为学科服务、学科化服务或者学科化知识服务。张晓林教授用“学科化知识服务”这一概念来描述学科专业服务工作，他认为学科化知识服务是对传统的文献服务工作流程的改革，学科馆员要面向科学研究，为用户提供呈学科专业的信息服务和知识服务。中国科学院国家科学图书馆李春旺教授指出：学科化服务就是按照科学研究（例如学科、专业、项目）而不再是按照文献工作流程来组织科技信息工作，使信息服务学科化而不是阵地化，使服务内容知识化而不是简单的文献检索与传递，从而提高信息服务对用户需求和用户任务的支持力度。初景利教授将学科服务归纳为以用户为中心的、以信息资源为保障的、融入用户需求场景的个性化知识服务。刘颖、黄传惠认为，学科化服务是图书馆为适应新的信息环境、以用户的需求为中心而推出的一种贴近用户一线的新型服务模式。王文兵认为，高校图书馆学科服务是学科馆员面向特定学科领域，作为用户的合作伙伴，为其提供个性化的学科知识信息服务的活动。

综合以上论述，学科专业服务内涵可以理解为：以用户的知识需求为导向，开发知识资源，集成学科专业属性的知识产品，面向学科提供知识内容服务；是提供增值的知识资源，集学科化、知识化、个性化为一体的服务模式。因此，学科专业服务是以用户为中心，通过学科馆员依托图书馆各种信息资源，面向特定用户和机构，建立基于教学科研的、多方位的、新的服务模式和服务机制。

学科专业服务有很多方式和手段，其外延的概念比较宽泛，我们认为，只要是学科馆员借助计算机技术和网络技术，依托图书馆资源和网络资源，面向一线科研人员开展的高层次的信息服务、知识服务等均是学科专业服务的范畴。

学科专业服务反映了图书馆始终以用户为本的服务理念，是创新图书馆传统服务业务需要的与时俱进的服务模式，未来在图书馆业务拓展、信息技术环境和国内教育形势变化的影响下，学科专业服务也将会被赋予更丰富的内涵和责任使命。

1.2　学科专业服务的特征

随着学科专业服务的不断发展，学科专业服务已超越了图书馆的物理空间界限和传统逻辑起点，服务地点、服务逻辑起点、服务深度、服务定位、服务内容、服务特点、服务手段等都有了新的发展，在高校图书馆服务中发挥着越来越重要的作用。其主要特点有：

1.2.1　学术性

学科服务主要解决学科教学和科研过程中遇到的研究型问题，解决这类问题必须经过学科馆员对信息进行组织、选择、分析、综合等加工后才能完成。在这个过程中，学科馆员要充分运用自己的专业知识，对所掌握的信息进行研究，进而提出自己的见解，其结果是一种明显的知识创造。因此，学科馆员的工作内容与教学、科研人员的工作相互交叉，具有明显的学术研究性质。学科馆员不只是针对某一项研究课题或教学过程中的某一个需要进行研究，其研究内容还要对所属的学科专业具有普遍的指导意义。

1.2.2　主动性

网络化的不断发展，高校图书馆文献资源日益丰富，如何使学科用户在众多的资源中获得最优的资源，这就需要学科馆员围绕相关学科、专业，主动地了解用户需求，主动为用户组织和提供资源保障及技术服务，主动深入用户的科研环境中，提供国内外相关学科的新成果，跟踪相关学科的新动态，为学科用户提供最新、最及时和最准确的服务。学科服务不仅要求学科馆员主动深入院系为用户提供专业咨询和辅导，还要求主动融入虚拟社区中，与网络上的用户紧密互动，提供及时有效的服务，使图书馆的服务渗透到用户科研教学的方方面面。

1.2.3　泛在性

随着Web技术的广泛应用以及移动信息环境的逐渐成熟，除了传统的电子公告栏（BBS）、论坛和邮箱外，学科服务还可以通过信息聚合服务（RSS）、博客（Blog）、社区网络服务（SNS）、微信（Wechat）、慕课（MOOC）等技术和软件的支持实现随时随地、无所不在的泛在性，使学科用户享受获取知识化、个性化学科服务的舒适性和便捷性，优化了学科用户的信息体验。同时，高校图书馆利用信息共享这个强大的学科资源共享网络和馆际互借服务平台，以学科化馆员为主导，给学科用户提供了大量方便快捷、可资利用的信息，使学科用户无论何时何地都可以获得所需服务。

1.2.4　交互性

学科专业服务是一种渗透的交互式服务。它以用户需求为中心，围绕学科建设和学科用户需求，根据不同的分布式的动态资源，将服务渗透于学科建设和用户解决问题整个过程中，关注学科资源建设，参与学科教学活动，融入学科用户中，嵌入科学研究，与学科用户互动，让学科用户主动参与到学科资源建设中。尤其是Web 2.0技术的出现，使得用户的信息需求发生了巨大的变化，用户不再仅仅是信息的索取者，更是信息的提供者，学科馆员能充分利用Web 2.0技术，引导用户参与、用户表达、用户体验，增强与用户的互动性，从而提高学科专业服务的水平。

1.2.5 知识性

学科专业服务并不是简单的文献传递或馆际互借，而是要对获取的信息进行二次加工，利用情报学原理和文献学方法，按照相关学科的知识体系分门别类地进行信息的重组以便研究人员使用。其内在体现是知识流动过程，为用户提供了有助于解决问题的智慧和知识内容，从而达到促进知识应用、完成知识创新的目的。通过使用各类专业数据库，主动推送知识，与此同时，依据对对口院系学科科研工作者的追踪，得到其个性化需求服务的拓展信息，提供综合分析得出的有参考价值的知识扩展信息，帮助教学科研人员实现学科知识的发现、创新和获取。

2 学科专业服务的内容与模式

随着信息资源的数字化和服务模式的多样化，用户的信息查询行为和使用习惯也发生了巨大的变化。如何适应信息时代的发展，改变传统的服务方式和手段，为科研教学提供更加主动、更深层次的学科化、知识化服务，成为目前高校图书馆学科专业服务发展的一个核心问题。

2.1 学科专业服务的主要内容

目前，国内外高校图书馆所开展的学科专业服务主要包括以下几个方面的内容。

2.1.1 学科文献建设

学科馆员在工作中经常与相关学科用户接触交流，对该学科发展前沿有一定认识，了解用户对该学科文献的选择，能提出更符合学科资源建设发展的决策意见。因此，学科馆员可以参与学科资源建设策略的制定，参与学科资源选择，作出学科资源使用情况分析与评价，协助制定馆藏建设方案，为用户有效利用学科文献资源提供支持和指导。

2.1.2　学科联系

学科联系是学科专业服务非常重要的内容之一，而进行学科联系的核心人员则是学科馆员。对于学科馆员而言，其根本任务是建立一套发现学科用户需求、了解学科用户在获取和利用文献资源时面临的困难、研究学科用户信息行为、推送学科知识信息服务的快速畅通的服务通道和反应机制。要充分运用现代技术手段，积极开拓新的联系渠道和方法，采取多种方法，定期或不定期地与学科团队成员、学科负责人、院系领导、学生等保持联系，深入了解学科用户的信息需求和资源需求，及时宣传图书馆的资源与服务，架起图书馆与学科或学院的联系桥梁。

2.1.3　学科培训指导

利用学科馆员具有专业背景的优势，图书馆所开展的重要学科专业服务内容之一就是多类型、多层次、全方位的用户培训服务，用户培训包括个性化指导与培训、信息素养教育以及其他形式的咨询与培训服务。每个科研工作者都有自己对文献信息与数据处理等方面的独特需求，在学科服务方面提供面对面、一对少甚至一对一的辅导、帮助和培训显得极为重要。信息素养教育包括面向全校的开放课程、用户入馆教育、特色专题讲座、嵌入式讲座等。同时，一些简单的、基础性的培训，学科馆员通常可以通过电子邮件咨询、表单咨询、在线社会咨询、微博微信咨询等网络的方式进行，从而提高效率。

2.1.4　学科资源导航建设

学科资源导航（或平台）建设是图书馆提供学科专业服务的重要内容，借助学科馆员对学科专业知识信息的收集、整理、加工、组织与分析等能力和在图书情报领域的专业能力和网络服务能力，建立面向学科和教学科研用户需求的学科导航，为用户和图书馆工作人员快速定位信息资源提供了极大的便利。学科资源导航或平台建设的目的在于将与某学科相关的图书馆馆藏资源和网络学术资源进行统一提取与梳理，在同一个界面或平台上展示给用户，不仅节约了用户的检索与甄选成本，而且有效地解决了日益增长的网络资源与用户有限时间获取准确信息之间的矛盾。

2.2 学科专业服务的基本模式

学科专业服务是一种创新型服务，并没有既定的模式。各个高校图书馆可根据本馆馆情和概况来采取适合本馆的服务模式。随着高校图书馆学科专业服务的不断深入和发展，各高校图书馆服务模式也随之不断发展完善，概括起来，学科专业服务模式大致可以分为以下几种：

2.2.1 以学科馆员为主体的服务模式

为使学科专业服务工作持续健康的发展，高校图书馆结合本校学科建设和自身实际情况，在本馆学科专业服务明确的宗旨和目标定位下，以学科馆员为核心确定适宜于本馆的学科专业服务管理模式、设置学科专业服务组织机构、选拔合适的管理人员和学科专业服务队伍成员，制定切实可行的学科馆员管理制度，明确学科专业服务成员的岗位职责、任职的资格条件，制定科学合理的学科馆员遴选办法、管理考核办法和评价指标体系，同时制定完备的学科馆员培养培训教育方案，加强学科专业服务队伍的建设。这一服务模式主要由图书馆内具备高学历、高素质以及有相关学科或专业背景的人员来担任对口院系的学科馆员。针对对口院系或专业的读者的不同需求，学科馆员给予提供建议、指导及咨询的意见。学科馆员对于馆藏资源建设、参考咨询、科技查新、学科发展动态及方向、教育和培训等等各方面都应具备高度的敏感性和责任心，不仅仅是担任信息的传递者，还充当信息的引领者的角色。在网络技术、数字技术的大力发展下，学科馆员的服务和学科用户需求更加学科化、专业化、知识化，学科专业服务要成功实施需要图书馆、院系、学科馆员、学科用户等多方面的协调与配合。在整个学科专业服务活动中，学科馆员是主体，发挥着核心作用。

2.2.2 以学科资源为主体的服务模式

学科专业服务是学科馆员通过对学科用户的学科知识需要和问题环境的分析，根据学科用户的问题和环境，与学科用户一起对相关学科信息、知识进行收集、加工、重组、分析、整合，挖掘发现和提炼出可以有针对性地解决学科用户问题的信息知识的动态连续性服务。它要求将信息资源的采集、加工、重组、开发、利用等工作环节融入每个学科单元中，按不同的学科组织信息资源，由于学科的交叉发展，各学科信息资源有交叉重复的情况，它就要在图书馆和学科专业服务组织的协调下，对其进行重组和整合，达到资源共享，信息集成。这一服务模式主要是针对各学科的文献信息资源建设。完善的全面的学科文献信息资源是学科专业服务能够顺利开展的基础和保障，按照各学科和专业的需求来组织高校图书馆馆内的文献信息资源，是学科专业服务的核心和方向。这里的学科资源不仅包括纸质馆藏资源，也包括电子资源，甚至包括学科素养及课程教育、学科的参考咨询，等等。当然，随着科学技术的不断进步和发展，各种交叉学科、边缘学科和综合学科的不断产生和发展，如果仍实行单一的分学科组织资源，难免会出现资源的重复建设，因此，图书馆必须依据学校学科建设的总体规划对学科资源进行融合、类聚和重组，使所有的学科信息资源重新结成一个新的有机整体，形成一个效能更好的、效率更高的新的信息资源体系，为学科建设决策、学科教学和科学研究提供信息保障。

2.2.3　以学科信息传递为主体的服务模式

现代信息技术、网络技术和通信技术，将人、资源、设备等社会系统要素联结在一起，知识发现、数据挖掘和语义网技术拓展了人们的信息处理和交流能力，使信息服务系统具备了以信息和知识传递与交流为主要任务的社会系统性。学科专业服务是信息技术和网络技术发展的必然结果，信息技术和网络技术的发展和应用在图书馆服务上一个重要表现就是信息传递服务方式的改变。学科专业服务在服务过程中更多体现为主动的、交互式信息分发，学科馆员除了将面向大众化用户的资源与服务发布到公共信息平台上提供服务外，还要利用推送、嵌入等技术和方法，将面向学科用户个人或特定学科领域团队的信息分发到个人信息空间或团队空间，使特定的用户最方便地理解和利用信息。这一服务模式主要是以互联网以及数据挖掘、数据分析等现代信息技术为方法和手段，改变过去被动传递信息的方式，主动向各学科和专业的读者推送信息资源。这种服务模式动态、新鲜、及时、有效且具有学科的针对性，对于读者了解馆藏动态、数据库资源、参考咨询等方面具有极大的帮助和指导，使得馆内的信息资源更有效地发挥作用。

2.2.4 以学科用户为主体的服务模式

这一服务模式主要针对的是各学科和专业的读者群。学科专业服务的最终目标就是满足读者的需求，利用合法的各种技术和方法，加强和促进图书馆与读者之间的沟通和联系，全方位地了解读者的诉求，不仅满足读者需求，且要为读者开辟各种获取信息和资源的通道。服务手段和方式的多样性，是这一服务模式的特点。在 Web2.0 环境和大数据环境下，应用社交网络服务的机制，通过将学科馆员嵌入一定的学科、专题、问题群组中，将学科知识资源与用户关系资源并重，由学科用户作为平台的内容建设者，由学科馆员作为平台的规范者和引导者，通过彼此交互、共建共享共用而形成一种交互式服务模式。它是现代图书馆服务的主要工作模式。随着网络化信息化以及智能手机的进步发展，PC 终端用户、智能手机 App、微信、QQ、MSN、E－mail 等各种联系和沟通方式，缩短了馆员和读者的距离，使得各学科读者可以随时随地获取各类信息资源，同样，图书馆也可以通过各种方式为读者提供服务。这样的服务模式，不受物理空间和时间的限制，并且具有个性化、多样性的特点，借助各类不同沟通的平台系统，为读者提供适合读者接收方式的服务。同时，通过馆员与读者的不断沟通和交流，也可以及时得到读者的意见和反馈，使得读者不仅成为服务对象，也是资源建设、决策的参与者和共同制定者，形成彼此共建共享的交互式服务模式。

3 基于微服务架构的高校图书馆电子教参平台构建

教参资源是高校师生日常教学中不可或缺的文献资源，电子教参服务已经成为图书馆教参服务的主流。国外高校图书馆很早就开始提供了电子教参服务，电子教参支持系统现已经步入全面完善的阶段。国内各高校也非常重视教参服务体系的建设，如清华大学图书馆、天津大学图书馆等纷纷推出了本校的电子教参服务系统，但普遍存在教参资源与学校课程系统无法融合、教参服务功能比较封闭、交流互动欠缺等问题。随着信息技术的发展，我国电子教参服务系统还有待进一步完善。微服务架构，将单体应用划分为一组小的服务，各个服务独立运行，彼此之间采用轻量级通信机制进行通信，在结构上“松耦合”，而在功能上则表现为一个统一的整体。其灵活性、扩展性、伸缩性以及高可用性给电子教参平台的搭建提供了全新的思路。

3.1　微服务架构概述

3.1.1　微服务架构的演进过程及原理

软件架构发展经历了单体架构、垂直架构、面向服务架构到微服务架构。单体架构一般出现在规模较小的应用系统，将业务数据、业务逻辑和流程打包在一个应用程序中，具有高耦合、高效率、短周期等特点，但扩展性不高、维护成本高；垂直架构将系统拆分为若干子项目，子项目之间需要通信和数据交换；SOA 是将系统拆分为不同的服务，其交互通过企业服务总线，普遍采用 SOAP 机制进行模块通信，服务间存在依赖关系，限制了 SOA 架构应用的扩展性、灵活性以及伸缩性；微服务架构是将系统拆分为若干个相互独立的微服务，每个微服务功能单一，聚焦解决一个单一的业务功能，打破了相互依赖，可以单独部署、更新和扩展，其交互是通过轻量级的交互方式进行通信，在并发访问量较大时，微服务架构也可提供动态的服务扩展能力，快速地扩展服务集群规模。微服务可以用可扩展 Scale Cube 来描述（如图 4－1）。

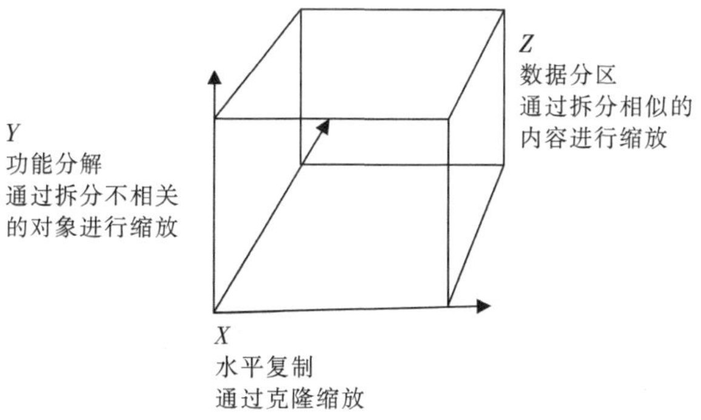

图4－1　可扩展立方体

微服务在上图中对应于可扩展 Scale Cube 的 Y 轴，Y 轴代表将应用分解为微服务；另外两个可扩展轴，X 轴由负载均衡器后端运行的多个应用副本组成，运行时，X 轴代表运行多个隐藏在负载均衡器之后的实例，提供吞吐能力；Z 轴是将需求路由到相关服务，一些应用可能还是用 Z 轴将服务分区。表面上看来，微服务架构模式有点像 SOA，他们都由多个服务构成。但是，微服务应用采用简单轻量级协议，比如 REST，而不是 WS-，避免使用 ESB 以及 ESB 类似功能，拒绝使用 canonical schema 等 SOA 概念。可以说，微服务架构模式是一个不包含 Web 服务（WS-）和 ESB 服务的 SOA，是在 SOA 架构的基础上进行的改进和延伸。

3.1.2 微服务架构服务类型

在微服务架构的项目中，至少包含两类服务：提供者（Provider）和消费者（Consumer）。提供者即提供服务的一方，消费者调用服务的一方。在项目开发中，由于同一个项目既有可能是提供者也有可能是消费者，因此，在项目拆分的过程中，一般会将提供者和消费者单独拆分成独立的项目。

3.1.3 微服务架构调用方式

微服务架构项目之间一般有两种调用方式，即 RPC（Remote Procedure Call）和 RESTful（Representational State Transfer）。RPC，可以在一个项目中像调用本地服务一样去调用其他项目的服务；RESTful，是一组架构约束条件和原则，可理解为在 Web 请求中，将参数封装于 URL 内部，项目之间可以采用 RESTful 风格的 HTTP 方式互相进行调用。

3.1.4 微服务架构的优势

微服务架构降低了项目复杂度，通过分解巨大单体式应用为多个服务方法解决了复杂性问题，给采用单体式编码方式很难实现的功能提供了模块化的解决方案；团队界限明确，每个服务都可以有专门开发团队来开发，不同的开发团队可以自由选择开发技术，提供 API 服务；部署灵活，每个微服务独立部署，可以加快部署速度；每个服务可独立扩展，根据每个服务的规模来部署满足需求的规模，甚至于可以使用更适合于服务资源需求的硬件，比如，可以在 EC2 Compute Optimized instances 上部署 CPU 敏感的服务，而在 EC2 memory-optimized instances 上部署内存数据库。可以说，微服务架构的灵活性、扩展性、伸缩性以及高可用性是未来发展的必然方向。

3.1.5　常见微服务架构

近年来，随着云计算和虚拟化等技术的逐步成熟以及敏捷开发、DevOps 等软件工程理念的兴起，以马丁（Fowler Martin）为代表的科学家提出了微服务架构（Microservice Architecture）的概念。目前，常见的开源分布式服务框架有 Spring Cloud 和 Dubbo。Dubbo 是阿里巴巴公司推出的一个高性能服务框架，基于 Dubbo 可实现服务间高性能的 RPC 调用，在集成方式上，Dubbo 可以和 Sping 框架进行无缝集成。相比 Dubbo 微服务框架，Spring Cloud 提供了一套完整的分布式解决方案，它提供了微服务开发所需的配置管理、断路器、服务发现、智能路由、微代理、控制总线、决策竞选、全局锁、分布式会话和集群状态管理等组件，Spring Cloud 的子项目涵盖了实现分布式系统所需的完整基础软件工具，开发部署较为简洁，因此，Spring Cloud 是微服务架构的优先选择。Spring Cloud 框架的完整架构如图 4－2 所示。

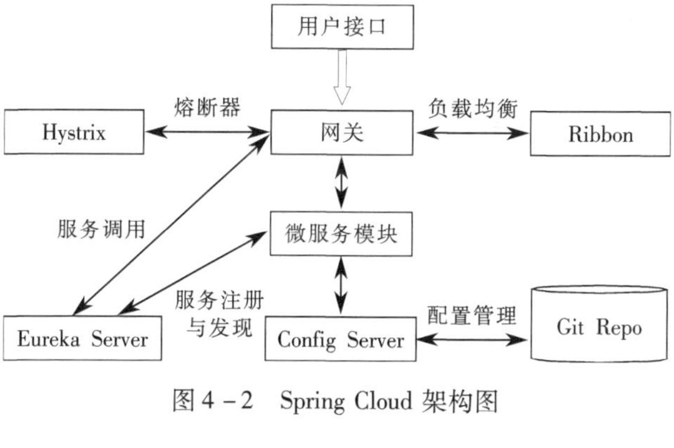

图 4－2　Spring Cloud 架构图

网关是微服务架构中用户调用服务的统一入口，通过配置服务指定的 URL 发送请求，也可以通过与 Eureka 中各个微服务注册的 ID 发送请求；网关还具备实现元数据转换、数据防篡改、协议转换等功能，起到了为整个微服务架构提供前门保护的作用。Hystrix 服务容错是微服务架构的故障隔离和容错处理机制，包括流量限制、线程隔离和熔断降级等容错手段。当出现请求超时、高负载等情况，Hystrix 便实现对故障的快速处理，阻止系统中由于某些节点故障而引起的联动故障，避免业务系统出现雪崩效应，提高整个系统的弹性和容错性。Ribbon 负载均衡是微服务架构稳定运行的重要保障，按照不同的均衡策略把流量合理地分配给相应的客户端，降低系统崩溃的可能性，保证业务访问的稳定性和高可用。Eureka 注册中心是微服务架构的重要基础组件之一，由 Eureka 服务端和 Eureka 客户端组成，Eureka 服务端被用作服务注册管理，并支持集群的部署，Eureka 客户端负责服务的注册和发现。配置中心是微服务架构用于所有关联服务配置的集中管理。通过配置中心组件，把各个服务中的各种配置，各类参数等全部统一集中到一个地方进行管理，建立完善标准的接口对外提供支持。

3.2 基于微服务架构的电子教参平台构建

3.2.1 系统设计

平台采用微服务架构，基于 Spring Cloud 微服务技术对图书馆电子教参项目进行架构设计，在整体设计上采用前后分离、分层设计的原则，将应用拆分为资源管理、课程管理、权限管理等多个微服务，每个微服务完成相应功能，服务之间采用轻量级的 Rest 接口实现通信。电子教参平台采用微服务架构对项目进行划分，划分后系统包括前端应用、网关应用、后端应用以及环境应用。在顶部设置访问层和接口层，包括前端应用和网关应用，接口层承接外部访问流量的检测，访问层通过服务网关将请求转至各个微服务。中间是服务层，包含后端应用，业务服务层模块在此仅做不同粗细粒度组合的拆分，微服务将数据返回至服务网关，服务网关整合数据返回给用户。其中，后端应用又可分为三类，分别是基础服务类应用、提供服务类应用、消费服务类应用。基础服务类应用包括本微服务架构的注册中心 Eureka 以及一些微服务管理类组件。提供服务类应用是微服务架构中的提供者，即提供接口供其他程序调用的程序。消费服务类应用就是调用提供者接口进而实现业务的程序，在微服务程序中称为消费者。提供者应用包括数据库操作和简单业务逻辑操作，消费者应用包括复杂业务逻辑的处理和用于数据展示的数据封装。底端资源层模块包括众多的第三方应用环境，如临时存储和缓存 Redis，事务型关系型数据库 MySQL 以及容器化技术 Docker、消息中间件 RabbitMQ 等组件。系统总体架构设计如图 4-3。

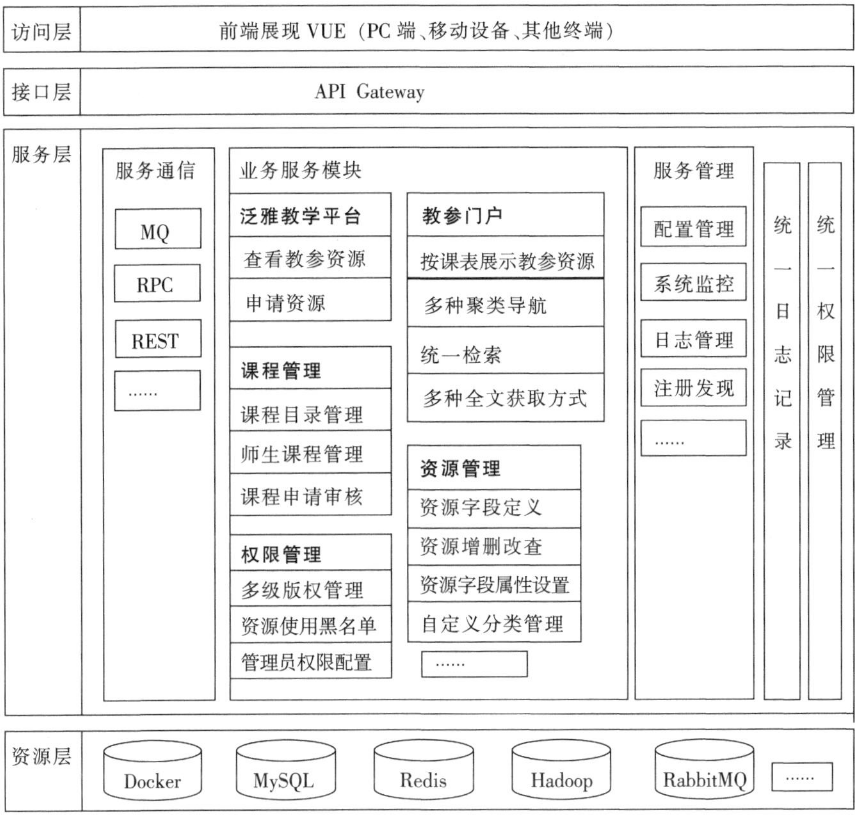

图 4-3　基于微服务架构的电子教参平台总体架构

3.2.2　系统的实现

平台采用基于 spring cloud 的前后端分离的微服务架构，将数据的业务逻辑处理和展示分开，前后端之间采用 Nginx 反向代理实现接口访问。前台采用 VUE 框架，后台采用 spring cloud、Redis、Hystrix、Ribbon、MySQL 等技术，即采用 Docker 进行项目环境搭建和配置，Docker 一般采用“一个容器一个进程”

的方式，部署每个服务只需将服务打包成镜像；采用 MySQL 作为系统数据库并采用集群方式进行配置和部署；采用 Redis 用为缓存来缓存用户数据；采用 Spring Cloud 整套解决方案，包括 Fegin 进行接口管理、使用 Hystrix 进行容错、使用 Ribbon 实现负载均衡等；采用 Elasticsearch 集群实现存储和搜索；采用 Mycat 数据库中间件管理数据库集群；采用 Jenkins 实现程序的自动发版和持续集成，Jenkins 是一种开源的、基于 Web 界面的持续集成工具；采用 Spring Cloud 微服务架构实现微服务管理，将系统应用拆分为提供者、消费者、网关和注册中心。技术架构设计如图 4 -4。

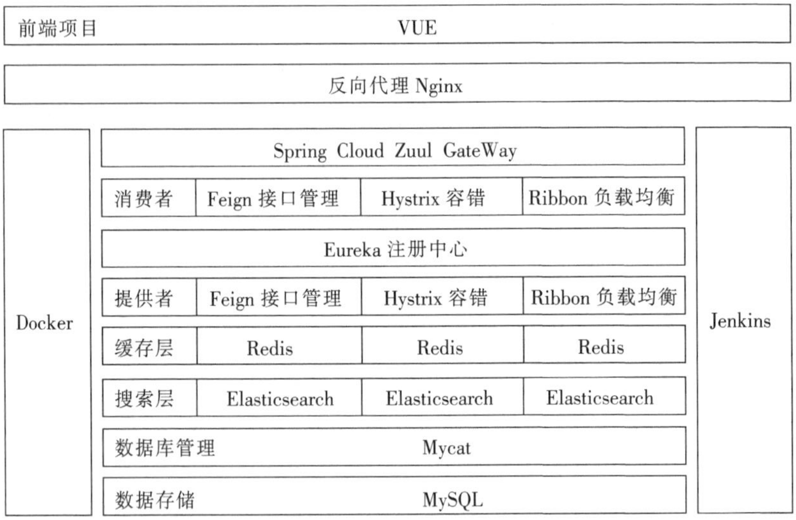

图 4 -4　技术架构图

3.3　电子教参平台构建需注意的问题

3.3.1　架构原则问题

微服务是最小的业务单元，负责完成单一任务，每个服务需定义明确的边界。所以在进行微服务架构设计中应遵循以下原则：（1）基于领域模型确定微服务边界。即基于领域模型对业务系统的对象进行建模，对业务中所涉及的需求业务进行分解及边界划分。（2）紧内聚，松耦合。紧内聚是要求在服务设计上把服务的相关行为聚集在一起，每个服务的职责尽可能单一。松耦合意味着能够独立修改及部署单个服务。（3）减少微服务间的数据流量和调用。过度的通信可能会导致紧耦合，应限制两个服务间不同调用形式的数量和数据流量。

3.3.2　预防恶意攻击

在微服务架构中最常见的攻击类型是分布式拒绝服务（DDoS），需要对攻击行为进行识别。无论是否遭到攻击，调用速度是一种较好的标识。建议使用以下缓解策略将副作用降至最低：（1）构建最小化微服务间依赖关系的架构。（2）可限制对象的批处理或请求执行的大小。（3）从后端服务向应用程序防火墙提供反馈。（4）监控缓存对象的缺失。（5）采用自定义弹性标准，如断路器或超时方案。

3.3.3　可持续性问题

电子教参平台是一个系统工程，既需要图书馆、教务部门、信息中心等部门的相互合作，还需要图书馆员、教师、学生等之间的合作，因此，平台要持续发展，需要各方面开诚布公地通力合作，立足发展现状，将当前实际与未来发展结合，整体与部分结合，合理、长远地构建适应资源环境不断变化、信息技术日趋完善的平台。

平台基于 Spring Cloud 构建前后端分离的微服务架构，将业务功能拆分为一个个独立的微服务部署并独立运行在各自的容器中。通过架构，简化了服务配置、服务容错、负载均衡，项目的易扩展性、低耦合性、可维护性、高用户体验性得到了提高。微服务架构较好地提高了系统的可伸缩性，实现了电子教参服务系统的横向扩展和动态部署。

4　美国高校图书馆 RSS 应用现状

RSS 作为新兴的互联网信息传递、聚合、交流管理的技术，以其强大的信息聚合和推送功能，在“升级”图书馆传统服务、建设“图书馆 2.0”中具有重要作用，是目前解决数字图书馆个性化服务的有效途径之一，近年来，在国内外高校图书馆得到了广泛的应用。通过对美国高校图书馆 RSS 技术应用情况进行调查，了解到美国高校图书馆 RSS 技术应用的现状及特点，可以为提升国内高校图书馆 RSS 服务提供一些借鉴和启示。

4.1 美国高校图书馆 RSS 应用现状及特点

调查对象：选取的调查对象是美国高校图书馆。美国高校图书馆的选定是根据“2021 年美国综合性大学排行榜”，调查排名在前 100 名的图书馆。

调查方法：采用文献调查和网站调查相结合的方法。文献调查以中国期刊全文数据库、维普期刊全文数据库、EBSCOhost 数据库中相关论文为调研对象，对文中提及或介绍美国高校图书馆 RSS 服务的实例进行查阅和归纳。网站调查是对排名在前 100 名的美国高校图书馆网站进行逐个访问，调查核实该校图书馆是否提供 RSS 服务以及服务内容、服务特点等情况。

4.1.1 普及程度高

调查结果发现，在选取的 100 所美国高校图书馆中，共调查得到 82 所图书馆开展了 RSS 服务，占受调查总数的 82%。这说明 RSS 在美国高校图书馆得到了广泛的普及。

4.1.2 服务内容丰富

美国高校图书馆提供的 RSS 服务丰富多样，服务内容主要包括以下几类：（1）新闻消息类。提供这类服务的图书馆数量最多，在 82 所提供 RSS 服务的高校图书馆中几乎所有的图书馆都提供了此类服务。这些新闻消息主要包括图书馆举办的各种活动通知、最新讲座、新到的各种电子资源预告、最新通告、培训通知和展览活动等。如耶鲁大学图书馆利用 RSS 发布重大活动开馆时间的调整、讲座等消息，对图书馆新闻进行了较为丰富的分类，包括 Events、Exhibitions、Netcasts、News & Announcements、Online Exhibitions、Projects、Resources & Services 等 7 个类，并提供 OPML 分类订阅和打包订阅。（2）新书通报类。这类 RSS 服务的目的是向用户推送入藏文献的最新动态信息，使用户能够及时获得图书馆新到图书的信息。新书通报的定制可分为两种：无用户差别的一般性定制；支持个性化的定制。如麻省理工学院图书馆对新到图书的基本信息包括图书的作者、索书号、馆藏地点等进行推送，并且提供新书的分类订阅，将新书分成 Art、Architecture + Urban Studies、Historical + Archival Collections、Management、Science、Humanities、Engineering、Social Sciences 等 8 个大类，并且在每个大类下，都进行了更细化的分类，如 Science 又细分为 Astronomy、Chemistry 等，使读者能够更有针对性地进行分门别类的订阅，提供 feedmyinbox 和 rss2email 实现 RSS 集中订阅到邮箱。并且部分图书馆的新书通报还提供了基于题名、责任者、ISBN、出版社等多重限定的定制。（3）期刊、数据库等订阅服务类。这类服务不仅取决于图书馆，更取决于数据库开发商。目前很多数据库都提供了 RSS 订阅功能，图书馆只要提供一个链接，链接到数据库的订阅界面，方便读者进行期刊、数据库的订阅。按照其服务方式，可分为基于检索词的订阅和基于期刊目次的订阅。EI、Proquest、PubMed 等数据库提供的是基于检索词的订阅，IEEE、Nature、Science 等提供的是基于期刊目次的订阅。如加州理工学院图书馆提供了如 PubMed、IEEE Xplore 等数据库的订阅，威斯康星大学麦斯顿分校图书馆、亚拉巴马州大学图书馆等也都有基于 RSS 的期刊目次服务。（4）论坛、多媒体资源等订阅服务类。在 RSS 订阅服务上，美国高校图书馆的 RSS 订阅除了新闻消息类、新书通报类、预约取书订阅等服务，还提供了论坛订阅、多媒体资源订阅等，如杜克大学图书馆提供了 RSS 论坛订阅，当论坛有新的消息评论内容时，将第一时间推送给用户。（5）课题研究跟踪、专题信息服务类。美国多数高校图书馆提供了课题研究跟踪、专题信息 RSS 推送服务，通过按照用户关心的课题或学科内容进行整理，形成如艺术类专题、健康类专题、某一学科的研究专题、地方特色专题等热点信息的定制频道，用户可以根据个人的需要订阅相关的资源。如麻省理工学院图书馆提供的课题研究跟踪服务，主要是通过名叫 Smile 的校内课题博客平台实现对所有的订阅用户进行该校研究课题的推送。（6）参考咨询服务类。RSS 服务中还为读者提供一个与图书馆交流的平台，进行实时咨询，可及时解答每位读者有关数据库利用、图书馆资料以及其他各方面的问题。如圣路易斯华盛顿大学图书馆、芝加哥大学图书馆等开设了“Ask a Librarian”服务，实时解答读者的各种问题，并以 RSS 形式推送给用户。（7）网络资源导航服务类。这类服务主要是对新闻、网络学术资源等进行整合和推送，在一定程度上可以减少读者查找网络信息资源的盲目性。如乔治亚州大学图书馆提供的网络信息资源导航服务内容极为丰富，有非营利研究、教育新闻、公正健康、中东新闻、科技新闻等网络资源的定制。

4.1.3 应用技术成熟

首先，美国高校图书馆在技术层面上基本上可确保 RSS 的成功订阅，很少出现订阅不成功的情况。其次，美国高校图书馆在应用 RSS 技术时，能够广泛地很好地实现与其他 Web 2.0 技术相融合。在提供 RSS 服务的美国高校图书馆中，较多图书馆实现了 RSS 与博客、播客技术相融合，提供博客、播客订阅服务。如埃默里大学图书馆、华盛顿大学图书馆等提供了博客订阅服务，当博客上有新的内容时，将及时推送给用户，以实现资源的共享。耶鲁大学图书馆、普林斯顿大学图书馆等除了提供博客订阅服务，还提供了播客订阅服务。还有不少高校实现了 RSS 与维基、及时通信工具等 Web 2.0 技术的融合，使得图书馆提供的 RSS 服务丰富多样。此外，还能很好地利用互联网上的一些免费的新技术，如 PBwiki、Flickr、Google Map 等，实现软件之间的混搭。

4.1.4 “以用户为中心”的服务理念

“以用户为中心”的图书馆服务理念在美国高校图书馆的 RSS 服务中得到了很好的贯彻。以方便用户的利用为主，处处为用户的需求设想。很多高校在提供 RSS 服务的同时，不仅把 RSS 的概念、操作步骤、阅览器下载等信息进行了详细的介绍，还进一步将 RSS 技术与其他相类似的技术进行比较，以说明图书馆采用该技术的优势，同时还会提供许多与 RSS 相关的资料，便于对 RSS 感兴趣的读者进行更深层的了解。如麻省理工学院图书馆在提供上述使用说明的同时，还进行了 RSS Feed 与 Email alerts 的比较，在服务项目设置上能够紧紧围绕着学生、教师的学习科研的需求，使图书馆的服务与学习、教学、科研融为一体，每项服务都附有 FAQ 或者咨询馆员的联系方式。

4.1.5 系统研发多样化

RSS服务系统的研发有以下几种方式，一种是图书馆自行开发。提供RSS服务通常需要图书馆几个部门的协作，由相关人员组成任务编组，分工协作，彼此沟通协调，开发出具有本馆特质的RSS系统。第二种是采用具有RSS功能的图书馆自动化管理系统。如美国图书馆信息系统集成公司Innovative的“新千年系统”，该系统厂商主动规划并提供相关的RSS服务，耶鲁大学图书馆采用的就是这种系统，可以实现新书通报、到期通知、预约到馆通知、书目检索等RSS功能。第三种是图书馆合作方式开发。使用相同系统的图书馆组成联盟，各馆开发的RSS系统，提供友馆分享使用。第四种是RSS技术外包。对于缺少人力自行开发RSS系统的图书馆，技术外包也是一种可行的途径，将RSS系统委托给专门公司进行开发和维护。

4.2 对我国高校图书馆提升RSS服务的启示

4.2.1 丰富RSS服务内容

目前，国内图书馆提供的RSS服务多限于新闻消息、新到资源的一般推送、新书通报等服务，缺乏对RSS服务内容的深入挖掘，没能够充分地认识和开发利用RSS进行科研课题跟踪和教学参考服务，利用RSS提供论坛、播客、博客、多媒体资源等订阅服务的图书馆也很少。因此，国内高校图书馆可以借鉴美国高校图书馆的成功经验，加强RSS的深层次应用，大大丰富RSS服务的内容，使RSS服务不断完善、更加合理。（1）开展课题跟踪推送服务。从当前RSS技术层面上来看，课题跟踪推送服务并不难实现，完全可以成为国内高校图书馆RSS服务中的新内容。这样将有利于用户进行科研和学习，促进科学研究。（2）开展音乐、影视等多媒体视听资源的推送服务。如麻省理工学院图书馆利用RSS向用户推送Music服务，这样一方面可以丰富学生的生活，培养了学生对艺术的兴趣，另一方面使图书馆这方面的资源得到了充分的利用。我国高校图书馆也可以借鉴这种服务，培养读者对我国艺术文化的兴趣。（3）开展学科专题RSS订阅服务。不论从资源建设还是功能设置上，图书馆都要重视与教学的联合，美国很多图书馆已经通过 RSS 把所有的馆藏收集起来进行推送。国内各高校图书馆也可以根据每个学校的专业特色和专业设置情况制定相应的学科专题信息频道，以方便学校各学科各专业的教学。

4.2.2 加快 RSS 技术及相关技术的发展与完善

国内高校图书馆首先应加强 RSS 技术及相关技术的发展，确保 RSS 的成功订阅，及时推送服务内容，让读者保持一种信赖与依赖。其次，要充分重视 RSS 技术与其他技术之间的融合，丰富订阅内容，增加订阅渠道。Web 2.0 技术在国内高校图书馆中得到了一定程度的应用，部分图书馆提供了几项 Web 2.0 技术应用，但并没有将这些服务进行有效的融合。美国成功经验告诉我们，RSS 可以很好地与博客、书签、维基、播客等技术进行融合，以提供更丰富的服务内容；同时，RSS 还可以与 QQ、MSN 等即时通信软件进行结合，以提高 RSS 订阅的灵活性。此外，对技术力量比较强的图书馆，还可以利用混搭技术 Mashup 进行资源、应用和服务的有效整合，为国内高校图书馆的 RSS 服务开辟更加广阔的发展空间。

4.2.3 加强 RSS 服务的宣传力度

图书馆在提供 RSS 服务的同时一定要做好宣传与推广工作。特别要注重 RSS 及相关 Web 2.0 技术的使用范围、使用方法以及图书馆利用该技术、服务带来的优势等方面的介绍，否则，其使用范围、使用效果将会大受影响。图书馆可以通过各种途径进行宣传，如定期讲座、新生入学教育、文献检索课、板报、图书馆新闻公告、宣传手册等形式对读者进行宣传教育，以吸引更多的读者关注它，引导读者熟悉 RSS 服务，并乐于接受 RSS 服务，争取更多用户的使用体验，真正做到以“用户为中心”，立足于为用户提供服务。其次，可以对馆员进行重点培训，使他们成为新技术、新服务应用的直接宣传推广者。

4.2.4 加强专业人才队伍建设

Web 2.0 是馆员与用户共同参与、互动的服务模式，图书馆馆员的服务能力和职业素质直接影响服务的质量，国内图书馆 RSS 服务的薄弱在一定程度上显示了相关人才的缺乏。因此，加强馆员队伍的建设是开展 Web 2.0 服务至关重要的一步。图书馆员必须加强对 Web 2.0 技术的学习和掌握，努力接受 Web 2.0 理念和使用 Web 2.0 技术，提高新技术环境下的业务素质，提升服务技能。可以邀请知名学者开展相关讲座或派送馆员外出参观学习，与国内外高校、IT 界建立紧密的合作关系，促使馆员树立顺应时代发展需要的服务理念，把现有馆员培养成既懂图书馆学、信息学专业知识又精通计算机技术等的复合型人才。

4.2.5　突破单向推送，注重效果跟踪

图书馆提供的各类服务是因用户的需求而产生并因用户需求的不断变化而逐步发展变化的。因此，要广开言路，对 RSS 服务进行效果的反馈调查，为不断的服务功能修正、技术调整提供依据。一是通过 RSS 技术本身具有的统计功能，分析各种统计数据，掌握应用现状，并在此基础上，对日志进行数据挖掘，随时改进服务。二是通过问卷调查、开通论坛、设置留言栏等方式收集反馈信息，定期进行分析，以优化服务。三是在技术上实现突破 RSS 的单向推送。现在的 RSS 技术只是从 RSS 服务提供者向订阅者的单向推送，可以在 RSS Feed 里添加一些接口，让订阅者能够向 RSS 服务提供者提供反馈，突破单向推送，这样将会给 RSS 服务带来新的契机。

第 5 章　高校图书馆就业信息服务

就业信息服务是高校图书馆在传统服务基础上服务内容、服务项目、服务模式的创新和深化。早在 20 世纪 70 年代，美国就在大学图书馆设立了“就业信息中心”，90 年代，其咨询工作已相当成熟和发达。数字技术的出现，给就业信息的组织以及信息服务方式的变革注入了新的生机与活力。

1　Web 2.0 环境下高校毕业生就业信息查询行为

Web 2.0 技术作为万维网技术之后的又一次革命性的技术浪潮，正席卷着信息行业的各个角落，影响着信息行业服务手段和服务模式的变革，就业信息服务工作也不例外。如何利用 Web 2.0 新技术、新理念为高校学生提供就业信息服务，已成为一个值得研究的课题。

1.1　高校毕业生就业信息查询行为表现

采用随机抽样问卷调查法，对湖南人文科技学院 2022 届覆盖全校 14 个教学院系的毕业生进行了调查。问卷的设计分为几个部分：毕业生的个人基本信息、毕业生就业信息需求、信息检索行为、获取信息的行为以及对有关 Web 2.0 技术的了解程度等。共发放问卷 300 份，回收 276 份，回收率为 92%。结果显示，高校毕业生就业信息查询行为主要表现在以下几个方面：

1.1.1　信息需求

用户的信息需求是用户的检索动机，是信息检索的始点，影响着信息检索过程以及信息检索效率。调查结果显示，绝大部分毕业生对自己的就业信息需求能清楚地定位，有34.8%（96人）的毕业生选择清楚信息需求，51.4%（142人）的毕业生选择较清楚的表达自己的信息需求，9.4%（26人）的毕业生选择对信息需求的认识模糊，还有4.3%（12人）的毕业生则选择不清楚自己的信息需求。

1.1.2　就业信息源的选择

就业信息源大致分为以下几种：大型综合类招聘网站、地区型人才网站、行业类招聘网站、垂直型招聘网站、搜索型招聘网站、高校招生就业网站和招聘单位网站。调查结果显示，排在前三位的分别是高校招生就业网站、地区型人才网站以及招聘单位网站，其中选择高校招生就业网站的有235人，占85.1%，选择地区型人才网站的有202人，占73.2%，选择招聘单位网站的有173人，占62.7%。说明在信息爆炸的今天，毕业生的精品意识逐渐增强，开始使用信息相对准确性高的网站，而不是涵盖海量信息却需要去伪存真的网站，信息需求逐渐向精品化方向发展。

1.1.3　就业信息查询方式

调查中，有193人（69.9%）选择通过网络搜索引擎方式检索就业信息，156人（56.5%）选择直接进入熟悉网站来获取与自身需求相关的就业信息，只有15人（5.4%）尝试通过构造检索式进行就业信息的查询。可以看出，毕业生的就业信息查询过程遵循易用性原则，搜索引擎是毕业生在就业信息查询中广泛使用的获取信息的工具。

1.1.4　就业信息检索策略

毕业生很少使用布尔逻辑检索、截词检索、字段限定检索等检索策略，少数人能使用简单的检索策略。在调查中我们发现，使用一个关键词直接进行检索的有 187 人，占 67.8%，使用两个关键词用 AND 或者 OR 来构造检索式进行就业信息查询的有 81 人，占 29.3%，使用三个或更多关键词构造检索策略的共 8 人，占 2.9%。可见，就业信息的查询过程也同样符合齐普夫最小努力原则，在就业信息查询过程中，毕业生想通过最简单的方法、最少的劳动来获取自己所需的就业信息。

1.1.5 检索结果浏览

通过使用搜索引擎进行就业信息查询时，用户会得到大量的检索结果，重复信息很多，毕业生对输出结果的数量产生的心理负荷各不相同，信息吸收程度也不一样，将直接影响信息的检全率和检准率。面对检索结果通过添加检索词进行二次检索的有 106 人，占 38.4%，更换相近检索词进行重新检索的有 73 人，占 26.4%，通过慢慢翻页浏览筛选有用信息的有 34 人，占 12.3%，翻看几页没有发现有用信息就放弃进一步检索的有 63 人，占 22.8%。调查表明，毕业生精力主要集中在搜索引擎检索输出的位置靠前结果的浏览上，没有耐心去一一翻看所有的检索结果。

1.1.6 Web 2.0 技术在就业信息查询中的应用

对于 RSS、SNS 等 Web 2.0 技术的使用，19.8% 的毕业生使用过该功能，并且对 Web 2.0 的应用表示满意，31.2% 的毕业生不知道此功能，45.6% 毕业生愿意以后尝试使用，3.4% 的毕业生不会去用。可以看出，绝大部分毕业生对 Web 2.0 技术的新应用表现出了浓厚的兴趣，对新事物带来的新功能有强烈的好奇心和应用的渴望。

1.2 高校毕业生就业信息查询行为的新动向

问卷调查发现，Web 2.0 环境下毕业生的就业信息查询行为呈现以下几个方面的新动向。

1.2.1 就业信息需求向精品化方向发展

随着网络的不断发展，信息资源逐渐增长，面对分散、无序、更迭变换的信息海洋，用户的精品意识逐渐增强，注重的已经不再是信息量的问题，而是信息的价值含量及其时效性。检索结果期望的是重要信息资源的优先呈现，大量无关和重复信息的剔除，期望系统能提供个性化的相关度判断，希望通过获取精品化的信息，能为其提供一种能贯穿解决问题全过程、直接渗透到知识单元解决用户实际问题的知识服务。

1.2.2　就业信息查询坚持最小努力原则

心理学认为，行为主体为了达到一个既定的目标，总是倾向于采取那些路径最短、能量消耗最少的方法，这就是所谓的最小努力原则。调查研究发现，大多数毕业生在就业信息查询过程中，就常常表现出这样一种心态，总想以最小的努力去获取最大的信息收益。在就业信息查询中，总是舍远求近，弃繁求简。所以，在就业信息资源建设、就业信息管理系统构建、就业信息服务平台搭建以及就业信息服务过程中，要充分利用 Web 2.0 及现代信息技术，为毕业生提供查询、获取、利用就业信息的便利。

1.2.3　就业信息查询遵循易用性原则

易用性是指用户使用某个信息检索系统获取信息时，如果感觉比不获取信息更费心、更麻烦，那么，这个系统将不会得到利用。在调查中我们发现，毕业生习惯选择简单易用的检索手段，搜索引擎是毕业生最常采用的一种查询方式；检索方法简单单一，多倾向采用单一检索词的检索策略，最常用的是关键词检索；对检索结果的查看倾向于选择易获取的信息资源，很少进行高级检索。因此，提供的信息资源和信息资源检索系统应尽量满足用户的需求，达到简便易用的效果。

1.2.4　信息查询技能较低

由于没有统一开设信息检索课程，毕业生大多数通过自己摸索、多次试验的方式学习检索方法与技巧，没有经过系统的学习和培训，普遍存在检索技能比较差的情况。调查显示，绝大部分毕业生不能很好地利用检索策略，在信息查询过程中使用过高级检索、布尔检索、字段限定检索等的为数极少，这就容易造成查找中出现大量无关信息。因此，虽然毕业生对检索方法有一定的了解和掌握，但整体信息素养薄弱，有必要通过开设信息检索课程或举办专题培训提高毕业生的信息查询技能，使毕业生掌握各种检索方法和技巧，同时，还要培养他们对网络信息资源的选择、判断能力，能从海量的网络信息资源中区分良莠。

1.2.5 信息查询中关注 Web 2.0 新技术及其应用

Web 2.0 为毕业生的信息查询提供了一个自由、交互、主动的环境。毕业生对 Web 2.0 技术及其新功能表示出较浓厚的兴趣，对新事物新功能充满了好奇心，但在调查中发现，还有 31.2% 的毕业生不知道此功能。所以，一方面要大力宣传 Web 2.0 技术，通过各种信息素养教育全面提高毕业生的信息素养，另一方面，要大力加强 Web 2.0 建设，将 Blog、RSS、Wiki、SNS、Podcast 等为代表的 Web 2.0 核心技术应用到就业信息化建设和服务平台中来，丰富用户体验。

通过对毕业生就业信息查询行为的调查，让我们了解了 Web 2.0 环境下高校毕业生就业信息查询行为的特点。集互动性、参与性、开放性、社会性、个性化等特点为一身的 Web 2.0 技术的出现，为就业信息服务带来了服务方式、服务理念、服务手段等方面的变革。应充分利用 Web 2.0 技术带来的契机，尽快转变就业信息服务理念，改善就业信息组织与信息服务方式，加强就业信息资源建设，创新就业信息服务模式，构建就业信息服务新平台，从而大力提升就业信息服务水平。

2 Web 2.0 环境下高校图书馆就业信息服务

以 Blog、Wiki、RSS、SNS、IM 等为代表的 Web 2.0 核心技术被广泛应用于高校图书馆的就业信息服务工作中，利用 Web 2.0 技术搭建崭新的图书馆就业信息服务平台，有力地助推了高校图书馆就业信息服务工作的开展。

2.1　高校图书馆就业信息服务的现状

近年来，国内一些“双一流”高校图书馆逐步开展了就业信息服务工作，从对其就业信息服务开展情况以及 Web 2.0 技术应用状况的调查结果来看（见表5－1），高校图书馆就业信息服务工作取得了比较好的成效。

表5－1　高校图书馆就业信息服务及 Web 2.0 技术应用情况一览表

序号	高校图书馆	Web 2.0 技术						就业信息服务
		Blog	RSS	Wiki	SNS	Tag	IM	
1	清华大学	√	√		√	√	√	就业数字图书馆、创业数字图书馆
2	北京大学	√			√		√	
3	厦门大学	√	√	√	√	√	√	
4	南京大学	√			√	√	√	
5	复旦大学		√		√		√	
6	天津大学				√		√	起点就业培训信息网
7	浙江大学							
8	南开大学	√	√		√	√	√	
9	西安交通大学	√	√		√		√	
10	东南大学		√		√	√	√	
11	武汉大学	√				√	√	
12	上海交通大学	√	√	√	√	√	√	
13	山东大学	√		√	√	√	√	
14	湖南大学	√	√		√	√	√	
15	中国人民大学	√					√	就业数字图书馆、优米职场预备课资源库、创业数字图书馆、职场技能培训专版、爱迪科森就业培训数据库
16	吉林大学	√	√	√		√	√	爱迪科森就业培训多媒体数据库、创业数字图书馆、就业数字图书馆

续表

序号	高校图书馆	Web 2.0 技术						就业信息服务
		Blog	RSS	Wiki	SNS	Tag	IM	
17	重庆大学	√			√		√	爱迪科森就业培训数据库
18	电子科技大学	√			√		√	大学生就业能力提升网络课程资源库、就业数字图书馆、爱迪科森就业讲座视频库
19	四川大学			√		√	√	
20	中山大学	√	√			√	√	
21	华南理工大学	√					√	就业数字图书馆
22	兰州大学		√		√			爱迪科森就业培训数据库
23	东北大学	√	√	√			√	
24	西北工业大学						√	
25	哈尔滨工业大学	√	√	√	√	√		就业数字图书馆
26	华中科技大学		√				√	就业数字图书馆
27	中国海洋大学						√	
28	北京理工大学	√	√		√	√	√	
29	大连理工大学		√		√			大学生就业能力提升网络课程资源库
30	北京航空航天大学	√					√	
31	北京师范大学	√	√		√		√	就业数字图书馆
32	同济大学	√	√	√	√	√	√	
33	中南大学						√	中国大学生就业知识服务平台
34	中国科学技术大学		√		√	√	√	就业数字图书馆、高校创业教育资源总库、职业全能培训库
总计		22	19	8	21	16	30	14

2.1.1 Web 2.0 技术总体上应用广泛

从表 5－1 可以看出，被调研的高校图书馆中，几乎都或多或少地运用了

Web 2.0 技术，其中厦门大学、上海交通大学、同济大学应用了所调查的全部 6 种 Web 2.0 技术，同时应用了三种及三种以上的 Web 2.0 技术共了 23 所高校图书馆；在所调查的 6 种 Web 2.0 技术中，得到最广泛应用的是 IM，共有 30 所高校图书馆运用了此技术，其次是 Blog 技术和 SNS 技术，分别在 22 所和 21 所高校图书馆中得到了应用。可见，Web 2.0 技术在我国“双一流”高校图书馆中已得到了较广泛的应用。

2.1.2　Web 2.0 技术应用形式多样

调查发现，基于 Web 2.0 技术开展的服务和应用多样，主要包括：(1) 图书馆博客。主要用于构建馆员与馆员、用户与用户、馆员与用户的交流平台，如学科主题博客、馆用博客、馆员博客、咨询博客等。如北京大学图书馆、上海交通大学图书馆等建立了学科主题博客，主要推介图书馆的各类服务、推荐各个学科的最新资源等。(2) RSS 订阅服务。主要服务内容有图书馆通知公告、新闻动态、培训讲座、新书通报、商业数据库、馆际互借优惠信息等。如清华大学图书馆可以提供的 RSS 服务主要包括图书馆最新消息、图书馆中/西文新书通告、商业数据库 RSS、电子期刊订阅、清华大学最新 SCI、SSCI、AHCI 收录文章 RSS 推送等。(3) Wiki 应用实践。Wiki 在图书馆主要应用于主题指引、学科知识服务平台构建、知识库构建、馆员交流和创作、图书情报网上百科等方面。如厦门大学图书馆在 2006 年就开始建立了馆内知识库——“喂鸡”。(4) SNS 社会性网络服务。SNS 在图书馆应用的主要表现形式有图书馆 BBS、人人网、校友服务等。构建 SNS 主要有三种模式：直接加入 SNS 模式，如南京大学图书等多家图书馆在豆瓣网建立了豆瓣小组；积极引进 SNS 模式，如清华大学、厦门大学图书馆通过 API 对接到 SNS 中；自主开发 SNS 模式，如重庆大学图书馆研发了 ADLIB 2.0 系统，并以此为基础构建了个人书斋。(5) IM 应用。在 IM 软件/平台的选择上，CVRS（即 CALIS 分布式联合虚拟参考咨询系统）、QQ 得到了广泛的应用，其次是各馆使用的其他实时参考咨询系统、MSN 以及机器人。(6) Tag 应用。图书馆主要对其学科博客、书目检索系统、学科导航、社交网站等引入标签，分为两种模式：嵌入式服务模式和延伸式服务模式。

2.1.3 就业信息服务意识有待加强

被调研的高校图书馆开展了一些与就业相关的服务工作，如南京大学图书馆在该校小百合栏目里创设了就业创业指导论坛；重庆大学图书馆围绕大学生就业专题举办了系列培训讲座等；其中，有14所图书馆提供了系列就业信息资源，主要包括就业数字图书馆、爱迪科森就业讲座视频库等数据库。但是，这些高校图书馆很少有在图书馆网站上提供醒目的就业信息服务专栏和服务内容，就业信息服务平台滞后，不够重视就业数据库的订购（没订购就业数据库的超过了一半）与二次就业信息资源的建设等。然而，国外大学图书馆网站提供了诸如“协助就业拓展计划”“时薪工作、本地工作”等大量与学生就业相关的信息，服务内容丰富、服务途径多样。可见，我国高校图书馆对就业信息服务工作的开展不够重视，主动性还不够，服务意识有待加强。

2.1.4 就业信息服务深度过浅，服务广度不宽

目前，图书馆提供的就业信息服务内容主要是依赖数据商提供的就业专题数据库和图书馆举办的就业专题讲座，虽然不少高校开设了专门的就业资料阅览室，但资料室里的资料一般涉及面都比较窄，很少有图书馆对就业信息资源进行二次开发和整理，对网络就业信息资源进行搜集、筛选和加工以及对就业信息资源进行整合，就业信息服务仅限于一些基础性的服务。同时，从服务对象层面来看，就业信息服务广度不宽，主要面向毕业生，忽视为大一、大二、大三等处在不同年级的学生提供基础的就业信息服务。国外大学图书馆重视对处在不同年级的学生提供不同的就业信息服务，从新生入学就开始，贯穿大学生涯。

2.2 高校图书馆就业信息服务能力建设的策略

2.2.1 运用职业生涯规划理念，创新服务模式

对图书馆来说，用先进的服务理念来满足不同用户需求的服务意识是提供就业信息服务的最关键因素。传统的就业信息服务模式是被动的、封闭的、浅

层次的、“以资源为中心”，局限于提供政策法规、求职技巧、组织招聘活动等应急性指导。在 Web 2.0 环境下，要求一切工作“以用户为中心”，就业信息服务工作需转变为主动的、开放的、深层次集成化的服务模式。职业生涯规划是“以人为本”管理思想的最好体现，依据每个学生的实际情况，为其设计职业生涯道路，具有明显的个性化特征，是一个持续性的过程。运用职业生涯规划理念开展图书馆就业信息服务，一方面，可以深入地了解学生的兴趣、愿望和需求，增进与学生之间的沟通，为学生的学习生活与接触职业世界并进入职业角色搭建一座桥梁；另一方面，可以扩展图书馆的服务领域，促进图书馆的纵深发展，促使学生对图书馆就业信息服务的一种渴求。图书馆只有意识上到位，观念上更新，才会千方百计地为用户着想，最大限度地满足用户的信息需求。

2.2.2　运用资源整合理念，构建内容支撑

就业信息资源的整合是图书馆开展就业信息服务的基础。可以从以下几个方面进行考虑：（1）本校就业信息资源的整合。目前，就业信息资源分散于学校就业指导中心、各个院系以及图书馆，图书馆是收集、保存信息资源的重要场所，不仅拥有丰富的馆藏信息资源，还拥有高素质的专业化管理队伍，对这些分散的就业信息资源要进行整体规划与集成管理，使之发挥更大的价值。（2）区域就业信息资源的共享与融合。需重视区域内不同高校图书馆间、高校图书馆与用人单位间、高校图书馆与人才招聘网站以及高校图书馆与地区就业服务部门间就业信息资源的共享与融合，避免资源的重复建设，尽可能地满足学生各种就业信息需求。（3）网络就业信息资源的二次开发与整理。当前出现了大量的毕业生就业服务信息网、人才招聘网站等，其背后就是一个个大型数据库，存储着大量的各类型就业资料。图书馆作为专业的信息服务机构，应充分利用这些资源加强就业信息的二次开发，整合成图书馆特色就业信息资源库，为学生及时提供有用的、针对性的各类就业信息。

2.2.3　运用技术融合理念，打造平台支撑

调查发现，Web 2.0 技术在高校图书馆应用广泛，且形式多样。图书馆可

以充分利用现有成熟的 Web 2.0 技术拓展就业信息服务平台，构建一个集成化、学生与馆员共建共享的、智能化、动态化的就业信息服务互动新平台。就业信息服务互动平台的建设是就业信息服务的依托和桥梁。可以利用 RSS 构建就业信息定制与推送服务，利用 Blog 和 IM 构建就业参考咨询服务平台，利用 Wiki 搭建就业知识导航平台，利用 SNS 构建就业虚拟服务社区，利用 Tag 建立档案库等搭建就业信息服务互动新平台，并在此基础上可以通过 Web 2.0 技术的融合开发新的服务平台和管理系统。Web 2.0 技术与就业信息服务有效结合，可以大大提高就业信息服务的协作性、自主性、易用性、灵活性和互动性。同时，高校图书馆也要积极为用户构建物理空间平台，比如，构建就业指导图书阅览室、特色馆藏等。

2.2.4 运用跨界服务理念，制定长效机制

大学生就业信息服务是一项系统工程，它需要融合汇总各级政府、企业、高校、市场等各部门的诸多信息，这就需要高校图书馆与社会各界的广泛合作，并制定长效的发展机制，充分调动相关部门各方力量参与其中，才能使图书馆的就业信息服务功能得到充分的发挥。然而，长期以来，高校图书馆基本上处于一个封闭的工作环境中，参与社会外界合作的意识淡薄。跨界服务理念正是让图书馆突破现有的工作与服务边界，以用户需求为驱动，通过与其他社会机构的跨界合作，发挥图书馆的核心凝聚力，制定图书馆就业信息服务的长效发展机制，实现图书馆资源的社会化，社会资源高校化的双向流动，使图书馆与社会经济结合得更加紧密，延伸了图书馆的服务链条，是一种互利共赢的合作模式，提升了服务能力，提高了服务效益。

2.2.5 建立反馈机制，注重效果跟踪

就业信息服务是一个持续的过程，合理有效的反馈评价机制的建立一方面有利于调动就业信息服务体系中各方机构工作人员服务的激情和热情，另一方面能够增强用户对图书馆的信心，为就业信息服务的持续开展和推广奠定基础。因此，我们要广开言路，对就业信息服务进行效果的评价和反馈，为不断的服务功能修正、技术调整提供依据。具体可以通过：（1）确定科学可行、系统化

的评测指标；（2）建立明确有序的信息反馈渠道，如可以通过问卷调查、开通论坛、设置留言栏等方式随时收集反馈信息；在就业信息服务系统平台增加用户管理模块，特别是用户反馈信息；（3）建立完善的反馈制度，定期集体讨论和公布处理意见，包括毕业生、高校、人才市场以及用人单位之间的相互反馈。

3 Web 2.0 环境下高校图书馆就业信息服务的创新

开展就业信息服务对图书馆服务质量的提升乃至图书馆事业的发展具有重要意义，各高校图书馆应充分利用在资源、专业人才等方面的优势，依托网络化、数字化平台，不断探索就业信息服务新途径，构建和完善 Web 2.0 环境下高校图书馆就业信息服务体系，推动高校图书馆就业信息服务向更高阶段发展。

3.1 基于 Web 2.0 技术的高校图书馆就业信息服务

进入21世纪以来，特别是在 Web 2.0 的网络环境下，高校学生的就业信息需求发生了新的变化，呈现出了新的特点，不断变化的用户需求引领着信息服务的发展方向，给高校就业信息服务工作带来了深刻的影响。因此，探讨高校就业信息服务工作新的服务策略以适应 Web 2.0 环境下用户需求新的变化，成为当前高校需要解决的重要课题。

3.1.1 Web 2.0 环境中的就业信息服务

（1）Web 2.0 环境中的用户就业信息需求

以 Blog、Tag、Wiki、IM、SNS、Podcast 为代表的 Web 2.0 技术的迅速发展，极大地改变了人们获取信息、使用信息的方式和途径，用户的信息需求被空前地激发出来，主要表现在：

① 就业信息需求多元化、个性化。随着 Web 2.0 等信息技术的发展，高校学生的就业信息需求呈现多元化、多样化的特点，越来越需要为其提供内容全面、形式多样、类型完整、来源广泛的信息。不仅体现在就业需求信息类型的

多样化上，也包括需求信息内容的多样化、需求信息来源的多样化和需求信息时间跨度的多样化。同时，受高校学生个体的信息意识、信息能力等信息素质的影响以及信息环境、获取信息的条件等客观因素的制约，高校学生用户有着不同层次的就业信息需求，呈现出个性化的特点。

② 就业信息需求精品化、集成化。随着网络的不断发展，信息资源逐渐增长，用户可获得的信息种类和信息数量也随之激增。信息资源网络化在给人们带来了便捷的同时，也带来了巨大的信息污染。重复的、虚假的就业信息会导致用户花费大量的时间而仍然找不到所需要的有价值的信息。面对分散、无序、更迭变换的信息海洋，用户的精品意识逐渐加强，信息需求逐渐向精品化、集成化方向发展，注重的已经不再是信息量的问题，而是希望对浩如烟海的就业信息资源能进行析取、比较、归纳和综合，对就业信息资源能以专题形式作出深度开发，提供以解决问题、形成方案为目标的信息服务。

③ 就业信息需求及时性。高效快捷的获取信息是就业信息服务机构和高校学生用户长期以来共同追求的目标。在 Web 2.0 网络环境下，信息服务跨越了时空的限制，快捷地传递信息成为可能，这进一步激发了学生用户对高效就业信息服务的需求，越来越注重信息的新颖性和时效性。面对当前的就业形势，希望能够迅速及时地获取所需的就业信息，谁在第一时间获取就业信息，谁将赢得更多的就业机会。

④ 就业信息需求自助性。随着 Web 2.0 技术的出现，使就业信息服务的互动成为可能。通过应用 RSS、Blog、Wiki、SNS、Podcast 等为代表的 Web 2.0 技术，可实现实时的信息交换及交互式平台，就业服务工作者之间、用户之间、工作者与用户之间可随意地交流、对话、传递自己的见解。同时，网络上包罗万象的信息资源、多样化的搜索引擎，使用户可以快捷、高效地获取各种信息，以满足自己的就业信息需求。用户的参与性和自我服务性使得长期依赖就业信息服务部门提供信息服务的模式将逐渐向用户自我服务的自助化方向转移。

（2）Web 2.0 环境中的就业服务理念

传统的就业信息服务模式是“以资源为中心”，Web 2.0 使就业信息服务模式尽快转变为“以用户为中心”，提高用户服务的满意度，所提倡的新服务理念主要有：

① 以用户为中心。传统的就业信息服务工作存在服务范围小、服务效果差、就业信息资源利用率低等弊端，以用户为中心的服务导向，要求一切工作以用户为中心，站在用户的立场来审视和实现自身服务的价值。因此，无论是在调研用户需求，还是在就业信息服务项目的设计及实施过程中，首先考虑的应该是用户，尽量满足用户的信息需求，为用户提供最便捷最满意的服务。只有以用户为中心来开展就业信息服务工作，才能顺应新时代发展的要求。

② 就业信息交流的互动。Web 2.0 技术最本质的特征是互动性，通过互动，可以形成双向循环信息流，一方面可以实现对各种就业信息的实时交流，另一方面可以及时地获取反馈信息。Web 2.0 时代，就业信息服务提供者与学生用户的关系已不再是管理与被管理的关系，而是平等互利互惠的信息互助关系。因此，就业信息服务工作需要把与用户的互动放在重要的位置，如为学生用户提供参与建设就业信息服务工作的空间，通过 Blog、Wiki 等技术开设用户互动区，提供用户就就业的各种话题展开自由讨论的平台等。

③ 就业信息服务的创新。Web 2.0 时代，就业信息服务工作的理念要从传统被动的、封闭的、浅层次的服务模式转变为主动的、开放的、深层次集成化的服务模式，就业信息服务工作已成为资源与技术服务的融合，并在此基础上需要进行进一步挖掘，产生增值服务。因此，就业信息服务工作者应富有创新精神，努力学习现代信息技术，不断地引入新理念，立足于用户的需求，在工作中善于尝试新技术的应用。

3.1.2　Web 2.0 环境中就业信息服务创新

在 Web 2.0 环境中，面对用户信息需求和服务理念等方面的种种变化，单向被动式的传统就业信息服务创新不够，对用户行为的关注不够，不能很好地满足新环境下用户的就业信息需求。因此，在 Web 2.0 的影响下，必须审时度势，积极推出创新性的信息服务策略。

（1）有效整合就业信息资源，构建强有力的内容支撑

Web 2.0 环境下，要满足用户“及时化、多样化、个性化、集成化”等信息需求，需要在就业信息服务中考虑就业信息资源整合的问题，这是 Web 2.0

环境下开展就业信息服务的基础。就业信息资源整合可以从以下两个方面进行考虑：① 本校就业信息资源的集成与整合，利用先进的计算机集成技术，对各种就业信息资源进行整合创新，它强调对这些资源的整体规划与管理，避免资源的重复建设；② 区域就业信息资源的共享与融合，当前由于缺乏有力的共享体系支持，各高校都是各自为政、自建自享，不能很好地满足高校学生多样化和多元化的信息需求，因此，需建立区域就业信息资源整合机制，制定相应的整合政策、确定整合模式、整合技术等一系列问题，实现跨地区、异构系统的资源优化整合。

（2）充分利用 Web 2.0 技术，构建先进的平台支撑

Web 2.0 的相关技术包括 Wiki、Blog、RSS、IM、Tag、SNS、Ajax 等，可以充分利用 Web 2.0 技术拓展就业信息服务平台。① 利用 RSS 构建信息定制与推送服务，用户按照自己的需求，自己设定就业信息的表现形式、信息的类别及特定的服务功能等，在一定时间内，系统会自动将符合要求的就业信息按定制的方式推送给用户，使用户能够及时获取所需信息的最新动态。② 利用 Blog 和 IM 构建参考咨询服务平台，可以很好地实现各用户之间的沟通与互动，使双方积极主动地、实时地咨询或解答相关的问题。③ 利用 Wiki 搭建就业知识导航平台，借助 Wiki 的理念创建就业知识库，通过知识库实现就业知识导航，集成现有的资源与服务，使用户可以以尽可能少的时间和精力，获得各项分散的就业信息。④ 利用 SNS 构建就业虚拟服务社区，比如，可以搭建就业信息培训虚拟社区，也可以为学生用户之间提供就业交流平台以及为学生用户和用人单位之间提供求职平台等。⑤ 利用 Podcast 构建就业多媒体服务系统，将就业案例、就业技巧等各种就业培训多媒体资源无限制地向用户开放，提供在线广播节目，方便用户在线收听或下载后随时收听。这不仅突破了时空的限制，还使教育方式更加人性化。

（3）深化多维信息服务形式，提供良好的用户体验

“体验”是用户在使用就业指导中心各项服务过程中的感受，良好的用户体验将有助于提高用户的忠诚度。① 拓展就业服务类型，通过物理的和虚拟的服务站点或工具，跟踪和管理用户的请求，帮助他们解决各种现实问题。除就业信息发布、就业信息咨询服务外，还可增加就业课程点播、远程面试、在线

职业测评等服务，提供更多的就业支持服务。② 提供嵌入式就业信息服务，如提供嵌入用户计算机桌面的信息服务、提供嵌入用户熟悉的网络环境的信息服务和提供嵌入用户移动通信设备的服务。③ 提供基于用户潜在就业信息需求的个性化信息服务，利用 Cookies、网络统计工具等各种技术手段收集用户网上行为信息，通过数据挖掘技术从中挖掘分析出可能连用户自己都没有意识到的潜在的就业信息需求，并在此基础上开展个性化信息推荐服务，不断超越用户的需求和期望。

(4) 利用先进的计算机技术，建立快速响应机制

快速响应（Quick Response，QR）是20世纪80年代出现在美国纺织与服装行业的一种管理策略，旨在产销之间建立起一种相互信赖、相互促进的协作关系，进而在最短的时间内响应市场的变化，适应用户多样化的需求。将快速响应理念与模式引入就业管理服务工作中，是指利用现代信息技术，以尽可能快的速度满足用户的信息需求。可以通过以下方式开展 QR 服务，以提升服务效率：加强与信息资源提供者、学生用户的交流与合作，保证信息传播渠道上下畅通，确保信息的新颖性和及时性；实行“首问负责制”，使用户的问题能够在第一时间内得到响应和解答；使用先进信息技术，如使用 CDN（内容分发网络）等现代信息技术实现信息的快速发布，同时为用户的请求提供快速的响应服务。

服务模式总是随着信息用户需求的变化而逐渐演化的，就业信息服务工作也不例外。高校图书馆应通过各种途径和方法及时获取用户的就业信息需求，根据用户信息需求的新特点有针对性地、相应地调整服务策略或创新服务模式，这样才能更好地为用户提供信息服务，使其存在的价值得到最大化的体现。

3.2 基于 SNS 的高校图书馆就业信息服务

以 SNS、Blog、Tag、IM、Wiki、Podcast 为代表的 Web 2.0 技术正席卷着信息行业的各个角落，特别是以 Myspace、Facebook、Twitter 等为代表的各类 SNS 迅速发展，极大地改变了人们的信息需求，改变了人们获取信息、使用信息的方式和途径。Web 2.0 环境下，人们的就业信息需求同样被空前地激发，高校学生的就业信息需求发生了新的变化，呈现出了多元化、个性化、精品化、集

成化、及时性、自助性等新特点。SNS 以其强大的信息交流和共享能力，为网络用户提供了一种全新资源获取模式，并已成为信息服务的有效模式，给图书馆就业信息服务带来了机遇与挑战。

3.2.1 SNS 概述

（1）SNS 的概念

SNS 的理论起源于哈佛大学米尔格伦（Stanley Milgram）创立的六度分隔理论，该理论认为最多通过 6 个人你就能认识任何一个陌生人。在 SNS 网站上，以单个人为中心，通过一系列的工具、手段来认识和关注朋友，就可以形成其社交网络关系群。在互联网领域，SNS 有三层含义：社交网络网站（Social Network Site）、社交网络服务（Social Network Service）、社交网络软件（Social Network Software），广义的 SNS 概念是这三者的结合，狭义上 SNS 单指社交网络服务（Social Network Service），旨在帮助人们建立社会性网络的互联网应用服务。维基百科上对 SNS 的定义是：主要为一群拥有相同兴趣和活动的人创建在线社区。

（2）SNS 的主要特征

SNS 不仅贯彻了 Web 2.0 的建设思想，还是 Wiki、Blog、RSS、Tag、IM 等 Web 2.0 技术上的集成者。个人通常以“真实姓名”的方式登录，以取得他人的信任和了解，为陌生用户之间提供一个可能的社交平台。其主要特征是以人为核心，以关系链为基础，利用各种行为对用户之间的链接进行维系和巩固。SNS 的宗旨就是搭建人际交往的桥梁，解决了人际交往过程中的时空限制问题。

（3）SNS 的主要实现方式

当前实现 SNS 的模式主要有三种：第一种是直接加入，是图书馆发展 SNS 最便捷的模式，只需在已有的 SNS 平台上注册账号即可，这种模式适合小型图书馆或社区图书馆；第二种是积极引进，包括考虑添加社会化软件和 SNS 应用，这要求图书馆具备一定的技术实力和服务水平，适合大中型图书馆；第三种是自主开发，运用 SNS 技术原理自主开发 SNS，是图书馆发展 SNS 的较高级模式，要求有一定的用户积累和资金保障，适合高校图书馆或科技图书馆。

3.2.2　图书馆利用 SNS 开展就业信息服务的意义

(1) 丰富就业信息资源内容

SNS 的出现改变了信息的传播格局，传统的一点对多点的传播格局被颠覆，多点对多点的新格局逐渐形成。图书馆馆员可以通过多种媒介获取就业信息资源，及时便捷地更新就业信息资源库。此外，SNS 网站不仅是信息的传播地，还是信息的产生地，不仅可以使用户方便地获取就业信息，还可以极大地扩展用户群，带来丰富的馆外资源，通过与用户的交流发现优质资源，使用户成为资源的生产者与建设者，从而大大丰富图书馆的就业信息资源库内容。

(2) 增强馆员与用户的交流互动

Web 2.0 环境下，交互性已经成为互联网用户寻求各类信息服务的首要要求。传统图书馆就业信息服务大多数停留在单向的、点对点的服务层面，学校、用人单位、学生、人才市场、政府等之间不能实现良好的沟通，缺乏就业信息的交流和互动。SNS 的应用，为图书馆和各层次用户间实现高度互动提供了可能。SNS 集成了众多 Web 2.0 技术，互动是 SNS 中用户人际交往的主要模式，它能通过用户的好友关系进行实时或延时的交流。图书馆利用 SNS 网站可以有效打破信息服务的时空限制，通过整合博客、邮箱、个人空间等功能，为用户提供了在线的互动交流环境，用户可以随时随地获取信息或进行互动，使交流互动更便捷。

(3) 优化就业信息资源服务模式

Web 2.0 时代，交互式的信息环境和用户的交互式需求迫切要求图书馆及时改变就业信息服务模式，更好地为用户服务。SNS 的出现给图书馆的就业信息服务模式带来了根本性的转变。SNS 使用户与资源之间建立了新的关系，以话题建立的 SNS 社区更能客观体现用户的真实需求，资源传递方式由传统的图书馆呈现、用户检索转变为根据需求主动推送。就业信息服务将由传统被动的、发布式的、封闭的、单一的模式向主动的、交互式的、开放的、多向的模式转变。

(4) 提高图书馆门户网站的黏性

SNS 可以帮助图书馆改善用户在网站上的体验，提高用户的认可度、忠诚度，提高图书馆门户网站的黏性。一方面，可以让用户的就业信息资源获取更加顺畅，SNS 主动将图书馆就业信息服务推送到用户环境中，让用户感受到图书馆的服务无处不在，这有助于吸引图书馆流失的和潜在的用户，增加用户的黏性和活跃度；另一方面，可以更好地满足用户个性化的需求，用户可以根据个人喜好定制元素构建个人空间、建立兴趣小组等，SNS 高度自由的标引和分享机制都将给用户带来全新的体验。

3.2.3 利用 SNS 开展图书馆就业信息服务的构想

（1）运用信息构建 2.0 建设图书馆门户网站

Web 2.0 环境下，构建以用户为中心、具有丰富用户体验的图书馆网站是顺利开展就业信息服务工作的首要工作。信息构建 2.0（IA2.0）的核心理念是真正以用户为中心和提供丰富的用户体验，在网站建设中有着广泛的应用，它不仅强调信息构建过程要面向用户，而且强调将用户作为 IA2.0 组织的中心，并强化用户的社会性和主动性。IA2.0 的引入为建设“以用户为中心”的高校图书馆网站提供了有效手段，在该思想指导下建立网站的组织系统、标识系统等，以提供丰富多样化的用户体验为目标来设计和组织信息，从而形成一个优化的信息空间，为图书馆门户网站导入各种 SNS 功能、构建一个基于社区关系网络的多维互动的就业信息服务平台奠定基础。

（2）构建基于 SNS 的就业虚拟服务社区

图书馆利用 SNS 可以搭建就业虚拟服务社区，一方面，为学生用户提供求职平台、就业交流平台等，使学生用户不仅可以求职，还可以加入或创建各种话题小组、会友交流、稳固可信的人脉资源，扩展真实交际圈，为其提供职业发展规划平台；另一方面，图书馆将不再是一个静态地提供预先定义的信息资源获取系统，而将是一个多维互动的信息服务平台，通过社区、群组实现图书馆员和各用户之间不受时空限制的个性化、主动化、社交化交流，并可以根据不同社区的主题或关键词，更好地获取用户需求，从而使服务更贴近用户，更具针对性持续性；此外，SNS 打破了传统单一的招聘模式，建立起一种立体化、多元化的网络招聘，可以使用人单位快速将合适的人才“收入囊中”。

（3）多方位引入社交元素

SNS 网站账号的开通，不仅需要在 SNS 网站上不断对图书馆就业信息及服务进行宣传，还需要在其他场合多方位引入社交元素，对本馆的SNS平台进行宣传推广，积极向用户介绍SNS平台的功能模块及使用方法，吸引更多的用户前来关注和互动。多方位引入社交元素不仅包括线上，还涉及线下。线上主要包括图书馆可在本馆网站主页上宣传，也可在各种SNS网站上互相推广或在其他非SNS网站上引入社交元素；线下主要是在各种实体环境或具体活动中引入社交元素，如利用图书馆读书活动月活动、新生入馆教育、各种培训、或开展SNS专题讲座等宣传，多层面、多角度增加用户对SNS平台的了解，培养用户对SNS平台的兴趣。

(4) 深化就业信息服务内容

利用SNS平台，可以深化图书馆就业信息服务内容。一方面，拓展就业服务类型。SNS网站具有各种创新性的展示方式，图书馆在就业信息服务类型上有丰富的选择，包括文字、图片、音频、视频等，因此，图书馆除开展传统就业信息服务内容外，还可增加就业课程点播、在线职业测评、远程面试等服务。另一方面，提供嵌入式就业信息服务。图书馆应充分体现以用户为中心的服务理念，在SNS平台中提供嵌入用户熟悉的网络环境、嵌入用户计算机桌面和嵌入用户移动通信设备的就业信息服务，使用户感受到服务就在身边，可以“零距离”地随时利用。此外，提供个性化信息推送服务。利用SNS社区、群组等功能，系统可对用户的爱好或内容进行分析，挖掘分析出用户潜在的就业信息需求，开展个性化信息推送服务，不断满足甚至超越用户的需求和期望。

(5) 嵌入其他 Web 2.0 工具

以RSS、Blog、Wiki、Podcast等为代表的Web 2.0技术，最本质的特征就是互动性，通过互动，可以形成双向循环信息流。图书馆在基于SNS的就业信息服务平台中嵌入其他Web 2.0工具，如利用Blog和IM构建参考咨询服务平台、利用RSS构建信息定制与推送服务、利用Wiki搭建就业知识导航平台、利用Tag构建社会化标签服务平台、利用Podcast构建就业多媒体服务系统等，使平台进一步体现出SNS的互动、聚合、开放、共享等理念，让用户对就业信息服务工作扮演更多元的、更主动的角色，使图书馆和用户更加紧密地联系起来。

在当前SNS“开放”“互动”等理念普及的背景下，将SNS引入图书馆就业信息服务平台建设，将会使图书馆紧跟时代的发展步伐，创新就业信息服务模式和内容，提高就业信息服务效率，建设一个让用户满意的就业信息服务平台，最终使就业信息服务工作的价值得到最大化的体现。

3.3 基于物联网技术的高校图书馆就业信息服务

随着物联网中的传感技术、RFID、全球标准等核心技术的不断发展完善和广泛应用，物联网已成为被国内外各个领域广泛关注的一个热点。图书馆领域也不例外，作为信息服务的前沿机构，正力图积极构建图书馆物联网。近年来，物联网在图书馆的应用初显成效，从2006年2月厦门集美大学诚毅学院图书馆的“RFID智能馆藏管理系统”运行以来，越来越多的图书馆如深圳图书馆、上海图书馆、国家图书馆、南京图书馆、北京理工大学图书馆、杭州图书馆、陇西省图书馆以及武汉大学图书馆等也陆续使用了RFID技术。物联网技术越来越受到国内外图书馆的青睐，已经有超过2 000家图书馆安装了RFID系统。理论上，国内学者也围绕基于物联网的图书馆管理系统的构建、基于物联网的图书馆服务平台的架构、基于物联网的图书馆服务模式与内容以及基于物联网的图书馆发展的关键问题等方面展开了积极研究。

3.3.1 基于物联网技术的图书馆就业信息服务可行性分析

物联网（Internet of Things，IOT）是通过信息传感设备，按照约定的协议，把任何物品与互联网连接起来，进行信息交换和通信，以实现智能化识别、定位、跟踪、监控和管理的一种网络。全面感知、可靠传递、智能处理是物联网的主要特点。当前，我国就业信息资源匮乏、就业信息网络平台建设滞后、就业信息收集缺乏主动性、就业信息服务缺乏交互性等问题，可将物联网技术作为图书馆就业信息服务平台架构的重点。物联网技术的先进性为构建基于物联网技术的图书馆就业信息服务系统提供了可能。

（1）技术可行性分析

物联网是新一代信息网络技术的高度集成和综合运用，RFID技术、M2M（machine to machine）技术、网络（互联网与传感网）技术是支撑物联网的三大技术。RFID技术是一种无线射频识别技术，其最大特点是非接触式的自动识别，通过射频信号自动识别目标对象并获取相关数据；M2M技术是机器对机器的通信技术，但它的应用范围绝不止通信业，还可用于双向通信，如远距离收集信息、设置参数和发送指令；网络技术是集计算机技术、通信技术、信息处理技术与传感器技术等于一体的技术，实现数据的采集量化、处理融合和传输应用。物联网技术的先进性为建立基于物联网技术的图书馆就业信息服务系统提供了良好的技术基础。它可以及时、准确地收集、发现、处理和管理就业信息，实现就业信息的全方位感知，实现就业信息的全员覆盖，实现就业工作的全程动态管理等。

（2）社会效益可行性分析

以物联网技术为基础的就业信息服务系统，将充分发挥物联网“人物相连”“物物相联”的优势，实现就业工作全程的一体化管理，有利于就业信息服务工作的自动化控制与管理，提高就业信息服务效率；有助于有效采集、整合分散于学院各部门的就业信息资源，为毕业生和企业带来相当的便利和巨大的市场；构建起就业信息服务工作各方人员的沟通与合作桥梁。因此，物联网的出现将会促进就业信息化的进一步发展，带来更多的创新应用和服务，引起就业信息服务模式和内容的变革，最终将提升就业信息化水平，促进社会的良性发展。

3.3.2　物联网环境下图书馆就业信息服务创新平台的构建

（1）转变就业信息服务理念

由于受技术等条件的限制，传统的就业信息服务模式是“以资源为中心”，仅仅停留在单向的、点对点的服务层面，缺乏交互性。物联网时代，就业信息服务的工作模式将被颠覆，就业信息服务理念将从传统被动的、单向的、浅层次的服务模式转变为主动的、联网的、深层次的服务模式，就业信息服务工作已成为资源与技术服务的融合。因此，新技术的采用对馆员素质提出了更高的要求，就业信息服务工作者应富有创新精神，努力学习物联网技术及相关知识，积极转变角色，立足于用户需求，在不断提高技术水平的同时不断更新就业信息服务理念，适应新技术新环境的要求。

（2）架构物联网就业信息服务系统

以物联网为基础，通过 RFID 技术、云计算、Pachube 服务以及互联网技术等先进的计算机智能技术，构建一个集信息采集、处理、发布和个性化服务为一体的就业信息服务系统。架构设计如图 5－1 所示。基于物联网技术的就业信息服务系统主要由硬件、软件和计算机集成设备组成，在结构上可分为四层，分别是感知层、传输层、处理层和应用层，围绕用户按需提供相应的服务，实现就业信息管理系统数据的集中组织管理、存储、融合分析处理。

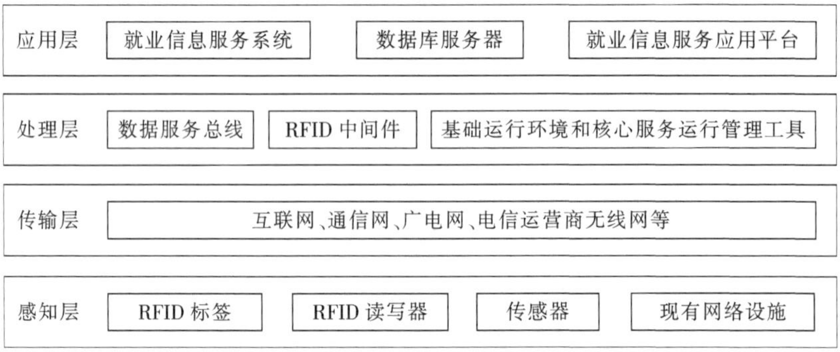

图 5－1　物联网就业信息服务系统架构图

① 感知层。感知层包括由 RFID 系统构成的无线传感网络，实现外部世界信息的感知和识别，采集动态传感数据信息。物联网就业信息服务系统设计的核心要素就是大数据处理，运用 RFID 技术，实现对就业平台动态信息的筛选和甄别，满足用户精品化、集成化的就业信息需求，避免了在浩如烟海的就业信息资源里去寻找有价值的信息，为满足各类读者的需求提供了数据基础。

② 传输层。传输层汇聚感知数据，通过各种网络实现信息的上传下达。当前，信息通信技术飞速发展，由独立的信息传输技术发展到了信息融合，可以实现即时通信，大大满足了用户对就业信息的及时性、新颖性、交互性的需求，从而实现就业信息的充分交流和互动。

③ 处理层。处理层在高性能计算技术的支撑下，将网络内大量的信息进行安全控制和数据状态的管理，整合成一个可以互联互通的大型智能网络，是应用层各种应用的基础。随时随地获取、处理就业的动态信息，实时提供就业信

息内容。

④ 应用层。应用层可以建立各种应用，包括服务器程序和就业信息服务综合平台，以提供多种信息服务功能。如构建就业指导服务网络平台、建立互动交流平台、开发职业测评系统等服务，以改善用户就业过程中面临的诸多矛盾。

（3）变革就业信息服务内容和形式

物联网相对传统互联网络，其最大的特色是具有“感、联、知、控”等功能。在就业信息服务中引入物联网技术，使得就业信息服务的应用架构发生了根本性的转变，从而势必导致就业信息服务内容和形式的变革。不能简单地认为将物联网技术叠加到传统就业信息服务上就是所谓的新服务，图书馆要充分依托物联网技术平台，积极调整现有的业务流程和工作模式，发现和重组各种资源和优势，扩大服务覆盖面，增强服务辐射能力，丰富服务内容与形式，实现读者与图书馆就业信息服务部门之间零距离的信息交互、跨馆之间的就业信息相互感知，提供更强大的信息融合与个性化服务以及提供更全面、更深入、智能化的就业信息服务，以更好地体现图书馆的人文关怀。

（4）创新就业信息服务机制

物联网环境下，就业信息服务机制主要包括服务保障机制、协同机制以及服务评价机制。就业信息服务保障机制是就业信息服务工作持续发展的重要基础保证，主要包括资金保障、制度保障以及组织保障。就业信息服务协同机制旨在实现同一地区不同部门以及不同地区的就业管理部门依托物联网技术建立就业信息共享平台，实现就业信息的高度共享和各部门之间的沟通交流。图书馆可通过制定长效的协同发展机制，充分调动相关部门各方力量参与其中，积极主动地加入与物联网有关的组织或联盟，通过物联网联盟建设以更广泛、更深入地实现就业信息资源共享。就业信息服务评价机制是就业信息服务创新的外在推动力，同时也是检验就业信息服务水平的重要手段，合理有效的评价机制的建立不仅有利于调动就业信息服务工作人员的激情和热情，还能提高就业信息服务水平。

综上所述，物联网技术对图书馆的发展产生了巨大的影响，其先进性为构建基于物联网技术的图书馆就业信息服务系统提供了可能。物联网技术作为智能化的一个重要手段，将物联网技术与就业信息系统相结合，将改善用户体验，为提供方便、快捷的个性化就业信息服务提供了技术支撑。

4 Web 2.0 环境下高校图书馆就业信息服务平台创新

我国大学生就业服务初步实现了信息化，但大部分高校就业网上的信息资源组织大多采用自上而下的方式，服务功能只停留在政策、招聘等信息的简单发布上，缺乏与用户的互动沟通，用户参与积极性不高，信息资源利用率低。集互动性、参与性、社会性、开放性、个性化等特点为一身的 Web 2.0 的出现，对就业信息服务的影响不仅是在技术层次上，更多的是对就业信息服务方式、服务理念的革新，即更加注重就业服务对象的因素，提供的服务更加主动化、个性化、便捷性。因此，如何利用 Web 2.0 带来的契机改善就业信息组织与信息服务方式以提升就业服务水平成为亟待解决的课题。

4.1 高校就业信息服务中存在的问题

4.1.1 就业信息资源匮乏，利用率低

大部分高校的就业信息资源一般都是为本校毕业生和用人单位服务，仅收集本校毕业生的基本信息和相关的招聘信息，数量不多，更新不够快。对于独家优质资源，通常采用屏蔽信息等保护性措施，只允许本校学生使用，禁止其他高校的学生访问，使得本来匮乏的就业信息资源难以发挥应有的共享功能，导致学生所获得的就业信息数量有限，资源利用率低。

4.1.2 就业信息网络平台建设滞后

大部分高校的就业网站还仅限于对就业政策、招聘等就业信息的简单发布上，没有充分发挥控制、指导和预测等方面的功能。只有少数高校同时具备就业信息发布、网上招聘、远程面试、就业课程点播、在线职业测评、就业跟踪、网上调查、人事档案代理管理、在线咨询等功能和服务项目。

4.1.3　就业信息收集缺乏主动性

就业信息服务既需要有懂信息技术的人才搜集就业信息，又要有熟知相关法律法规的人才指导学生维护自身权益，还需要懂心理学的人才进行就业心理辅导。而当前，各高校就业信息服务主要由就业指导中心负责，他们多为普通的行政人员，身兼数职，导致就业服务信息收集较为被动，通常通过用人单位主动上门联系、招聘会等获取就业信息，缺乏对用人单位的工作环境、发展前景、专业技能要求等各方面深入和持续的了解。

4.1.4　就业信息服务缺乏交互性

以往由于技术等条件的限制，就业信息服务仅仅停留在单向的、点对点的服务层面，学生、学校、用人单位、人才市场、政府等之间缺乏就业信息的交流和互动。比如就业指导培训，目前高校就业培训的主要方式是举办相关讲座，而且这类讲座举办的并不多，并不能把相关信息传递给所有毕业生，影响了就业信息在各用户之间的充分传导，无法实现即时通信，难以拓展学生的就业渠道，难以获得就业反馈信息，难以为教育主管部门获取决策参考信息。

4.2　Web 2.0 与就业信息服务平台的创新

Web 2.0 的出现给就业信息组织与信息服务方式带来了新的契机，并且使就业信息服务的互动成为可能。Web 2.0 技术最本质的特征就是互动性，使每个人都可成为信息提供者，大大丰富了就业信息资源，并实现就业信息的充分交流和互动。针对目前高校就业信息服务存在的问题，高校可将就业信息化建设作为 Web 技术应用的重点，将 Blog、Wiki、RSS、SNS、Podcast 等为代表的 Web 2.0 核心技术应用给就业服务工作者之间、用户之间、工作者与用户之间的交互提供了新的渠道和空间，围绕就业信息化建设这个中心构建统一的平台。

4.2.1　注重以信息构建 2.0 建设就业信息服务网站

信息构建思想在网站建设中有着广泛的应用，在该思想指导下建立网站的标识系统、组织系统、搜索系统、导航系统以及设计控制词汇表等，形成了一个优化的信息空间。Web 2.0 强调以用户为中心的信息组织方式，考虑用户交互，提倡服务个性化和社会化，突出开放、共享、参与等特点，极大地改变了人们信息搜寻与信息交流的方式和习惯，这些是只将“用户作为信息受众”的传统信息构建（IA）方式不能充分解释和实现的。Web 2.0 的出现使信息构建方式发生了根本的改变，为了满足新环境下的用户需求，信息构建进入了信息构建 2.0 阶段，其内容发生了深刻的变化，强调“以用户为中心”和“提供丰富的用户体验”的核心理念。因此，Web 2.0 环境下需要应用信息构建 2.0 建设就业信息网站，要求在分析用户需求的基础上，以用户为中心，强化用户的社会性和主动性，以提供丰富多样化的用户体验为目标来设计和组织信息。构建以用户为中心、具有丰富用户体验的就业信息服务网站是顺利开展就业信息服务工作要做好的首要工作。

4.2.2 构建基于 RSS 的个性化信息服务平台

RSS 是一种基于 XML 技术的互联网内容发布和集成技术，可以通过一个浏览窗口或 RSS 阅读器将大量信息源聚合到一起，用户通过订阅不需逐一访问各站点便可了解所需内容。就业信息具有极强的时效性，谁在第一时间获取就业信息，谁就赢得更多的机会。可以根据用户的需求情况向用户提供各种主题类型就业信息的定制和推送服务，当信息更新时，系统会自动将信息推送给订户，使用户能够在第一时间获取所需信息的最新动态，大大地提高了就业信息的时效性和利用价值，极大地满足了用户的个性化需求。

4.2.3 构建基于 Blog 和 IM 的参考咨询服务平台

Blog 是 Web 2.0 应用的最典型代表，它赋予用户表达自己观点和感受的能力，同时也为任何愿意接受相关信息的人提供了非常便捷的渠道。IM（Instant Message）是即时通信工具，使用户能够进行各种信息的实时交流。在就业参考咨询服务中利用 Blog 和 IM 等 Web 2.0 应用，能够很好地实现各用户之间的沟通与互动。用户通过这种交流方式，可以积极主动地表达自己对就业信息的需求和理解，实时咨询相关的问题，还可以利用 IM 和 Blog 创建专业群组，随时共同探讨各种实际问题。一方面，可借助这种方式帮助毕业生了解最新的就业政策、进行就业指导培训、开展就业心理咨询和解答毕业生在求职过程中遇到的各种问题，以提供全方位、多层次的咨询服务；另一方面，可以直接获取用户的反馈，倾听用户的心声和采纳用户的合理化建议，从而改进就业服务质量。

4.2.4 构建基于Wiki的就业知识导航

Wiki是一种超文本系统，支持面向社群的协作式写作，它的协作是每个用户针对同一主题依从自己的观点进行外延式和内涵式的扩展，具有简捷性、即时性、开放性、自组织性等特点，被认为是最适合做百科全书、知识库或整理某一领域知识的知识性站点的工具，正日益成为集纳众人智慧的平台。图书馆可借助Wiki的理念和工具创建就业知识库，通过知识库实现知识导航，使用户以尽可能少的时间和精力，获得各项分散的就业信息服务。在具体实施中，先确定好就业主题，针对各个主题进行大量的信息资料搜集工作，初步建立就业专题知识库。对于整理好的专题知识库，允许小组成员、领域专家和用户加以补充和完善，聚集多人的智慧，共同完成优化某一主题的建设，并在Wiki平台上形成新的有价值的条目，不断地形成许多主题资源库，使导航更加完整、充分和权威，最终构建整个的就业知识导航。

4.2.5 构建基于SNS的就业虚拟服务社区

SNS（Social Networking Services）即社会性网络服务，采用实名制的方式，形成真实的用户信息，从而能够在网络上充分地为用户打造人际关系网，提供多渠道、多方面的资源，最大特色是扩展用户的真实交际圈，稳固可信的人脉资源，为用户互动分享知识提供跨越时空的场所。利用SNS可以发布就业信息、提供参考咨询、搭建就业信息培训虚拟社区，同时也可以为学生用户之间提供就业交流平台以及为学生用户和用人单位之间提供求职平台等。使学生用户可以与已经就业的同一专业行业的人成为好友，向社区人群推荐自己，不仅可以求职，还可获得行业信息和人脉关系，求职成功后，仍可以利用这个平台发展自己的圈子关系，为其提供职业发展规划平台。同时，SNS也为用人单位提供招聘管理方案，通过对用户简历做在线测评后，可以快速地将合适的人才“收入囊中”，这种方式打破了传统单一的招聘模式，建立起一种立体化、多元化的网络招聘。

4.2.6 构建基于 Tag 的社会化标签服务平台

Tag 是一种分类系统和新型信息组织形式，集合集体智慧，形成多种分类或聚类规则，给用户提供一个清晰易理解的信息环境，方便用户快速定位和获取信息。具有平面化、随意性、聚合性、社会性、以人为本、导向性和动态自适应性等特点。通过这种方式，用户可以将自己认为有价值的任何就业信息自由选择词汇贴上个性化标签，对新资源可以进行简单的描述。通过使用不同的标签，可以把多主题的资源归到不同类目里，更加便捷地汇聚用户的个性化信息，并且可以向其他用户推广传播。所有用户的资源不仅在一个共享平台，而且相同的标签还能聚合不同用户相同分类下的资源。Tag 实现了对信息资源的多样化揭示、资源的聚合，使资源的获取变得更加便捷，更能切合用户的检索需要；实现了对信息的自我组织和用户间的互动，产生了基于 Tag 的信息共享。

4.2.7 构建基于 Podcast 的多媒体服务系统

播客（Podcast）又称作“有声博客”，是一种网络上传播的数字广播技术，用户通过 RSS 订阅可自动接收媒体文件，并将其转到便携终端，实现实时收看、收听视音频节目，也可以上传自制的视音频节目与其他用户分享交流。利用此技术，可将各类实用的就业培训多媒体资源无限制地向用户开放，提供就业技巧、就业案例、招聘活动等之类的在线广播节目，用户可以直接在线收听或者下载后随时收听，用户也可以将就业过程中的经验教训等就业信息制成视频信息进行交流，使之更加形象化、可视化，大大丰富了就业信息服务的途径和形式，充分营造了人性化服务的新形象。

4.3 就业信息服务平台建设需要注意的问题

4.3.1 观念问题

Web 2.0 就业服务平台建设给就业服务工作人员带来服务观念的变革，在参考咨询、个性化服务、个人经验交流平台、就业培训教育等方面给就业服务工作人员带来了全新的观念，互动、开放、共享等以用户为中心的理念和技术成为平台建设的核心。因此，对于各种最新的信息与服务项目，其中包括 Web 2.0 的相关服务项目，应定期实施专业培训，使就业服务工作人员及时转变观念适应新形势的发展。

4.3.2 安全问题

成熟的 Web 2.0 网络应用系统之间可以方便地共享资源和功能，这是给用户提供优质服务的基础，同时，由于网络的共享性和开放性使得数据安全问题显得特别重要，基于 Web 2.0 的网站系统承担着更多的信息安全风险。如垃圾信息、病毒传播隐患、黑客的攻击、恶意网址等。所以需要从物理安全、网络安全、数据安全、信息安全等各方面加以考虑，以确保数据的完整性、保密性、真实性、可靠性、信息传输的安全性和网站的正常运行。

4.3.3 用户信息素养问题

用户往往只是将自己定位于就业信息的使用者，而不习惯于在 Web 2.0 环境下的既是信息使用者又是信息发布者甚至是信息创造者的角色定位，不利于求职技巧、面试经验等隐性信息资源的充分交流和共享。同时，新技术的引入，在为用户提供高质量服务的同时，也要求用户掌握一定的使用技巧。因此，需要通过各种信息素养教育手段全面提高用户信息素养。

依托 Web 2.0 技术的就业信息平台，不仅有利于读者全面了解就业资源，大大提高了资源的利用率，提高了就业信息资源整合开发的深度、广度，提升了就业信息服务能力，同时，激发了用户参与的积极性，促进了用户之间就业信息的充分交流，创新了就业信息服务模式，使就业信息服务工作的价值得到了最大化的体现。

5 高校区域就业信息资源共享平台建设

随着信息技术的发展，我国高校的就业信息化建设得到了蓬勃发展，然而，当前由于缺乏有力的共享体系支持，学校就业信息资源建设都是各自为政，自建自享。有些高校出于竞争的考虑，就业信息资源多为本校毕业生和用人单位服务，很少为其他院校毕业生利用，这必定造成一定的局限性，在一定程度上阻碍了就业信息在大学生与用人单位之间的充分传导，不利于就业信息资源的充分利用，不利于人才的流动和人才的最优配置。因此，构建高校区域就业信息资源共享平台，实现就业信息资源在一定区域内共享，最大限度地满足用人单位和毕业生的信息需求，提高就业信息资源的利用率，是亟待研究的重要课题。

5.1 高校就业信息资源建设现状

5.1.1 有效资源匮乏

大部分高校就业信息网站将就业信息都笼统分成招聘信息、就业指导、政策法规、创业宝典等几个模块，存在较多雷同的就业信息，信息资源不能很好地满足毕业生的就业信息需求，而且大部分高校都想锁住自己的独家优质资源，采用屏蔽信息等保护性措施，只允许本校学生使用，使得本来匮乏的就业信息资源难以发挥应有的共享功能。

5.1.2 功能单一

高校就业信息资源未能实现很好的交互，其信息资源组织大多采用自上而下的方式，服务功能只停留在政策、招聘等信息的简单发布上，用户的参与度不高，信息资源利用率低。只有少数高校同时具备就业信息发布、就业课程点播、在线职业测评、远程视频面试、人事档案代理管理、在线咨询等功能。

5.1.3 各自为政，缺乏统一标准

各高校就业网站均由本校独立开发，不论是在硬件投入还是软件功能等方面都相差较大，尚处于各自规划、分散建设管理的状态，并且由于开发时间、技术水平的差别，没有统一的技术标准，数据交换与共享存在很大困难，致使各个就业网实际上是一个个“信息孤岛”。

5.1.4 服务水平低

随着现代信息技术的发展，特别是 RSS、Wiki、Blog、Tag、IM、Podcast、SNS 等 Web 2.0 技术的成熟和广泛应用，许多高校未能充分融合 Web 2.0 技术整合就业信息资源和开展就业信息服务，很少有高校开展就业信息资源的 RSS 订阅服务，很少提供就业信息资源主动推送服务及 Blog、SNS、IM、Tag 等个性化服务。

因此，针对现状，利用网络新技术和信息化手段，构建高校区域就业信息资源共享平台是当务之急。区域就业信息资源共享平台是连接高校毕业生与用人单位的重要桥梁，有助于实现高校就业信息资源效益的最大化，实现高校毕业生与用人单位的有效对接。

5.2 高校区域就业信息资源共享总体框架设计

5.2.1 共享目标

区域就业信息资源共享，是指依靠现代信息技术，将一定范围内的用人单位、高校、就业管理机构等部门纳入一个共同的有组织的网络中，使之围绕就业信息资源的收集与利用共同发挥作用的一种工作模式。高校区域就业信息资源共享的目标就是所有权限用户都可平等自由地使用区域就业信息资源，实现人才供需信息的无障碍传递，以最低的成本、最快的速度实现人才供需信息的充分交换，实现区域内就业信息资源的充分利用，大大提高就业匹配率。

5.2.2 共享原则

（1）统一性原则

统一性原则要求区域内用人单位、高校、就业管理机构等部门打破传统的行政区域划分界限，形成统一的、整体的就业信息资源构建理念，在数据库建设和服务体系建设中，必须坚持执行统一的标准规范，如统一的数据格式、信息交换协议、数据库建设规则等，数据加工处理技术应遵循相关的国际标准和国内标准，同时需要制定有效的管理和服务标准，如用户权限管理、资源共享规则等。

（2）开放性原则

区域就业信息资源共享首先要求资源的提供者和使用者形成开放的态势，这是实现共享的基本前提。只有在这个前提下，共享才能够顺利地进行。有了开放的理念，才会有合作互补和共建共享，才可以达到更大范围和更深层次的资源共享，实现区域就业信息资源共享的根本价值。

（3）以人为本原则

在区域就业信息资源共享中，信息资源是客体，广大的用户是主体，是信息资源的最终使用者。要确保用户在共享体系中的主体地位，以用户的信息需求为出发点，把区域就业信息资源的共享规律与用户的需求结合起来，构建健全的区域就业信息资源共享体系。

（4）平等互惠原则

平等互惠原则是区域就业信息资源共享的出发点和最终归宿，是区域就业信息资源共享产生和发展的动力。在区域就业信息资源共享中，应该保证为区域内所有权限用户提供平等的就业信息资源服务，彼此均能获得平等的效益，这样才能够确保所有参与者的积极性和主动性，才能够使区域就业信息资源的共享得以良性发展和持续发展。

5.2.3 共享平台的系统设计

高校区域就业信息资源共享系统需要建设四大平台，总体设计框架如图5－2所示。

（1）物理平台

物理平台主要包括维持平台正常运转需要的硬件设备及其他相关的服务设施。

（2）系统平台

系统平台是区域就业信息资源共享体系平台中最主要的设计环节，主要对共享平台的功能、基本结构、系统构成等进行定位，具体包括资源管理平台、用户平台、系统管理平台、信息服务平台。资源管理平台主要通过制订资源采集、组织等原则及相关策略，确保实现对信息资源进行规范化的开发、采集，对信息资源进行有效分类，使之标准化和特征化，促进信息资源共享和传递的便捷性。用户平台主要通过建立毕业生信息库、用人单位信息库以及就业管理机构信息库以提供各种用户信息，其中毕业生信息主要包括毕业生的基本信息、求职意向、毕业生就业信息等；用人单位信息主要包括用人单位基本信息、发展前景、招聘信息等；就业管理机构信息主要提供就业政策、就业技巧、就业动态、就业指南、就业培训等信息。系统管理平台主要完成对各种用户权限的分配和管理以及共享平台中各种数据和数据库的管理，保证系统和数据的安全。信息服务平台实现信息的发布、信息的查询、信息反馈、信息互动和信息推送定制服务等功能，尽可能地满足用户多样化、智能化、个性化的信息需求。

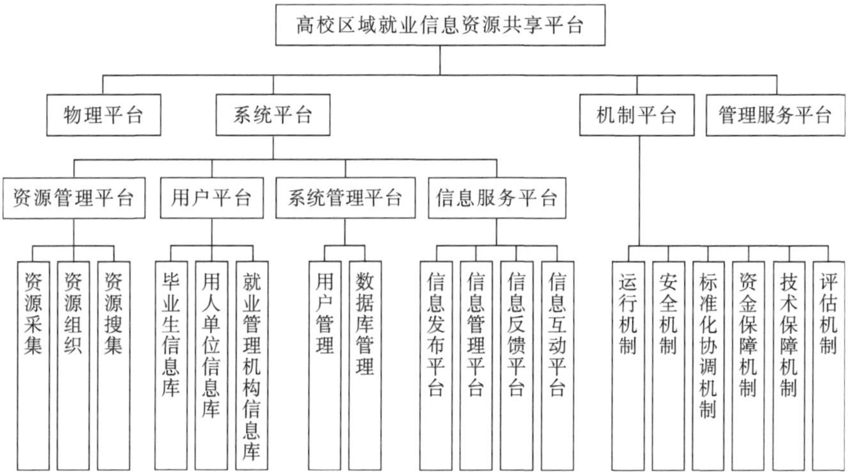

图5-2　区域就业信息资源共享体系平台系统结构

（3）机制平台

区域就业信息资源共享要得到有效的实施，需要一系列的机制做保障，包括运行机制、安全机制、标准化协调机制、资金保障机制、技术保障机制、良好的评估机制等，以确保区域就业信息资源共享进程的健康发展和稳定运行。运行机制主要需要建立合理的信息资源共享方式，以保证区域就业信息资源共享的及时性、公平性以及资源利用的高效性；安全机制主要通过运用现代先进的网络技术构建高效的过滤系统和安全策略，确保平台的数据安全；标准化协调机制主要确定区域就业信息资源共享的法律规范与技术标准；资金保障机制主要确定共享平台运营需要的经费来源、经费使用监管制度以及经费应用的绩效考评制度等；技术保障机制主要解决确保共享平台健康、快速、持续发展所需的专业技术人才队伍建设问题、技术设备问题等。良好的评估机制是共享平台顺利发展的保障，通过建立资源共享评价机制，对服务工作的开展、资源的引入、共享的实施与成效等进行评估，可以形成良好的竞争环境，从而促进区域就业信息资源共享工作健康、稳步的发展。

（4）管理服务平台

区域就业信息资源共享管理与服务平台可以帮助用户更好地利用就业资源，为用户提供各种服务支持，以促进资源的共享，大大提高了区域就业信息资源的利用率，因此，有必要建立完善的区域就业信息资源管理与服务体系，包括管理与服务导向的定位以及管理与服务方法的定位、就业培训体系等。

上述4个平台具有相对的独立性，构成了一个四位一体的有机系统，形成了一个完整的高校区域就业信息资源共享服务体系。

5.3 构建高校区域就业信息资源共享平台面临的问题

5.3.1 利益分配问题

各高校在拥有就业信息资源质与量上存在着较大差距，导致有些高校经常是资源共享的提供方，而有些高校总是资源共享的受益方，利益配置会产生较大的差异，这将会影响共享平台的建立和发展。为此，对资源共享的提供方要考虑给予适当的补助，使其能够得到既得利益，这样才能提高各高校共享的积极性和主动性。

5.3.2 经费问题

在就业信息资源共享实施中，资源的引进、设备的添加、服务项目的开发、利益的配置等等都需要经费的支持，经费保障则是就业信息资源共享正常运行的必要条件。因此，需要争取上级主管部门配备一定的资金，同时想办法广泛吸纳社会各方资金拉动社会资金投入高校区域就业信息资源共享中以保证共享的顺利进行。

5.3.3　标准化问题

各高校在长期的数据采集、标引加工及录入中存在差异，没有统一的执行标准，使得数据难以交换和共享。标准化、规范化贯穿于资源共享的各个环节，统一标准是信息共享的基础。因此，需要合理建设基于统一标准、规范管理的就业信息资源库，对各高校已有的数据库则需要进行规范化和标准化处理，做到互联互通，成为统一的整合的信息资源库。

区域就业信息资源共享是一个涉及多学科理论、开放的、复杂的系统体系，在高校区域就业信息资源共享建设进程中，要不断创新就业信息资源的内容和形式，提供更丰富、更有效的就业信息资源；要充分利用现代先进的信息技术，不断提升和完善平台的服务功能，满足用户信息需求的变化，充分发挥共享平台的作用，保证共享平台健康持续发展。同时，相关部门可以拓展此平台的外部联系，实现与其他各地各个高校就业信息平台的互联，从而在更大范围内实现就业信息资源的共享。此外，高校区域就业信息资源共享体系的构建是一个复杂的系统工程，体系涉及的共享机制平台、管理与服务平台等后续工作都有待于进一步深入系统地研究。

第 6 章　高校图书馆文化育人服务

图书馆作为收集、整理、传播、交流文化成果的一种“社会记忆装置”，是人类社会文化创造和积累、文化交流与发展的必然结果。高校图书馆作为高校重要的标志性存在，是具有教育职能的文化机构，文化育人是高校图书馆的价值追求和灵魂所在。

1　高校图书馆文化育人的内涵

《普通高等学校图书馆规程》（教高〔2015〕14 号）第三条：“图书馆的主要职能是教育职能和信息服务职能。图书馆应充分发挥在学校人才培养、科学研究、社会服务和文化传承创新中的作用”，彰显了高校图书馆“文献支撑”和“文化育人”两大核心价值。

1.1　什么是图书馆文化

图书馆与文化有着密切的关系。首先，图书馆本身就是文化的一种具体形态，图书馆的产生和发展是一种社会文化现象。例如，中国古代文明发展到其第一个鼎盛时期——先秦时期，由于“有典有册”，才建立起藏甲骨的穴窖；由于有“志”一类的史籍与档案，才有“史官主书”、三史分掌书籍的史实；由于典籍不断扩增，才有了官建的馆舍及专门的整理工作，并且藏书楼里出现了机构和人员的分化，图书馆才逐步从无到有。在图书馆的发展过程中，社会文化环境和民族文化传统又是影响图书馆发展的最重要和最直接的原因。所以，图书馆的形态是文化的一种具体形态，图书馆的产生和发展是人类创造的一种社会文化现象。其次，图书馆工作是文化工作，图书馆事业是文化事业，图书馆机构是文化机构，这在图书馆现象的历史发展和现实领域处处得以体现。图书馆队伍是具有一定文化素质和文化创造能力的人及其群体。图书馆的基本职能是收集、整理、存储、传播、交流文化载体及其文化信息。人们的图书馆意识、图书馆教育、图书馆职业道德等，都属于文化范畴，图书馆管理体制、法制等都是特定的组织文化和规范文化的表现形态。

图书馆文化随着图书馆的产生而产生，并随图书馆的发展而发展，这既是一个动态的、长期的过程，又是一个微妙而柔软的心理过程。作为地方文化乃至国家文化重要组成部分的图书馆文化，在相当程度上即反映着这一地区一定时期的文化风貌。那到底什么是图书馆文化呢？

"图书馆文化"一词是由美国的图书馆管理学者率先提出的，我国的"图书馆文化"研究在20世纪90年代开始起步并迅速兴起，近年来，随着对图书馆文化研究的不断深入，许多学者从不同的角度给出了图书馆文化的定义。

（1）"图书馆文化是指图书馆所创造的物质文化和精神文化的总和"，包括图书馆所形成的具有自身特色的思想、意识、观念和心理状态以及与之相适应的制度、组织和行为模式等。

（2）图书馆文化是图书馆在长期历史发展过程中积淀而成的，维系或推动图书馆生存或发展的群体意识、价值观念、行为准则及其他管理特征的集合。

（3）"对于一定民族、国家和社会在其文化创造、积累、传播与发展的历史进程中所逐步形成的有关图书馆事业的物质成果、精神财富、制度规范及行为方式的合体，我们即可综称为图书馆文化。"

（4）图书馆文化是指一个图书馆在长期发展过程中逐步形成的、相对稳定的、为其成员所共同遵循并得到同化的价值体系、行为准则和共同的思想作风的总和。它与馆员的思想素质、专业技能、服务质量、人际关系等构成了整个图书馆素质。它还包括书刊采购、分编、流通、阅览以及经常开展的多媒体传播、新书推介、阅读辅导、读书活动、培训等。其内涵极为丰富，外延十分宽泛。

（5）“图书馆文化是指图书馆全体职工在共同的工作、生活中形成的一种文化氛围，是一个图书馆所创造的精神财富和通过某些中介途径而创造的物质财富的总和。”其构成有无形与有形之分，有形的是物质文化，无形的是制度文化和精神文化。

（6）“图书馆文化是图书馆运作的机制，是运作过程中的关系，是服务传统，是藏用习惯，是人员素质，是读者感觉，是一切活动背后的认识和规定，是无处不在又无形可循的图书馆意念和规范。”

以上种种观点，从不同的角度如文化学、组织文化、历史学、生态文化等，揭示了图书馆文化的内涵。广义的图书馆文化是指图书馆创造的物质文化、制度文化、精神文化等物质财富和精神财富的总和；狭义的图书馆文化是指以图书馆价值观为核心的图书馆意识形态，即只包括图书馆所创造的精神财富。

在内容上，图书馆文化包括三个子系统，这三个子系统构成处于同一自然环境和社会文化环境中由表及里的三个层次，即表层的图书馆物质文化、中层的图书馆制度文化和深层的图书馆精神文化。图书馆物质文化是一种外在器物文化，是图书馆建设的物质成果，是图书馆独立于人的意识之外的客观存在的总和，包括图书馆建筑、图书馆藏书、图书馆设备、图书馆环境等要素，它是图书馆文化建设的硬件部分和物化表现形式。图书馆制度文化是调节图书馆内外关系和行为方式的规范性文化，包括图书馆领导体制、图书馆组织机构、图书馆管理制度等要素，它是图书馆文化的保障，保证图书馆工作的正常运行和实现自身的功能。图书馆精神文化是图书馆文化心理和意识形态，是图书馆文化的核心部分，包括图书馆哲学、图书馆价值观、图书馆精神、图书馆道德、图书馆风貌等要素。这三个子系统、三个层面有着密切的关系。图书馆物质文化是图书馆制度文化和精神文化的基础；图书馆制度文化主导图书馆物质文化的实践，并影响图书馆精神文化；图书馆精神文化规定着图书馆物质文化和制度文化的发展方向，对二者具有灵魂和生命力的作用。三者相互影响、相互作用，融合成了图书馆文化的有机整体。如前所述，图书馆文化的每一层面包含有不同的要素，但是，每种要素并非能绝对地归并到其中的一个层面，图书馆文化的构建，实际上就是组织这些要素，将各种要素运用恰当，运作合理，使之体现图书馆的时代特征和风格，从而充分发挥图书馆的功能。

1.2 图书馆文化育人的含义

20世纪90年代，“文化育人”理念在高校提出并不断深化，张明明在1995年提出了“教书育人、管理育人、服务育人、文化育人”的四个结合。教育界认为“文化育人”是“文化素质教育”的创新和再发展。2012年，高等学校文化育人研讨会暨第五次文化素质教育工作会议在清华大学召开，会议认为，高等教育的根本价值在于培养全面发展的人，高校必须以文化育人为灵魂和基础。之后，图书馆界众多学者开始探讨图书馆文化育人概念。

颜梅认为，图书馆文化育人的深层次含义是：大学通过其图书馆的文化典籍，让学生以世界文化宝库作为增长自己智慧的源泉，每个学生依据自己的成才偏好、成才志愿能够自由而充分获取他所需要的人文智慧、科学智慧和技术理性；而图书馆则根据不同读者的信息需求，有层次、分内容的开展一系列导读活动，建设学生参考文献数据库、视频库等，介绍主流文化，宣传主流文化，使图书馆文化产生蝴蝶效应和“润物细无声”的影响力。

胡开胜等认为，图书馆渊源于文化，图书馆致力于文化，图书馆在发展过程中形成了特有的文化，具有成熟的思想观念、道德规范、行为方式和价值则，图书馆文化育人有其不一样的场景，也有其特定的指向。可以说，高校图书馆文化育人的基本内涵，就是在图书馆的环境和氛围中，通过有意识的文化教育与无意识的文化熏陶，对人的思想观念、价值取向、思维方式、知识结构、实践能力、创新能力等方面产生积极影响，注重以文化人、以文育人，对受教育者实现“文而化之”的过程，使之形成健全完善的品格。

柳玲珠认为，高校图书馆的文化育人功能指的是通过文化环境、文化活动的熏陶和影响，用先进的文化理念教育、引导和培育人，从而将优秀文化内化人的内心深处，促进人的全面发展。

华春花等认为，从广义上讲，高校图书馆的所有服务都可以称为文化育人服务；狭义的文化育人服务是以图书馆精神文化、制度文化、环境文化以及资源文化等文化为载体的，旨在建设积极向上的校园文化，以教育和引导学生树立健康向上的精神风貌为目标的延伸服务。

欧庭宇指出，高校图书馆文化育人是通过引导大学生感悟文化熏陶、参与文化活动的过程，将中华优秀传统文化、革命文化和社会主义先进文化触及大学生的心灵深处，促进他们的德智体美劳全面发展。

对图书馆文化育人的基本意涵讲得最透彻的，莫过于2017年颁布的《中华人民共和国公共图书馆法》，明确了高校图书馆文化育人的重要使命：将推动、引导、服务全民阅读作为重要任务，坚持社会主义先进文化前进方向，坚持以人民为中心，坚持以社会主义核心价值观为引领，发挥以文化人、以文育人的作用。

习近平总书记要求："要把立德树人融入思想道德教育、文化知识教育、社会实践教育各环节，贯穿基础教育、职业教育、高等教育各领域。"实际上，高校图书馆都在有意或者无意地进行着文化育人服务，但由于这些服务是基于图书馆资源的延伸，所以图书馆和用户常常把这些文化育人服务看作是图书馆服务的扩展，很少对其有系统的和有目的性的理解和分类。如：（1）全力打造品牌活动，以文化人。注重图书馆文化育人阵地建设，在图书馆借阅室、自习室、楼道走廊等各功能区进行文化育人的整体规划设计，按各功能服务区分类整理上墙内容，让学生接受文化的熏陶；开展人文素质培养系列活动，举办"真人图书馆"活动、阅读分享会、开展人文素质培养系列讲座等，提高学生的综合人文素养，让学生在道德、人文、专业素质等多方面得到全面发展。（2）积极组织资源培训，全面保障科研育人。学校的科研工作离不开全面的文献服务保障，为帮助师生更好地利用文献资源，开展数字资源服务月活动，举办数字资源宣传推广和数字资源培训专题讲座，提高师生的检索技巧和信息素养，助力教学科研。（3）合理利用新媒体，主动做好网络育人。主动利用图书馆微信公众号、QQ等新媒体平台，打造品牌栏目"好书荐读"，定期为师生推荐好书，引导师生多读书、读好书，汇集书籍力量，彰显文化自信。（4）细化各项规章制度，严格规范管理育人。管理育人是把规范管理的严格要求和春风化雨、润物无声的教育方式结合起来，大力营造治理有方、管理到位、风清气正的育人环境。（5）全心全意通力合作，全面落实服务育人。完善资源保障体系，组织职工开展培训提升服务能力，全面落实服务育人。（6）劳育和智育相结合，精准推进资助育人。图书馆提供志愿服务岗和勤工俭学岗，给每个志愿者和勤工俭学学生配备带教老师，不仅从工作上传授他们相关的技能，更从生活上和思想上了解他们的具体情况，帮助学生树立正确的成才观。（7）紧抓学生思想建设，积极优化组织育人。做好图书馆社团读者俱乐部的整体架构和社团干部队伍的建设，更好地发挥学生的自我教育、自我管理、自我服务和自我监督作用，让每个社团成员能人尽其才、才尽其用。（8）多维开展阅读疗法，助力学校心理育人。针对不同年级大学生的主要心理问题，开展有针对性的阅读辅导，辅助学校做好心理育人工作。高校图书馆开展的这些服务，在无形中发挥着巨大的能量。与平常的课上教育对比，图书馆更注重对同学的实践能力、创新能力、自学性、独立性的开发，这样多样化的教育方式只要被学生接受，就能够产生比传统教学更有效的效果。在良好利用图书馆的资源、环境、思想优势的基础上，能够更好地进行文化育人工作。

2　高校图书馆文化育人的内在意义

高校校园文化建设涉及众多主体，如党委宣传部、学生工作处、思政等部门，它们在文化育人实践中都扮演着重要角色。而作为高校三大支柱之一的图书馆，在高校校园文化建设中具有不可或缺的地位。新时代高校图书馆要充分认识到文化育人的重要性，突破传统业务，转向以文化育人这一核心业务为导向，开展全方位育人。

2.1　图书馆文化育人的重要性

高校图书馆的文化育人理念经历了较长时间的探索。20世纪90年代，有学者针对高校图书馆的育人功能作了初探，认为“能否真正从思想到行动上做到服务育人，充分发挥第二课堂作用，是衡量社会主义大学图书馆文化行为功能的重要标志”。也有学者从思想政治工作的角度谈大学育人功能的问题，认为“由过去的单纯的教育育人转向教书育人、管理育人、服务育人、文化育人四个结合，尤其不可忽视文化育人的重要性”。图书馆作为学校的文献信息机构，是学校文化育人的学术机构，蕴藏着深厚的“文化育人”价值。

2.1.1 文化育人是高校图书馆的基本职能

著名教育家蔡元培十分重视图书馆的育人作用，指出“教育并不专在学校，学校以外还有许多机关，第一是图书馆”。李大钊在北京大学工作期间，针对图书馆育人功能，作了精辟的总结：“现在图书馆是研究室，管理员不仅只保存书籍，还要使各种书籍发生很大的效用，所以含有教育的性质。”图书馆具有潜移默化的育人功能。2019 年，习近平总书记在给国家图书馆老专家的回信中指出：“图书馆是国家文化发展水平的重要标志，是滋养民族心灵、培育文化自信的重要场所。”特别强调了图书馆作为一个文化阵地在育人中的巨大作用。文化育人是新时期高校素质教育的重要内容，作为“大学心脏”的高校图书馆，充分发挥其文化传承与创新职能，更好地服务育人，助力实现“立德树人”，这既是高校图书馆建设的题中之义，更是应尽之责。一方面，育人工作是高校图书馆的内在要求。高校图书馆具有很好的育人资源和禀赋，优势明显，图书馆文化育人主要通过资源、空间以及阅读推广活动等形式，吸引学生参与，激发学生的兴趣，实现润物细无声的育人效果。另一方面，育人工作也是高校图书馆服务的逻辑要求。高校图书馆已经从传统的“借—还”图书模式发展为集文献传递、知识传播、服务育人和科学研究为一体的文化教育机构。图书馆服务是围绕着文化育人的目标和任务展开，具有针对性。服务的逻辑起点是读者需求，逻辑终点则是服务育人。

2.1.2 图书馆文化育人是大学育人的第二课堂

斯普朗格理论提出“教育是文化的过程”，高校教育以培养全面发展人才为己任，通过在知识教育过程中将文化价值逐渐内化与升华，从而“文而化之”。育人是大学的职责与根本，图书馆是学校重要的文化设施和文明载体，是学校文化、学术交流和研究的中心，肩负着文化传承、培育、融合、守正和创新的重任，在传播先进文化、推动全民阅读、建设书香校园、促进学生全面成长成才和引领社会文化创新发展方面发挥着十分重要的作用。高校图书馆作为文化育人阵地，能够发挥服务育人、管理育人、网络育人、实践育人等功能，是高校“第二课堂”，在学校人才培养、科学研究中发挥着重要的作用，已为教育界普遍认同。图书馆拥有丰富优质的知识资源与服务，互联网、数字资源可以实现更广泛、更便捷的资源共享，有利于拓宽学生视野，是课堂教学的延伸与补充，是广大师生学习阅读的重要场所。随着时代的发展，图书馆不仅为高校师生的教学、科研提供文献信息资源服务，还可利用其独有的环境、馆员、资源、技术等条件，在“第二课堂”的广度和深度拓展上发挥积极的作用，为大学生理论和实践学习提供充足的资源，在一定程度上弥补课堂教学的不足。

2.1.3　图书馆文化育人为大学文化与精神发展指引方向

大学文化是知识、能力、人格的升华和结晶。大学文化和精神的核心本质就是大学生的价值取向和对大学生起决定作用的思想导向。高校是大学生步入社会前的重要阶段，担负着大学生思想行为、道德情操、三观认知的塑造与引导。大学生由于思想不够成熟，心理状态不够稳定，易受到外界的干扰和影响。在大学生人生观、价值观、世界观形成的关键时期，利用图书馆开设的课程教育、信息素养教育和文化实践教育，以及有形的图书资源和无形的精神文化熏陶，有利于大学生坚定自己的理想信念，培养良好的思想品德和树立正确的价值观。高校图书馆依靠其独有的博大精深的思想体系和深厚的人文底蕴，为大学文化与精神的形成指引着方向。高校图书馆挖掘馆藏文献资源，通过阅读推广、用户服务等营造校园文化氛围，引导学生阅读经典，并在图书馆人文环境、文化服务的多重作用下，推进人文素质教育，以中国传统优秀文化涵养社会主义核心价值观，向大学师生传递积极向上、乐观进取的价值取向，为大学生人生观、世界观、价值观的形成与发展提供导向，促进社会主义核心价值观内化为精神追求，外化为自觉行动。

2.1.4　图书馆文化育人可以提升大学生的人文素质

高校图书馆是文献信息资源中心，是高校知识文化交流中心，是收集、加工、保存、传播优秀文化知识的学术性机构。高校图书馆文化作为大学生接受思想引导、精神激励、服务育人的重要场所，其实质是文化传播到赓续与弘扬的转换过程、“要我做”的外化规范到“我要做”内化锻炼的转变过程、体验良好的读书环境到促进人的全面发展的陶冶过程。图书馆还将国内外优秀知识成果与美好的精神品质进行沉淀整合、融会贯通，具有深厚的人文底蕴，有“文化育人”的自然优势与地位。阅读能够提升大学生的综合素养尤其是人文素质。崔慕岳先生说过，现代人文素质的培养应该从阅读传统经典开始。阅读传统经典可以陶冶情操、净化心灵、启迪智慧、提高综合素养。高校图书馆丰富的文献资料、形式多样的讲座和实践活动，蕴含着丰富的思想观念、成熟的道德规范、系统的行为准则等文化内容，可以吸引广大师生互动参与，对大学生的思想品德、政治意识、思维方式、价值观念和实践能力具有促进作用，可以将高校图书馆的资源优势、环境优势和文化优势转化为大学生的成长优势，进而拓展其专业能力、提升其综合素质、健全其个人品格。

高校图书馆文化育人作为一项“只有进行时、没有完成时”的基础性工作，唯有不断地进行文化传承、创新创造，方能塑造广大大学生“居芝兰之室自然芬芳”的文化品位和人格修养，进而成为能担当民族复兴大任的时代新人。

2.2 高校图书馆文化育人实施案例

近年来，一些高校十分重视图书馆的文化建设，在服务育人、文化育人方面进行了许多有益的尝试与探索，并取得了良好的效果，有力地促进了学校高质量人才的培养，彰显了图书馆文化育人的重要性。下面录入的是某高校图书馆文化育人的实施方案，对高校图书馆文化建设、文化育人具有一定的借鉴意义。

×××高校图书馆文化育人实施方案

一、实施目标

围绕立德树人根本任务，充分发挥图书馆滋养师生心灵、培育文化自信重要作用，秉持“文献支撑，文化育人”的办馆宗旨，以文化人以文育人，深入开展中华优秀传统文化、革命文化、社会主义先进文化教育，培育大学精神，建设书香环境，营造浓厚育人氛围。

二、实施思路

充分利用图书馆各类馆藏资源，开展丰富多彩阅读活动，营造书香育人氛围；挖掘故事，传承人文精神；加强资源保障体系和服务体系建设，优化阅读环境与空间服务，打造智慧服务平台；加强学生团队和志愿者服务队伍建设，将培养大学生责任意识和服务精神，贯穿入学到毕业的全过程，践行育人理念。

三、实施措施

1. 开展阅读推广活动，以文化人滋养读者心灵

（1）以阅读推广活动为主线，营造书香氛围。利用“4·23世界读书日”契机，开展“读书季”阅读推广活动；新生入校时，开展“新生季”阅读推广活动；学生校园生活时期，开展“成长季”阅读推广活动；学生毕业离校时，开展“毕业季”阅读推广活动，多维度滋养学生心灵。

（2）打造图书馆文化育人品牌。以阅读推广活动、真人图书馆活动为主，讲座、展览等素养提升活动为辅。结合各种阅读大数据及时增加采购量，并进行热点图书、好书荐读。加强对优秀文化作品的推介和阅读引导，提高阅读质量和品位；加强与校内外媒体联系，丰富载体，做好宣传推广工作，扩大影响力，营造良好的育人氛围。

（3）以信息素养大赛为载体，开展信息素养提升的讲座培训，不断提升学生信息资源的获取与应用分析能力。

2. 挖掘专题馆藏资源，以文育人引领读者精神境界

（1）与区域文化研究中心、地方文化研究基地共建专题分馆，系统收集展示区域文化资源、地方特色资源等重要文献资源，提供特色文献资源保障。

（2）收藏、整理、展示当地作家诗人的作品，同时开展阅读推广、作家讲座等工作。整理收藏当地科学家的科研学术成果和文献资源，挖掘科学家事迹和故事，传承科学研究的精神。

3. 打造创新特色空间，以高雅阅读环境浸润读者身心

（1）以师生需求为导向，凸显专业背景为特色，不断优化改善阅读环境，展示和宣传各类文化活动，营造专业特有、人文并济的阅读、学习、研究空间。

（2）打造图书馆“新时代学习共享空间”，营造公共开放的习近平新时代中国特色社会主义思想学习空间和氛围，引导学生成长成才。

（3）开展声音图书馆内涵建设，以大学图书馆丰富的人文内涵和精神气

质，促进学生综合素养的全面提升。

（4）改善和提升研讨室、交流讨论区等空间服务品质，让读者在图书馆的服务体验极大延伸，感受有温度的读者服务。

4. 建设智慧服务平台，助力学校“双一流”建设

（1）构建面向“双一流”的学科文献资源保障体系和服务体系。不断提升资源的精准性，建设学科馆员服务团队，开展文献数据库应用专题讲座，积极宣传和推广专业文献数据库的使用；加强电子图书资源建设和推介，增强文献资源的保障能力和服务水平。

（2）提升图书馆智慧化服务水平，优化“你选书我买单”图书汇采平台，在提升读者阅读时效性和参与资源建设的体验感的同时，引导学生选好书、购好书，增强智慧化服务能力。

5. 建设学生服务团队，让学生在自主服务过程中得到历练

（1）加强图书馆相关学生社团建设，引导学生用实际行动参与图书馆建设与服务，在服务中教育人和引导人，实现从入学到毕业的全过程服务育人。

（2）与学校相关部门合作，建设图书馆志愿者服务队伍、勤工助学服务队伍，完善志愿者团队等学生队伍的管理制度，组建教师指导团队，开展阅读推广、社会服务、人物访谈、资源推介等活动，通过社会实践提升大学生责任意识、服务意识、奉献精神和志愿者精神，践行育人理念。

3 大数据环境下高校图书馆文化育人

图书馆作为学校文献信息资源中心和为人才培养科学研究服务的学术性机构，是高校三全育人的重要阵地之一，能够发挥文化育人、服务育人、管理育人、网络育人、实践育人、课程育人等功能。大数据思维已遍及当今社会的各个领域，大数据时代的来临同样给高校图书馆文化育人带来了新的机遇和挑战。图书馆高效利用大数据的分析和挖掘等技术，对于图书馆文化育人建设有着重要的作用和意义。

3.1 高校图书馆文化育人研究现状

作为育人的重要场所，高校图书馆对文化育人高度重视，学者对此展开了大量的研究。如杨宇涵指出，高校图书馆文化是指特定的文化环境和精神氛围，是学校进行素质教育的重要场所，高校图书馆文化具有超前性、多元性、非强制性和实践性。董利波分析了高校图书馆文化育人存在的问题及原因，从充分利用馆藏特色文化资源、构建图书馆文化体系、培养图书馆员的文化追求、建立长效的文化育人制度四个方面提出了文化育人策略。杨国富指出文化育人是新时期高校素质教育的一种模式，建议利用图书馆的资源优势、空间优势和人才优势从广度和深度上来拓展文化育人功能。杨振指出新时代的高校图书馆要转变思路，调动各个环节、各种力量参与育人过程，运用图书馆各方资源，形成育人合力。学者胡开胜等指出文化育人是高校图书馆的价值追求和灵魂所在，分析了高校图书馆文化育人的基本内涵、价值，从宏观规划、拓展途径、多维覆盖、内外联动四个方面提出了文化育人策略。张晓东指出高校图书馆是高校思想政治教育的重要阵地，着重分析了当前高校图书馆思政工作存在的主要问题，提出从强化思想认识、优化图书馆思政教育文献信息资源、充分运用新媒体技术等方面来促进高校图书馆思政工作的创新发展。王妍等指出高校图书馆文化育人要品牌化，建议从借力地域文化、融合“互联网+”、做好阅读推广、开展文创工作等方面实现文化育人服务体系品牌化的建设。

学者对高校图书馆文化育人研究不一而足，积极探讨了高校图书馆文化育人的内涵和策略。纵观学界的研究，鲜有将文化育人置于大数据环境下进行思考。而将大数据作为高校图书馆文化育人的驱动因素，利用大数据的数据分析、数据挖掘等技术，可以创新大数据环境下高校图书馆文化育人实现路径，从而为高校图书馆开展文化育人工作提供借鉴，提升文化育人服务水平。

3.2 大数据环境下高校图书馆文化育人新契机

3.2.1 用户精准画像

大数据已成为人类最宝贵的财富，隐含着大量的潜在信息和潜在价值，能够通过对海量数据的分析来总结规律、预测趋势。用户画像就是以海量数据为基础，抽取出与用户相关的信息全貌，包括用户的网络行为和阅读习惯等，通过构建用户画像，将画像分析结果可用于图书馆精准服务。大数据使图书馆开展文化育人精准服务变为可能。基于大数据建立 MapRe-duce 任务、剪枝分类和关联分类规则，通过对相关数据的收集、分析和研判，可以精准把握用户行为习惯、洞察用户需求、评估用户行为结果，准确获取读者行为数据信息，从而可以实现差异化服务，提供个性化育人方案，实现文化育人从粗放型、封闭型、经验型，向智能化、可视化、精细化的转变。

3.2.2 辅助决策机制

图书馆决策的质量受到决策主体决策素养能力、内外环境因素等影响，传统的图书馆决策主要以决策主体的主观经验判断为主，容易出现决策脱节、决策失误的问题，抽样调查、数据分析方法也不能帮助决策者整体上认识图书馆。大数据技术的不断发展，为图书馆解决传统决策中由于决策能力不足和技术落后而面临的诸多困境提供了可能。大数据技术以海量图书馆数据为基础，能够帮助决策者更全面、客观、及时地了解决策信息，并通过建立数据分析模型得出科学、理性的决策参考结论，提高决策的科学性和合理性，还可以发现隐性的、潜在的问题，提醒决策者采取措施规避风险。大数据具有及时性、动态性和交互性的特点，运用大数据动态跟踪和分析技术，能够保证决策根据外部环境变化灵活调整，可实现基于大数据的、动态的、开放的图书馆决策流程。

3.2.3 动态监测需求

大数据环境下，图书馆可以运用大数据技术，实现对读者需求由静态管理到动态监测，大数据可以较为精准地把握大学生的思想动态和行为变化，通过对学生行为的大数据分析，可以精准地掌握学生的需求。大数据技术为高校图书馆文化育人提供了新的研究方法，对图书馆海量信息进行充分挖掘和分析是实现高校图书馆文化育人的重要环节。特别是对读者信息行为、网络行为、日常行为等信息进行跟踪和研判，分析其中的数据变化规律，对读者需求进行“动态监测”，有助于及时把握读者的思想行为动态，灵活地实现对合适的人、在合适的时间、用合适的方式开展合适的育人内容，从而实现育人的精细化，提高文化育人的效果。

3.2.4　赋能行为预测

在大数据环境中，关注的重点在于探索和发现信息背后隐藏的规律，并利用这些规律来预测事务未来的发展方向。大数据的核心是预测，大数据能够通过对海量数据的分析总结规律、预测趋势，许多企业都在探索利用大数据开展个性化、精确化和智能化服务。在大数据环境下，图书馆可获得更多的有关用户的描述性信息，包括与用户行为有关的方方面面，这些数据都有内在联系，可以用来预测用户的行为偏好，同时对用户异常行为如心理问题、社交问题等进行及时预警，可以尽可能全面地掌握用户思想行为轨迹，帮助图书馆根据不同用户的特点，制定相应的服务手段，制定个性化的文化育人策略，提供更具针对性的服务内容，使图书馆开展精准文化育人服务变为可能。

3.3　大数据环境下高校图书馆文化育人创新路径

3.3.1　树立大数据思维

思维决定着行动。大数据带来的不仅仅是数据和技术，更重要的还有“大数据思维”。大数据思维是一种数据素养，即有意识、愿意并且能够理解本行业、本专业的数据问题和意义，使数据产生价值，提高管理决策的有效性和及时性。这种思维具有规律性、关联性、无偏性和开放性等特征。大数据思维的发展，促成了图书馆文化育人服务新一轮的转型与变革，开始一个从大数据思维意识觉醒到服务能力重塑的新过程。在大数据环境下，图书馆需进行管理思维的转变，即由“流程”核心转变为“数据”核心、由功能是价值转变为数据是价值、从“抽样”转变为“全部数据样本”、由“关注精确度”转变为“关注效率”、由“关注因果关系”转变为“关注相关性”等，以大数据的获取和分析为基础，通过大数据的分析判断和预测，发现数据和图书馆文化育人服务之间的潜在关系，重新思考图书馆文化育人服务定位、设计服务内容。技术进步带来思维变革，而只有通过思维变革才能最终引发管理变革、服务变革。

3.3.2 构建大数据育人资源共同体

大数据时代，构建具有本馆特色的大数据育人资源共同体是图书馆开展精准文化育人服务的前提。“大数据时代”是一个“数据驱动”的“智慧时代”，面对海量大数据资源，图书馆必须及时调整资源建设策略，积极参与大数据资源建设。有效采集、挖掘和利用各类开放大数据资源、免费大数据资源，将图书馆系统所拥有的任何资源视为某种格式的“数据”，实现数字化描述与组织，通过解析、链接、交互、融会，形成新的资源空间，通过大数据整合平台有效融合和开发图书馆现有资源。在大数据技术的推动下，使数字图书馆系统资源的构成在数量级、类型和需求特征上向大数据形态发展，不仅有书、刊、报纸、学位论文、书目等传统资源，还有开放软件型工具、元数据仓储等半新资源，以及用户行为数据、地理位置数据、日志数据、评论数据等全新资源，形成了数字图书馆系统新的资源空间和大数据化扩展，将图书馆带入了一个全新的资源空间。图书馆还要梳理大数据导航体系，建设资源传递平台，搭建学习共享空间，开发出能够给予学生“思想上解惑、心理上解压、精神上解忧、文化上解渴”的精品内容，为开展精准育人服务创造更大的资源优势。

3.3.3 基于读者画像和资源画像构建大数据分析平台

基于读者画像和资源画像构建大数据分析平台，对图书馆业务分析和精细化育人服务意义深远。选取与读者、资源相关的业务系统，其中包括图书馆自动化管理系统、门禁管理系统、门户网站、RFID 系统、检索系统等的数据作为主要的数据来源，涉及的数据主要包括读者属性数据、读者行为数据、资源元数据以及资源利用数据等。读者画像数据分为静态画像数据和动态画像数据两个维度，从图书馆自动化管理系统、门禁管理系统、门户网站、RFID 系统、检索系统等核心业务系统中抽取用户数据建立读者画像，这些数据完整地勾勒了读者的信息全貌。图书馆资源丰富，资源画像数据可以从业务系统中选取期刊数据库资源、考研数据库资源、自建学位论文资源、缩微影像资源、多媒体资源等相关数据。根据数据的多维关联分析以及数据计算结果，加载到读者数据模型以及资源数据模型中，即获得了读者及资源的画像轮廓，提取重要数据项构建读者画像模型和资源画像模型的标签体系，采用迭代分析不断精细化读者和资源的范围，对不同精细化的人群提供特定的服务。

3.3.4　建立育人监测预警系统

大数据的核心是预测，是把数学算法运用到海量数据上来预测事件发生的可能性。图书馆育人监测预警系统由数据集和预警监测两大模块组成。首先，运用大数据技术动态化、全时段的技术手段，图书馆从读者群体的“借阅记录、入馆记录、资源利用、活动参与、志愿服务”5个维度的连续时间段内状态数据，通过人工智能等手段进行数据的清洗挖掘、智能分析，生成读者思想行为动态的各种报表，实现读者日常信息的采集，使数据结构多样化、数据维度丰富化。其次，采用自然语言处理技术和分析算法进行异常检测，对读者阅读领域、借阅习惯、信息行为等多种数据进行挖掘分析，判断是否出现异常情况，预警提示读者思想信息行为动态变化情况和趋势，探索出其中的变化规律，主动按读者的使用偏好配置资源、技术以及服务手段。再次，选取预警量化指标，将育人过程中读者动态状况分类，根据动态监测对象可能存在的潜在风险，构建绿、黄、红三级预警机制，即轻度、中度和重度预警，实行分级管理，分级分类推送、介入，针对预警等级采取具体应对措施，增强对读者思想行为动态状况的预测、预判和实时跟踪。最后，建立基于响应结果的反馈机制。育人监测预警机制是一个反馈循环过程，图书馆要及时查找育人过程漏洞，将响应信息反馈至原始风险数据库，实现监测预警机制的自我改进和优化，真正建立起以大数据为支撑的育人工作决策机制，实现决策方式从“基于有限个案”向“基于全面数据”的转变。

3.3.5　构建立体化的育人场景标准

在大数据时代，图书馆趋向从环境、资源、服务、空间和内容等多个维度寻求新的平衡，通过资源链、服务链、技术链、空间管理链等的深度融合，培育图书馆的新动能。所谓场景，是指人与周围环境的关系总和，信息化时代，场景包括现实场景、虚拟场景及虚实融合的O2O场景。任何育人场景都由师生主体、育人活动、育人空间和载体资源构成。在Society 5.0时代，场景学习、场景教育已经成为世界教育发展的一种主流趋势。制定图书馆“阅读活动、图书馆资源、图书馆管理、志愿服务”等典型育人大数据应用场景标准，运用大数据和场景分析技术，通过传感网和传感设备自动采集育人场景的全景数据，收集读者在场景中学习、活动轨迹的数据，构成一个完整的、信息互通的协同育人生态环境。运用大数据技术对育人场景的数据进行协同分析、挖掘和融合，搭建沉浸式育人场景，以实现精准育人之目标。育人场景标准模型以事件为触发机制，打通各场景的信息互通，实现模型间的数据自由交互，达到场景联动，从而实现全方位育人的目标。

大数据开启了图书馆服务的一次重大时代转型。高校图书馆应积极寻求变革，利用其“信息集散地”的独特优势，内化并构建大数据思维模式，运用大数据精准定位、精准管理，开展精准育人服务，在文化育人的广度和深度上进行拓展，更好地发挥其文化育人功能。

4　全媒体环境下高校图书馆文创产品营销

近年来，全媒体技术发展十分迅猛，引起了社会各界的广泛利用与热切关注，成为大家工作生活或是茶余饭后热议的话题。图书馆界也不例外，全媒体技术迅速获得了图书馆行业的广泛认同，吸引着图书馆用户的主动参与和积极使用，正在或者将给图书馆的生存形态和运行模式带来颠覆性的变革。在此背景下，图书馆营销如何顺势创新与变革，是图书馆界面临的重要课题之一。

4.1　我国高校图书馆营销的发展历程

4.1.1　营销理论的发展历程

（1）关心可行性，图书馆营销的早期理论研究阶段——导入期

我国高校图书馆营销研究的起源可以追溯到 1987 年张建在“图书馆与市场”一文中关于图书馆参与市场活动的论述，意味着图书馆营销意识的萌发。在 1993 年召开的“图书馆和信息服务机构营销政策”国际研讨会上，首次探讨

了图书馆和信息服务机构的营销政策，推动了我国学术界对图书馆营销的关注。1994年，陈云卿发表的“国家图书馆的营销”一文，拉开了图书馆营销研究的序幕。20世纪80年代至90年代是营销理论引入图书馆学的最初阶段，学者主要对营销理论在图书馆学领域应用的可行性以及必要性等方面进行探讨和研究。如庄育飞试析图书馆信息服务营销引进的原因，从资源优势、经验优势、技术优势、地理优势、人员优势、整体优势等分析图书馆信息服务营销的优势，并对图书馆信息服务营销的可行性、必要性、紧迫性进行了探讨，指出营销观念的引入能使图书馆的服务职能更加完善。

（2）关心适应性，注重图书馆营销基本理论和具体业务层面研究阶段——接受期

随着营销理论的发展，学界对图书馆营销有了进一步的认识和理解，逐步接受并重视图书馆营销的研究，将目光从适应性、必要性的探讨转移到营销理念、营销理论、营销策略的探讨和国外图书馆营销理论实践经验的介绍，以及运用营销工具解决实际问题等更深层次的研究。借鉴市场营销的原理和方法，如4PS营销策划理论、CS营销理论及价值链理论等，将营销学的经营理念引入图书馆服务中，成为这一时期研究的主流。如学者纷纷从应用的角度、高校图书馆参考咨询角度、图书馆知识管理角度等方面探讨了图书馆营销理念；从读者需求角度、基于价值链理论、提升高校竞争力、基于博弈论等方面对图书馆营销策略进行了探讨；介绍了英国HyLiFe复合图书馆项目实施过程中的营销策略、德国维尔兹堡市立图书馆、美利坚大学图书馆的营销实践等。

（3）关心营销效果，侧重图书馆营销新媒体研究阶段——发展期

随着营销理论研究的不断深入和信息技术的广泛应用，营销受到越来越多学者的关注和重视。信息技术的发展，兴起了一股社会网络风潮，越来越多的新技术和新方法被应用到营销中，以更好地满足用户的信息需求。学者对营销的领悟持续加深，研究氛围渐趋浓厚，从多角度、多维度对图书馆营销展开了积极研究，研究角度涉及网络营销、公共关系、企业管理等，研究维度包括信息营销、服务营销、内部营销、互动营销等，研究内容包括营销对象、营销模式、营销媒体、营销成效等。关于各种营销媒体的研究更是层出不穷，如基于Web 2.0的图书馆营销技术与工具研究，从用户角度进行的高校图书馆营销媒

体研究，以及利用以微博、微信为代表的新媒体开展图书馆营销的相关研究。大数据时代的来临，涌现出了数字营销、数据营销、个性化营销等一批新模式。

4.1.2 营销实践的发展历程

（1）传统营销实践阶段

在营销实践之初，图书馆营销由图书馆主导，利用海报、横幅、宣传栏等大众化营销媒体，通过开展培训、讲座等形式，对馆藏资源、服务及相关活动进行宣传和推广，是单向传递，专注于普及率与频率的广告方式。典型的营销实践活动有：开展“优质服务月”、研讨会、演讲会、举办“一小时讲座”、开展“读书活动月”、举办“专题文献展”等，信息沟通的渠道主要通过报刊媒体、广播电视、电话、馆内宣传、学术交流、直接交流等，存在沟通不够畅通、营销效果不能及时得到用户反馈等弊端。

（2）数字营销实践阶段

信息技术的高速发展为图书馆营销提供了坚实的技术土壤。为适应环境变化，数字营销得以发展并被迅速推广。它强化以用户为导向，利用互联网、手机及其他互动渠道，通过博客、播客、RSS 等 Web 2.0 技术为代表的新兴网络营销方式宣传推广图书馆各项服务。改变了由图书馆主导的局面，信息由单向推送转为多向传播。它强调用户参与的重要性，用户既是信息的接受者，也是信息的重要原创力量，以互动的方式和有趣的内容来开展各项服务。武汉大学图书馆采用的数字营销方式有网络营销、媒体营销、移动营销等。利用网站发布最新信息、通过 BBS 分享最新消息；利用 LED 屏、数字标牌等发布通知公告、培训活动等信息；开发了图书馆手机应用 App 等。

（3）新媒体营销实践阶段

社会化媒体技术迅速发展，新的营销平台层出不穷，为营销实践带来了机遇。以微博、微信为代表的社交媒体成为新的宣传途径和手段，营销方式有微博营销、微信营销、视频营销、事件营销等。注重新媒体营销的图书馆典型的有清华大学图书馆，开展了基于人人网社区的服务，提供讨论区、动态消息、新书通报、虚拟咨询服务等；2010 年，清华大学图书馆建立了新浪微博，主要用来发布新闻和各种培训讲座活动以及意见征询等；2014 年，该馆正式启用微信公众平台，发布服务动态、新闻消息、公告信息等。其“爱上图书馆”主题系列视频荣获 2012 年 IFLA 最佳国际营销奖，标志着图书馆营销实践达到了一个新的水平。新媒体营销阶段变化的是营销平台、营销渠道，不变的是互动性。

4.2　全媒体环境对高校图书馆营销的影响

4.2.1　用户需求产生变化

全媒体环境下，信息传播媒介和传播形态的多样性，以及信息获取的便捷性，使用户不仅注重图片、文字、声音等单媒体或多媒体带来的感观体验，全媒体综合化的信息接触方式也成为他们的渴求。可定制的、自助式的信息服务和个性化的信息产品迎合了他们的需求，在社会化媒体传播机制下，深度沟通下的嵌入式服务更受青睐。只有真正迎合了用户的信息行为习惯和需求，借助现代信息技术提供贴心的深层次服务，营销才能深入人心。

4.2.2　营销模式发生变革

全媒体时代，“以用户为中心、吸引用户参与、关注用户体验”的信息技术理念使营销的内容、方式和范围都发生了变化，深深影响着当今图书馆的营销模式。“一对多”“以传者为中心”已被“传授同体”“以用户需求为中心”取代，注重用户参与到图书馆的各项业务流程，鼓励用户随时随地参与内容生产、分享行为，营销内容可以是资源、服务与活动信息，也可以是用户使用体验或评价意见，营销过程鼓励用户大胆创新，将用户的想法和创意融入其中，根据信息的流动创造出新的信息，从而形成巨大的蜂鸣效应，优化图书馆服务。

4.2.3　营销渠道得到拓展

以往图书馆主要是利用报刊、讲座、海报等进行单向传播和营销，难以获得营销效果反馈。全媒体环境下，技术不断升级，图书馆迎来了前所未有的发展机遇。图书馆应积极探索新的营销渠道，更加注重用户的参与、体验、分享和互动，社会化媒体和社交网络平台成为营销渠道的首选，同时，应迅速发展手机 App、微信、微视频等营销手段。移动网络的共享性、即时性、交互性使营销内容得以迅速传播，还可以通过互联网技术手段对营销过程进行实时跟踪，精确掌握营销效果，实现精准营销。

4.3 全媒体环境下高校图书馆文创产品营销策略

图书馆文创产品是指对图书馆馆藏资源、本馆标志性元素进行挖掘，通过图书馆员或其他专业人员的创意思维进行设计及产业化开发，满足公众的精神需求，并具有市场价值的产品。

4.3.1 构筑营销效能理念，实现效果、效率与效益的最优化

近年来，效能理念在公共文化服务领域被广泛推广，营销效能包括营销成本、营销效率、营销效果和营销效益。全媒体时代是图书馆更好地融入社会、服务社会的重要阶段，效能对于图书馆文创产品营销的自我定位、评估、改进等具有导向作用，为图书馆服务质量的评价和升级提供了更全面的标尺和更广泛的平台。效能视角是一个系统的视角，可以深刻地分析某一营销的效能信息，通过构筑效能理念，全面分析媒体资源成本，最大程度使图书馆文创产品营销能够做到效果、效率与效益兼顾。图书馆需充分调研用户需求特点，合理定位营销目标，实现营销资源的共享，重视营销的效率优化。根据营销效益目标的侧重点不同，有区别地进行效能分析，以效率带动效能提升，促进图书馆资源与服务社会效益的最大化。

4.3.2 整合运用多种营销媒体，构建媒体融合营销新模式

互联网环境和工具为营销实践带来了机遇，新技术新媒体倍受读者的青睐，但传统媒体也不可忽视，诸多案例显示出线上、线下充分融合的营销效果最佳。图书馆要秉持开放、积极的态度，注重与不同营销媒体平台的合作，促进各种营销媒体的推广，扩大读者对各种营销媒体的知晓度，提升营销媒体的影响力，形成协同效应。不同的营销目标人群对媒体的关注有很大的区别，图书馆应该建立不同群体的媒体关注模型，在营销时选择不同群体喜爱的媒体模式。在当前的技术环境下，在营销中适当增加社会化媒体的可见度，恰当地发挥传统媒

体的宣传作用，将社会化媒体和传统实践相结合，保持对读者需求和行为的关注，加强与读者的沟通，及时响应读者需求，注重趣味性和适用性，提供读者良性体验，激发读者参与的热情，才能增加读者对图书馆的黏度，使图书馆成为他们可信赖的伙伴，充分实现图书馆的价值。

4.3.3 注重图书馆文创产品开发，完善品牌营销策略体系

全媒体时代，品牌营销已经成为信息产业达到用户需求的重要途径，打造优质品牌成为发展趋势，对图书馆文创产品营销提供了重要的借鉴意义。图书馆文创产品是文化与商品的结合体，即将馆藏资源通过一系列研发，以商品形式呈现给用户，满足用户需求。通过微博、微信、BBS 等社交圈，文创产品易于形成品牌效应。图书馆要创建资源和服务的明星品牌，通过形象设计、品牌定位等活动进行品牌资源和服务的宣传和推广，在品牌建立期、品牌成长期、品牌成熟期选择不同的社会化媒体，制定不同的传播策略，有的放矢，为用户带来超值享受，提高用户参与感，加深对图书馆优质服务的印象，使图书馆成为用户不可或缺的资源和服务提供者。媒体发展不断催生和变革着传统营销方式，图书馆应抓住全媒体带来的品牌营销机遇，提升自身的品牌形象，打造出具有可持续潜力的品牌模式，以此来维系现有用户并挖掘出更多潜在用户。

4.3.4 多方协作推动图书馆文创产品营销，实现参与主体合作共赢

图书馆是非营利性组织，其营销的目标是提升其社会价值，让公众获得更好的文化、教育体验，进而实现其自身追求的教育和文化价值。因此，要充分依靠行业的专业指导，有效聚合各项信息，争取更多社会相关组织的支持，与其共同探寻图书馆营销战略和方法等；争取与校内各个院系、学生团体等积极建立合作伙伴关系，使其成为重要的分销渠道，也使图书馆的营销活动充分融入校园文化活动中。在多方协作中，图书馆需要特别重视意见领袖的蝴蝶效应，通过意见领袖在新媒体平台上的宣传，扩大活动的口碑和后续影响力，推动营销活动向有品位、有内涵、有水准的方向发展。同时，根据本馆实际条件、营销定位等，通过契约、资本共享等形式，与参与主体构建稳定的合作关系，实现营销资源的共享和成本结构的优化，达到多方共赢，使服务目标群体的利益

最大化。

4.3.5 建立营销反馈评估机制，促进图书馆文创产品营销协调发展

全媒体时代，在媒体和信息轰炸的环境下，图书馆文创产品营销如何吸引用户，并建立可持续的营销体系是图书馆文创产品营销发展的关键。图书馆应遵循以用户为中心的营销活动宗旨，建立自下而上的快速反应模式，为目标人群建立信息反馈快速通道。通过各种社会化媒体互动交流平台积极收集、记录用户需求信息，针对需求的变化，图书馆管理层和馆员共同参与，对用户变化的需求及时提出决策并迅速调整营销策略，通过反馈平台及时反馈给用户，提升用户满意度。同时，通过反馈平台及时收集用户反馈意见，获取用户对营销活动的满意程度，对营销效果实施量化评估，撰写评估报告，及时检验出营销绩效。反馈评估结果更能够不断地优化图书馆营销方式，在图书馆、全媒体、目标人群中形成信息循环流动的进化模型，提升营销策略的可靠性和有效性，进而提升营销效益。

第 7 章　高校图书馆社会化服务

高等学校具有人才培养、科学研究、社会服务、文化传承与创新等多项职能，而图书馆作为高校的信息中心、文化中心，拥有十分丰富的信息资源，为社会经济、文化发展服务，是其当然的职责。高校图书馆在为学校教学科研、人才培养提供服务的同时，应充分发挥自身的资源优势，开展社会服务工作，促进社会政治经济文化的发展。

1　高校图书馆社会化服务概述

1.1　高校图书馆社会化服务的概念

自 20 世纪 80 年代开始，我国图书馆学界就对高校图书馆社会化服务这一问题展开了研究，但目前仍未有一个明确的定义。代表性的定义，如“高校开展社会服务的内涵就是扩大服务范围，面向社会开放，不仅要接纳普通民众，更要对其他的社会力量，如企业、党政机关等人员放开服务，让他们有权借阅文献，查找资料，满足他们的不同需求。”“高校图书馆的社会服务是指高校图书馆在保证各自主服务对象的前提下延伸向社会公众开放，采取多种形式、多种渠道（有偿或无偿）的文献信息服务方式，以接纳社会公众，允许他们利用图书馆内的各种信息资源，并为他们提供各种信息服务。”

“高校图书馆开展社会服务的本质是服务对象的社会化，信息资源作为生产资料的一种形式对社会实现资源共享。”“所谓高校图书馆社会化服务，是指高校图书馆对社会开放，接纳社会读者和团体，允许他们查阅馆藏信息资料，为他们提供信息服务，直接参与到经济建设和社会发展中去，即高校图书馆打破传统的思维方式与工作模式，把为校内师生提供的资源服务向社会读者开放，最大限度地发挥高校图书馆各种资源的作用。”“高等学校图书馆的信息资源及其服务走出学校，走向社会，在公平、高效的基础上尽可能赋予社会人士与高校成员平等的使用高校图书馆的权利及义务，在为教学和科研提供服务的同时，兼顾资源共享，主动满足社会大众对信息资源的各种需求的有偿或无偿的过程。”“即在社会文化需求不断提高，信息技术不断发展的时代要求下，高校图书馆面向自身合作单位、周边地区和社会公众提供有偿或无偿的服务，这些服务既包括高校图书馆自身馆藏资源的共享，也包括提供时间和空间的服务以及利用信息技术提供的线上服务等。”“高校图书馆社会化服务是在社会信息需求增长的历史背景之下，以高校图书馆为主体，以社会成员为服务对象，以满足社会用户的信息需求为目标，高校图书馆主动针对广大社会用户而开展信息服务的活动。”

从上述有关高校图书馆社会化服务的概念的界定中，可以得出高校图书馆社会化服务包括两层意思。第一，高校图书馆的首要任务是满足本校教师和学生的教学和科研工作。然后再去接收全社会的成员，扩大服务对象。第二，采用多种服务形式和渠道，向社会开放高校图书馆的资源。比如，社会用户可以通过现场借阅、网络的形式查看或者下载所需文献资源，实现真正意义上的资源共享，从而更好地为社会用户服务。

高校图书馆社会服务的目的可以从两个方面进行总结：第一，让社会公共资源得到合理的运用，然后分配社会知识财富，凭借有限的经费产生最大的社会影响；第二，把自身的价值充分利用起来，进而赢得最大的社会支持。对高校图书馆而言，服务社会是其未来发展的必经之路，所以必须承担起终身教育的重任。

1.2　高校图书馆社会化服务的内容

1.2.1　文献借阅服务

文献借阅服务是高校图书馆所有社会化服务内容中最简单、最直接的一项服务，对校外读者的服务可以通过向其发放借阅证的途径来实现，主要针对和利用本馆的实体资源。首先，高校图书馆可以把社会用户划分为校友、其他高校师生、企事业单位人员、一般居民等多种类型，根据不同类型用户的特点和需求，办理不同权限的借阅证，一人一证，只限本人使用，有力地保证了不同类型、不同层次的读者都可以平等享有使用图书馆的权利。其次，当社会用户进入图书馆借阅文献资料时，要保证其与在校读者一样可自由出入各个书库、阅览室；另外，可对某些读者收取适度的服务费用。根据高校图书馆社会化服务能力、馆藏实体资源的数量、可容纳社会读者的人数等元素来判断，高校图书馆根据自身情况出发，结合自身发展需求，视情况而定办理社会用户借阅证的数量。当然，高校图书馆若对社会用户提供文献借阅服务，会给馆内的纸质资源带来一定的压力，不仅要在数量上要满足社会用户，还要为社会用户提供更优质的服务，前提当然是在满足校内师生的需求情况下。

1.2.2　数字资源服务

高校图书馆拥有丰富的数字资源，其购买的数据库大部分为专业性的中外文期刊论文及学位论文数据库。这些丰富的数字信息资源是了解国内外的学术科研动态的重要渠道。此外，大部分高校图书馆还购买了学习考试类资源及音视频类健康生活资源。但由于版权限制，各大高校图书馆与数字厂商之间协议的约束，图书馆的数字资源一般都进行了 IP 访问控制，只能在校园网内才能使用。因此，高校图书馆可以通过向社会用户开放电子阅览室，或者与数据库商进行协商，开通校外专属账号访问服务，通过有偿的方式给社会用户提供数字资源服务。这种服务不但不影响学校师生，还可以为图书馆创造一定的经济效益，同时更满足了社会科研人员的信息需求，充分利用了资源。

1.2.3 科技查新服务

科技查新服务是高校图书馆面向社会开放的一项重要服务项目，主要服务对象是科研人员。科技查新服务是以文献为基础，以文献检索和情报调研为手段，以检出结果为依据，通过综合分析，对查新项目的新颖性进行情报学审查，写出有依据、有分析、有对比、有结论的查新报告。随着社会的不断发展、社会用户日益增加的信息需求，科技查新工作在科研管理过程中占据主要位置，社会在科研立项或者成果鉴定的时候，要通过具有查新资质的情报服务机构出具的科技查新报告。而进行科技查新服务需要专业的科技查新人员来进行，目前许多高校图书馆建立了科技查新站，不仅为本校师生提供服务，也广泛提供社会服务，帮助社会团体和个人进行课题查新。科技查新服务成为我国高校图书馆开展社会化服务的一项主要内容，也是高校图书馆参与地方情报服务的一种重要形式。

1.2.4 定题跟踪服务

定题跟踪服务是指高校图书情报部门针对某一特定课题的研究需要由图书情报人员主动地、及时地、连续地为科研人员提供文献资料，搜集情报信息和数据，最大限度地满足科研人员文献信息需求的全程式服务。高校图书馆在课题跟踪服务方面具有一定的优势，通过社会服务为本区域的政府机关、企事业单位、个人用户提供课题跟踪服务，可以大量节省用户的精力和时间，直接或间接地推动当地经济建设和科研创新，有力地促进生产力的发展。

1.2.5 个性化服务

个性化服务是高校图书馆开展社会服务工作的重点，体现了“以人为本”的理念，真正从社会用户的实际需求出发，开展有针对性的、适合社会用户的服务内容。提供个性化服务重要的是对社会读者进行细分，为不同用户提供不同的服务项目。比如，针对社区居民，高校图书馆可为其办理借阅证，举办各种培训班；可与社区联合建立文化活动中心，举办一些专题讲座等；可提供就业、法律、心理等方面的咨询服务，以满足社区居民学习、生活、娱乐等需求。

针对农村居民，高校图书馆可帮助其建立农家书屋，选派业务骨干，对农家书屋管理人员开展全面系统的业务培训与指导，传授图书馆业务流程、具体操作方法和先进的网络技术，以提升农家书屋管理水平；可收集当地非物质文化遗产相关资源，向当地居民进行宣传，引导居民更好地传承和保护当地非物质文化遗产；可邀请校内外科研人员定期开展知识讲座，向农民传授农业新知识、新技术。

1.2.6　社会合作服务

目前，社会用户的精神文化需求丰富多元，而图书馆的文献信息资源有限，要解决资源的有限性与服务需求无限性之间的矛盾，仅依靠某个图书馆的力量是无法实现的，必须搭建合作平台，发挥联盟优势。高校图书馆的社会合作服务主要有与政府部门、同质性文化部门、社会公益组织及企业的合作。高校图书馆可利用丰富的馆藏资源和网络资源，开发出针对政府部门的信息产品，供领导决策，拓展与政府机关在政务信息、舆情监控等方面的业务；高校图书馆要打破各自为政的做法，联合公共图书馆、档案馆、情报所、文化馆、博物馆等公共社会文化服务机构，将各个机构分散的信息资源组织起来使之成为一个资源整体，在信息资源共建共享和用户服务等方面进行联盟，共同服务社会；可积极争取各种社团、志愿者组织等公益组织和企业的支持，吸取其有益经验。通过与不同类型的机构合作，拓展服务领域，实现服务社会的价值目标。

2　高校图书馆社会化服务理念

从20世纪80年代开始，高校图书馆社会化服务问题引起了我国图书馆界的关注。近年来，高校图书馆社会化服务已成为业内外共识，越来越多的高校图书馆投身到服务社会的行列中，在社会上产生了积极反响。当前，随着信息技术和互联网的快速发展，以“社交化、本地化、移动化”为核心思想的SoLoMo概念一经提出便迅速风靡全球，成了图书馆服务创新的生长点，正在或者将给图书馆的生存形态和运行模式带来颠覆性的变革。将SoLoMo理念引入高校图书馆社会化服务中，建立基于 So 搭建社会化服务互动平台、基于 Lo 借助物联网云存储等技术构建本地化服务平台、基于 Mo 借力 O2O （Online to Offline）创新移动化服务平台的高校图书馆社会化服务新模式。

2.1 SoLoMo 理念的基本内含

2.1.1 SoLoMo 产生及特点

SoLoMo 这一概念是由美国由 KPCB 风险投资公司合伙人杜尔（John Doerr）在 2011 年首次提出，是 Social（社交化）、Local（本地化）和 Mobile（移动化）三个概念的融合。Social（社交化）是利用社交网络进行社会化交往、提供社会化服务，人们通过“SoLoMo”分享信息，是信息传播的主渠道。Local（本地化）是指为用户提供基于地理位置的本地化服务。Mobile（移动化）是指各种移动终端（智能手机和平板电脑等）的移动应用。三者相互依赖，在促进各自发展的同时也推动了 SoLoMo 时代的前进。

2.1.2 SoLoMo 核心技术及原理

SoLoMo 并非全新的技术，是技术的一种综合应用，其核心技术可以分为位置感知技术、定位技术、知识发现技术、公共平台技术以及无线通信技术和体验技术。一经提出，知名人士纷纷表示赞同，便刮起了一阵 SoLoMo 热潮。SoLoMo 具有信息源去中心化、话语权平等化、信息交换多元化、服务即时化本地化等特点，其核心是通过移动化、本地化、社交化来满足用户参与性、互动性、个性化需求。SoLoMo 将互联网从内容平台转向活动平台，从技术性转向社交性，以全新的运营模式，改变了信息交流方式，更加强调了人们的参与和人机互动。其传播运营模式如图 7－1 所示。

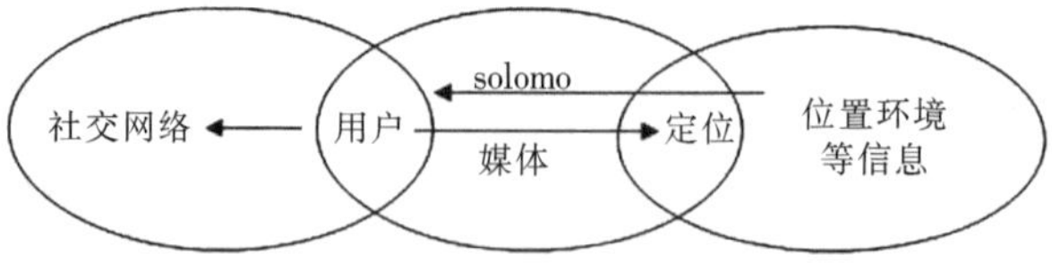

图 7－1　Solomo 传播运营模式

2.1.3　SoLoMo理念对于高校图书馆社会化服务的意义

(1) 增进了图书馆与用户的交互，增强了用户黏度

Social将现代社交媒体（主要是以微博、人人网、QQ空间、微信等为代表）作为社会网络交往平台，依托人与人之间的关系，利用人们之间的“弱连接”建立广泛而强大的社会关系网，这种社交形式已逐渐成为一种主流的交往方式。社交网站的出现是互联网的一次里程碑式的革命，由这些社交媒体搭建的社会化平台具有开放性和互动性的特征，为信息的交流与分享提供了新的途径。作为“能互动的”媒体，改变了以往媒体一对多的传播方式，实现了多对多的“沟通和对话”，赋予了每个人创造并传播内容的能力；同时，最大限度地降低了参与门槛，许多用户喜欢在社交网站上建立非现实的关系圈，分享信息，对于汇集受众提供了很好的开放平台。高校图书馆可通过免费的社交网络作为社会化服务信息推送共享平台，与用户实现有效互动，提高信息交流与分享的速度，增强用户黏度。

(2) 转变了社会化服务方式，提升了服务品位

Local通过无线电通信网络或外部定位方式获取用户的位置信息，并提供与这一地理位置相关的各类信息服务。本地化是现实生活和虚拟网络实现融合的一种全新的社会信息交往方式和服务方式。本地化服务的方式是基于一定的地理位置对用户进行划分，运用一定的技术或手段随时关注用户在虚拟网络空间的行为，对用户的特点进行分析，寻找符合某些地区用户的需求并向其推送个性化信息和服务，使之符合特定区域用户的认知能力与知识结构。高校图书馆通过Local借助各种定位功能为用户提供本地化的便利社会化服务，既能满足用户的个性化需求，又将节省大量的人力物力。“本地”是用户获取信息服务的主要兴趣指向之一，基于本地化的信息服务即LBS（Local Based Service）使图书馆和本地化用户联系在一起，使图书馆的作用更加凸显，使本地资源的价值得到充分体现。

(3) 拓宽了社会化服务范围，扩大了社会影响

Mobile指利用各种移动终端（如智能手机和平板电脑等）开展各种服务，

不受时空的限制，将服务延伸到一切有用户存在的地方。当前，随着移动互联网在全球的盛行，越来越多的人对移动终端的社交应用表现出浓厚的兴趣。移动终端的随身性，使得移动服务可以嵌入用户的日常生活中，既方便信息的推送，也方便信息服务的获取。移动化作为一种趋势，已渗透到生活的方方面面。当移动终端接入互联网，就可以让用户的线上生活和线下实体生活的联系更加紧密。移动终端已经成为人们主要的社交网络访问方式和主要的本地化服务需求源。高校图书馆以移动互联网为基础创新社会化服务平台和服务方式，拓展服务范围，将自己的各种社会化服务扩展到移动终端，以满足不同用户的需求，实现高效、互动、本地化的移动服务，让服务无处不在，让服务无时不在。

2.2 基于 SoLoMo 理念的高校图书馆社会化服务新模式

2.2.1 基于 So——搭建社会化服务互动平台

在 Social 方面，利用现代信息技术，将现有的服务方式嵌入社交网络中，充分发挥 Blog、微信、RSS 等社交媒体的作用，为高校图书馆社会化服务的用户之间、馆员之间、用户与馆员间的交互提供了新的渠道和平台。SoLoMo 理念下，高校图书馆社会化服务互动平台的构建如图 7－2 所示。

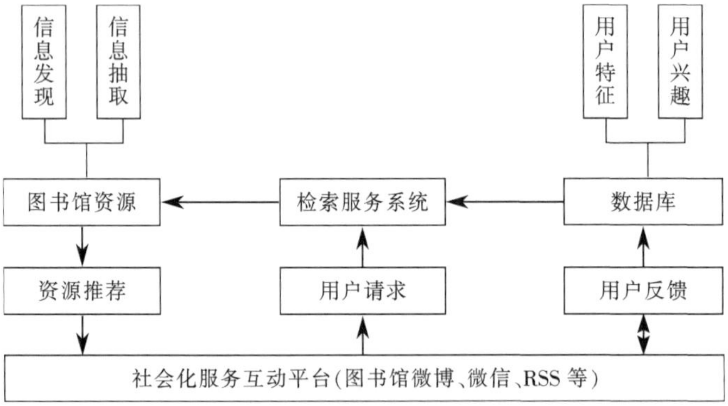

图 7－2　社会化服务互动平台

根据用户特征、兴趣以及用户反馈的信息构建用户数据库，为社会化互动信息服务奠定基础，依照用户的需求对资源进行整合，构建图书馆资源检索系统，方便用户检索服务内容从而快速获取所需资源，图书馆根据用户的交流与反馈将资源库的资源有针对性地推送给用户。社会化服务互动平台，可使图书馆快速便利地把信息传递给用户，最大限度地发挥图书馆的社会作用。首先，利用 Blog 和 IM 构建参考咨询服务平台，利用 IM 技术在网页上增加“在线虚拟参考咨询”链接，利用 Blog 通过“留言”和“评论”功能实现与社会读者的互动。用户通过这种方式，可以积极主动地表达自己的需求，实时咨询相关的问题，图书馆还可以直接获取用户的反馈。其次，利用 SNS 构建虚拟服务社区，建立基于共同兴趣、爱好的用户社区，在社区内组织各种主题活动，加快信息的传播与交流，聚集人气，培育用户群，实现用户的有效互动。另外，利用 Podcast 构建多媒体服务系统，将各类实用的多媒体资源无限制地向用户开放，用户通过 RSS 订阅可自动接收媒体文件，也可以上传自制的视音频节目与其他用户分享交流。总之，充分利用既有的网络服务方式与社会读者建立多层次的互动，在实现高效互动的同时，图书馆还可以借此宣传馆藏资源、科技查新服务、完善资源建设等，不断创新社会化服务的方式，提高社会化服务的效果。

2.2.2　基于 Lo——借助物联网云存储等技术构建本地化服务平台

围绕用户的地理位置信息开展服务活动是 SoLoMo 服务模式的重要特点之一。图书馆在物联网及云存储等相关技术的推动下逐渐走向智能化，可以为读者提供超强的环境感知、内容感知等智能服务。SoLoMo 理念下，高校图书馆社会化服务本地化平台的构建如图 7 - 3 所示。

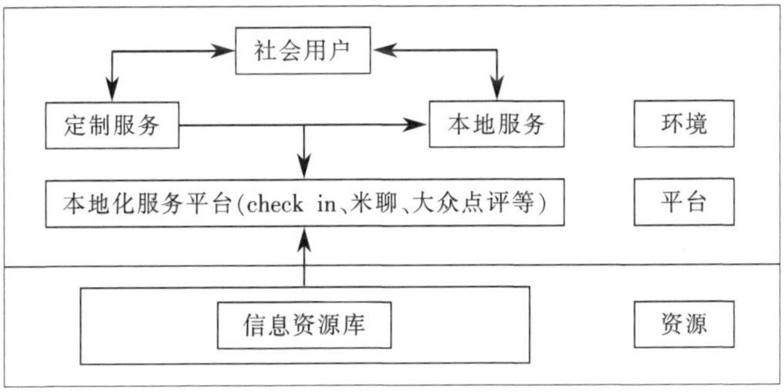

图 7 - 3　社会服务本地化平台

图书馆可参考本地环境特征，有针对性地推出适合本地用户的服务，用户也可按需定制资源。物联网及云存储技术的广泛应用为图书馆开展基于位置的社会化服务提供了技术支撑。首先，定位用户。图书馆可以通过 IP 地址、移动通信基站、接入热点等地理位置定位手段定位社会读者的位置，或者可以通过开展签到服务（可以是基于实体位置签到，也可以是虚拟位置签到），对用户进行身份认证和定位，向其提供基于位置的本地化、个性化服务，通过精确定位每位读者达到“服务找人”的目的。如提供距离其最近的图书馆及馆藏资源信息，为相近位置的用户建立社区，随时了解和掌握用户知识需求动态，并开展个性化的信息推送服务。其次，定位整合本地资源，加强微资源建设。基于位置的服务就是要向用户提供本地资源，图书馆需加强本地资源的整合力度，将特色性的地方馆藏打造成不同的知识模块推荐给用户，为社会读者提供系统化的本地资源；同时，伴随信息处理技术的发展，微内容是实时互动服务的重要信息资源，成为 Web 2.0 信息传播的主要内容之一，图书馆在整合本地资源的同时可加强微资源建设，将各种零散的知识变成读者可用的微资源。这种“量体裁衣式”的信息服务，将充分彰显出“以人为本”的服务理念。

2.2.3 基于 Mo——借力 O2O（Online to Offline）创新移动化服务平台

O2O 是未来互联网发展的必然趋势，移动互联网是移动通信和互联网从终端技术到业务全面融合的产物，O2O 与移动互联网的结合，更具互动性、可靠性、实时性和便利性。在各种移动终端和无线网络技术越来越普及的今天，图书馆的服务将由线下走向线上，线上线下同步进行。SoLoMo 理念下，高校图书馆社会服务移动化平台的构建如图 7－4 所示。

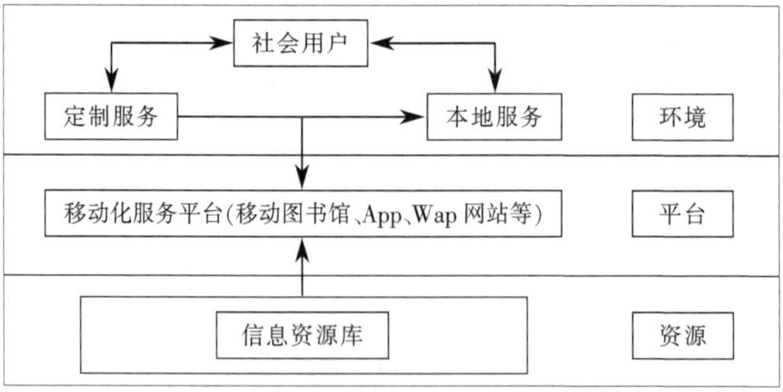

图 7－4　社会服务移动化平台

通过线上线下的多种形式，使社会读者可在任何时间和地点进行信息接收和发布，由单一的服务向多渠道的服务方式转变，为社会读者提供更丰富和更全面的服务。图书馆移动服务模式将由以往的短信服务、WAP 网站为主逐渐转向以 App、微博、微信等为代表的 O2O 为主。首先，挖掘读者需求，提供基础服务。O2O 服务通过对线上的读者需求挖掘，指导线下资源与服务的针对性，服务内容可以包括座位预定、图书预约推荐、馆藏检索、在线参考咨询等。其次，创新线上功能，提供多元服务。依托 O2O 平台，以读者体验为重，构建内容丰富、信息立体、功能全面的移动图书馆资源服务体系，资源体系甚至可将服务延伸到快递查询、城市交通等便民信息的查询。另外，完善线下功能，提供支撑服务。作为面向读者的直接窗口，线下服务是 O2O 的重要环节，图书馆需完善线下工作，着力加强实体网络环境、场地环境、设备等硬件建设，加强线下服务人员的培训，建立反馈平台等。O2O 能够成功地完成线上线下的无缝链接，将实体馆与虚拟馆很好地连接在一起，为用户带来一种全新的服务体验。

高校图书馆面向社会开放是我国文化软实力建设发展的必然。在 SoLoMo 环境下，高校图书馆要勇于接受新的挑战，把握好机会，充分利用 SoLoMo 的理念和技术优势，开展社交网络服务、本地化服务和移动化服务，丰富社会化服务的内容和手段，扩大图书馆的影响力，提高图书馆社会化服务的质量和图书馆资源的利用率。

3　高校图书馆与非物质文化遗产保护传承

3.1　国外非物质文化遗产保护研究

非物质文化遗产保护研究是一个全球性探讨的话题，早在 18 世纪，国外学术界对非物质文化遗产的保护研究就已经开始，并建立起了一套保护非遗的成熟体系和方法。特别是日韩、欧美在非遗保护上发展非常迅速，有着许多值得学习和借鉴的宝贵经验。

3.1.1 国外非物质文化遗产保护理论研究

国外对非物质文化遗产开展的理论研究已有数百年历史，从概念界定入手，逐渐深入，理论研究主要围绕非遗的内涵、保护体系构建与建议、反思建议、数字化保护以及遗产的评价等研究方向展开探讨，取得了丰硕的成果。归纳起来，非遗保护理论研究大致经历了以下四个阶段。

（1）萌芽期

自1790年法国国民议会设立遗产保护机构，国外遗产保护已历经两百多年的历史。20世纪90年代以前是研究的萌芽期，联合国教科文组织成立了世界遗产委员会。1972年，制定了《保护世界文化与自然遗产公约》和《世界遗产名录》，《公约》首次界定了“世界遗产”这一概念，《名录》首次厘定了世界遗产的分类。1989年，首次提出了“民间文化”的概念，正是由于民间文化保护工作的启动，才标志着非遗保护工作正式拉开帷幕。

（2）探索期

20世纪90年代到21世纪初，这一时期的研究主要集中在非遗概念内涵界定、反思性以及建议性研究。布莱克（Janet Blake）从国际遗产法的角度，对文化遗产的定义从本质与范围等方面进行了定义，为非物质文化的保护提供了一个系统性、历史性及关联性的概念体系；蒙杰里（Dawson Munjeri）对物质文化遗产和非物质文化遗产的定义和内涵进行了全面的阐述，并论述了两者之间的关系；随着研究的深入和认知程度的提高，非遗内涵逐步得以完善与修正。这一时期，世界各国非遗保护工作迎来了发展高潮，但是，非遗保护工作难免遭遇实施障碍与效度性问题，继而引发了一些学者的批判与反思，如库林（Richard Kurin）讨论了联合国2003年保护非遗公约的缺陷、执行障碍等问题。非遗保护的实施涉及知识产权、文化权利等方面，众多学者提出了相应的实施对策与保护意见，寻求解决路径，布拉什（Stephen. B. Brush）立足非遗发展现状，提出一系列的保护措施，并分析了非遗的可持续性问题；温德兰（Wend Wendland）翔实表达了非遗与知识产权的关系以及未来合作的领域。

（3）发展期

2005—2015年，随着世界各国非遗保护条例、法律法规的相继出台和完善，非遗研究也日益深入，理论研究进入了一个新的高度并取得了大量研究成果，这一时期的研究主要集中在非遗数字化保护以及经验性研究。数字化保护研究主要集中在非遗数字化采集、保存和开发三个层面。数字化采集从数字清单的编制、数字生产与重建以及数字记录与建档进行了探讨；数字化保存主要从数字信息组织、检索和管理进行了研究；数字化开发主要从数字化展示、数字库建设以及数字化信息传播进行了探讨。桧山（Atsushi Hiyama）等探讨了计算机虚拟现实技术在非遗数字化管理、保护与开发中的运用。经验性研究主要从微观的社区个案研究与宏观的国家政策制定进行展开，莫尔斯（Ahmed Mors）等从宏观层面介绍了日本、巴西等国家的非遗保护先进经验。

（4）总体深化期

2016年以来，国外学者不断总结、分享成功的经验，吸收新方法、新理念，敢于开拓创新，采用跨领域、跨学科、多方法融入了非遗保护的研究中，在相关领域或问题的研究上取得了新的进展，从而实现了理论的总体深化。国外非遗研究涉及的学科中，环境研究和环境科学、计算机科学占据了重要地位，非遗纳入了文化生态服务系统和文化景观的评估体系中，非遗数字化保护领域已经趋向完整。斯卡萨（Teresa Scassa）等总结了非遗数字化建库过程中涉及的法律问题。斯达利（Nils Stanik）指出经济发达的地区更容易出现非遗流失的现象，提出建立生态文化保护区。

3.1.2 国外非物质文化遗产保护实践进展

国外学者在进行非物质文化遗产理论研究的同时，也非常注重实践研究，现代信息技术在国外非遗保护实践中得到了不断的转化和应用，相关实践层出不穷。

（1）重视非遗数字化保护

如日本奥兹大学开展的“狮子舞”数字化工程，堪称是非遗数字化保护实践的“精神链”工程。运用运动捕捉技术对活态文化遗产“狮子舞”的动作与音频进行数字化提取，并利用三维数字技术进行处理对其进行三维数字化保护。日本的大佛数字化项目，运用三维扫描生成大佛数字化模型，虚拟重建大佛主殿。意大利的因特网文化遗产项目，加强了非物质文化遗产资源的信息共享，整合了档案馆、图书馆以及其他机构的数字文化资源，公众可以实现资源的集成获取。法国国家图书馆实施的“加利卡（Gallica）”数字化项目，旨在维护法国历史文化记忆的数字化生存与发展，收录了法国14世纪古籍插图、历史文献和20世纪初前半个世纪的诸多藏品。

（2）重视立法

日本是世界上最早关注非遗保护与利用的国家，1950年，制定了《文化财保护法》，首次提出了无形文化财（非物质文化遗产）的概念，是一部全面的、系统和统一的有关文化遗产保护的法律，时至今日，《文化财保护法》经过了六次修订，内容不断完善。1966年颁布了《国立剧场法》，1974年颁布了《传统工艺品产业振兴法》，1992年颁布了《关于活用地域传统艺能等资源、实施各种活动以振兴旅游业及特定地域工商业的法律》，2001年颁布了《文化艺术振兴基本法》，逐步拓宽了非遗利用的范围，2006年颁布了《观光立国推进基本法》等。所有这些法律法规，对于如何具体地保护以及合理有效地利用非物质文化遗产，做出了较为完善的制度安排，形成了完备的文化法律政策体系。

1962年，韩国颁布了《韩国文化财保护法》，该法主要对有形文化财、无形文化财、纪念物或纪念品和民俗遗产进行保护和规范，开启了韩国文化遗产的保护历程，经过持续发展，韩国的相关保护也逐渐系统化。法国制定实施了《保护历史古迹法》，是世界上第一个制定历史文化遗产保护法的国家，相关法律的颁布促进了法国历史文化遗产的整体性保护。2004年，《遗产法典》的颁布，标志着法国文化遗产法律保护取得了重大进展。意大利是世界上首个利用知识产权法对民间文化进行保护的国家，制定了《文学艺术版权法》等一系列较为完备的传统文化遗产保护制度。

（3）重视传承主体

日本首创“人间国宝”制度对非物质文化遗产传承人进行保护，通过对非物质文化遗产传承人的保护实现非物质文化遗产本身的保护。传承人认定分为“个别认定”“综合认定”和“团体认定”三种方式。一旦获得政府“人间国宝”正式认定，即列为传承保护对象，国家拨专款资助其传习技艺、培养传人，改善其生活和从艺条件。日本的“人间国宝制度”极大地促进了其传统文化的传承。1964年，韩国提出了“人间国宝”计划，给予传承人以“人间国宝”的荣誉，每年拨出专款来磨炼、培养这些传承人的技艺，确定其责任和义务。通过国家指派的方式吸引、接受传承人，也就是解决“编制”问题，还会由政府资助，为传承人创造更好的传授环境。法国对非遗传承人的管理手段主要是在免除相应税收，并提供相应的津贴或奖励等。

（4）重视民间运动和民间团体

以民众为主体的社会运动使日本全民具备了非遗保护的观念，激发了日本普通民众对本国非遗的尊敬与实际保护行动。20世纪60年代，在农村开展了一村一品（造乡）运动，是一次全面发掘、保护、发展民间工艺文化的运动，通过造乡运动，保留了乡土文化所特有的艺术魅力、人文情怀。与此同时，许多小镇兴起了由地方居民参与的“造街运动”，旨在保护城市环境，如历史街道的保存维护、地方文化历史、街区景观的保护与改造，经过“造街运动”，许多地方变得富有诗情画意，成了观光胜地。20世纪90年代，对传统文化的保护意识已经深入人心，从事非遗保护和传承的各种保存会、研究会等组织和团体比比皆是，如城镇运动的“御三家”“全国历史的风土保存联盟”等保护团体，保护各类文化遗产已经成为日本各社区居民的自觉行为。意大利特别设立了目录及档案材料中央学会、图书修补中央学会等组织来加强非遗信息的共享。韩国把民俗村的活动组织得有声有色。

（5）重视组织保障

日本设置了专门的保护机构“文化财保护文员会”，该机构专门负责管理和执行文化遗产保护的相关政策和法律法规。意大利在非遗管理水平、保护措施等方面处于世界领先水平，在保护非物质文化遗产上除了由中央垂直管理外，还组织了专门的文物宪兵队，专门从事文化遗产的保护。一方面，文物宪兵队归属国防部门的统一管理，另一方面，它接受文化遗产管理机构的工作安排，打击对文化遗产的破坏活动和犯罪行为。韩国的管理机构主要由总统、文化观光部下属的文化财厅和各地政府组成，另外，还设立了文化研究所，作为专门的研究机构。法国成立了专门的机构文化遗产局负责文化遗产的保护，调查和监督文化遗产的现状和维护情况。这些机构为非遗保护提供了强有力的组织保障。

（6）重视宣传教育

就日本来说，一方面，善于运用民俗庆典活动对非物质文化进行宣传保护。日本各地域各城市的民俗庆典活动之多，是闻名于世的。在一年的不同时期，日本各地都会举行各种民俗庆典活动，使传统文化进入大众之中。另一方面，日本的学校教育也非常重视民族传统文化的学习，形成了一个政策引导、全民重视、学校教育、儿童自觉参与的立体式教育模式，少年儿童的培养教育是其核心，特别强调儿童的参与。此外，重视传统媒体和新媒体对文化遗产的宣传，使更多的人通过各种途径可以了解和熟悉传统文化，在民众中营造出了一种浓郁的文化氛围。

法国创立了“文化遗产日”，不仅宣传了法国非遗，而且还激发了公众对非遗资源的强烈保护意识，建立了专职的文化遗产保护学院开展文化遗产的传播与培训。韩国聚焦保护与传承的平台建设，从 1973 年开始，韩国每年以年度为计划建设无形文化遗产传授教育馆。1997 年，韩国在汉城建成了集传授教育、演出、展览等活动为一体的重要无形文化遗产综合传授会馆，经常举办民族传统文化演出，不仅如此，还鼓励本国学生在读书期间学习非物质文化遗产，建有民俗技能培训班。

3.1.3 对我国开展非物质文化遗产保存研究的启示

（1）完善立法保障

目前，我国现行行政保护的各项制度措施应用到实际中，仍出现了一些争议。比如，缺乏专业的管理机构、行政监督不到位、缺乏多元化的行政指导体系等。有法可依才能有法必依，对于我国现行立法中的一些不足，应尽快根据实践需要，进一步完善。坚持政府主导，健全非遗保护机制，从行政立法、行政救济和具体行政行为的适用三个层次来进行完善，建立公法为主、私法为辅，二者有机结合的保护体系。做好服务监督，对非物质文化遗产工作及时进行准确的评估和反馈，建立非遗保护的长效机制。

（2）聚焦保护与传承的平台建设

首先，有效整合非物质文化遗产信息资源，构建有力的内容平台。非遗资源是非遗保护传承的重要手段和二次开发的基础。利用非物质文化遗产普查行动，对非物质文化遗产资源进行整理、分类、细化，实现对非遗资源的整体规划和管理，制定相应的整合政策、确定整合模式，实现资源的优化整合，构建非遗信息资源内容整合共享平台。其次，利用现代信息技术，构建先进的数字化保护平台。重视数字化技术在非遗“确认”“立档”“保存”“宣传”等方面的运用，广泛利用虚拟技术、3D、多媒体技术等将已有非遗项目进行多角度、多维度的展示，打造丰富的非遗数字化平台。此外，深化多维宣传教育形式，提供良好的用户体验。拓展非遗服务类型，提供基于公众潜在需求的个性化信息服务，不断满足甚至超越公众的需求和期望，良好的用户体验将有助于提高公众的忠诚度和满意度。

（3）多渠道拓宽公众参与体系

无论是法国的文化遗产日模式，还是韩国的商业化运作模式，非物质文化遗产保护都需要唤起民众的文化自觉，培养内心对文化的认同感，使保护文化遗产成为社会的共识。非物质文化遗产创造于民间、流传于民间，民间参与是非物质文化遗产保护工作的重要推动力，是非物质文化遗产得以可持续保护与传承的主体保障。对处于不同层次的公众，应构筑不同的参与平台，如法国推行的文化遗产日，日本的各种民艺协会、工艺学会、一村一品，韩国的传统文化学习班等，多渠道鼓励公众参与，激发民众自我传承文化的意志。构建不同层次的公众参与平台，寻求“以公众本身为主人翁”的设计政策，使更多的公众参与进来。

（4）强化对传承人的管理

日本和韩国对传承人规定比较细致、完善，我国还存在对保障传承人生存的政策不完善、缺少对传承人监督考核、传承人的保障比较片面等问题。各地政府和相关组织应根据地方需求，完善传承人法律保障，通过法律手段加强传承人的管理和保护范围；提高传承人生活保障，完善传承人权利保护制度；加强对传承人监管，构建传承人考核制度，切实明确传承人的义务和任务；提供多元化的激励政策，合理建设奖惩机制，将奖惩机制与考核机制合理结合；加强后续传承人的培训，采取多样培训相结合的培养方式，组织非遗活动竞赛等，构建传承人的教育体系。总之，以政府为主导，通过法制法规和相应的政策，对传承人进行合理高效的管理，确保非物质文化遗产的传承和沿袭。

(5) 注重与时代结合，保护和创新并举

创新，是一种文化源远流长的生命之泉。当下，如何在多元文化的冲击下生存、发展、传承，唯有创新。继承其核心、本质部分，结合时代要求推陈出新。创新不仅仅要体现在内容形式方面，更应体现在传播媒介和推广方式上，唯有顺应潮流，采取“互联网 + 非遗”的模式，才能真正让非物质文化遗产在创新中传承，在传承中创新。抢救和保护非物质文化遗产就要寻求合适的产业化和商业化的发展模式，引进市场化机制，以非遗项目为支点，做大做强文化产业链，促进其走规范的产业化道路，推动其形成文化品牌效应，提高非物质文化遗产在市场上的关注度和知名度，促进非遗发展。

非物质文化遗产的保护与传承，是一项复杂且需要长期坚持的工作，这就要求我们采取科学的方法，在传承中创新，在创新中传承，在借鉴他国经验的基础上，逐步建立比较完备的非物质文化遗产的保护制度和体制机制。在全社会形成自觉保护非遗的意识和良好氛围，政府、组织和个人均要承担相应的传承与保护责任，使我国各类非物质文化遗产都能得到有效的保护、传承和发扬。

3.2 新媒体视域下高校图书馆与非物质文化遗产的保护传承

非物质文化遗产作为人类古老文明的记忆，是一个国家或民族的智慧结晶，也是文化传承的重要载体。高校图书馆作为传播和发展文化的机构，参与非物质文化遗产的保护传承是使命，也是应尽的义务。这里以梅山傩戏的保护传承为例，探索新媒体视域下高校图书馆非物质文化遗产保护传承策略。

梅山傩戏融合了几千年来古梅山地区的宗教文化及民间艺术，并在周边文化的影响下形成了一个文化综合体，是对当地生产生活方式、宗教信仰、风俗习惯以及饮食文化的一种折射。在 20 世纪 60—70 年代以前，少有学者涉及傩文化的研究，从 80 年代后期开始，涌现出大量的傩文化研究学者，相关研究主要集中在梅山傩戏渊源特点及价值、梅山傩戏剧目及艺术特征、梅山傩舞与傩面狮舞研究、梅山傩戏的传承与开发研究等，涉及历史学、艺术学、民俗学、社会学、人类学、美学、符号学等诸多学科视角，傩文化研究得以日益丰富和成熟。然而，随着经济全球化进程的加快和信息技术的高速发展，文化全球化的趋势为地方文化资源的发展和传播带来了冲击。新媒体时代下，各行各业都在转变传统营销和传播策略。新媒体作为新兴的传播媒介，同样给梅山傩戏的发展和传播带来了新鲜血液，在此理论视角下，探讨新媒体在梅山傩戏发展和传播中的作用以及新媒体视域下梅山傩戏传播策略，进而使梅山傩戏得到更好的发展和繁荣有着重要的理论和实践意义。

3.2.1　新媒体基本概念

目前，业界对新媒体的定义尚未达成共识，归纳起来，大致可以分为两类：一类是从技术层面进行界定。熊澄宇教授认为，新媒体是建立在计算机信息处理技术和互联网基础上，发挥传播功能的媒介总和；新传媒产业联盟秘书长王斌认为，新媒体是以数字信息技术为基础，以互动传播为特点、具有创新形态的媒体；国务院发展研究中心岳颂东提出新媒体是采用当代最新科技手段，将信息传播给受众的载体，从而对受众产生预期效应的介质。以上三种代表性的定义均突出了新媒体的技术特征，技术基础包括信息处理技术、网络技术、数字技术等。另一类是与传统媒体的比较出发。如王晰巍等学者认为新媒体和传统媒体相比具有无可比拟的优势，其基本特征之一便是交互性；谢晋业认为新媒体是相对传统媒体来说，是新科技背景下出现的一种媒体形态，如博客、微信、触摸媒体等；吴文静指出新媒体是相对传统媒体提出的相对概念，包括微博、微信、QQ 等新型媒体平台的统称。

以上定义可以看出，新媒体是一个动态的、相对的概念，随着技术的发展不断更新，具有很强的时代特点，在不同的历史文化语境中有不同的所指，很难下一个严格的定义。目前，虽然研究者各执己见，但在不同程度上推动了其内涵的发展。

3.2.2　“5W”传播模式下梅山傩戏传播现状分析

20 世纪 40 年代，著名传播学家拉斯韦尔在《传播在社会中的结构与功能》一书中，提出传播过程及其五个基本要素。即“5W”传播理论模式，分别是 Who—谁；Says What—说了什么；In What Channel—经过了什么渠道；To Whom—对谁；With What Effects—取得了什么效果。“谁”是传播者，由单个的人或集体和专门的机构组成；“说了什么”是指传播的信息内容；“渠道”是指传递的信息经过的中介，可以是报纸、电脑等各种传播媒介；“对谁”，可以是受众或受传者；“效果”是检验传播活动成功与否的尺度。综合运用“5W”模式原理，从传承者、传播内容、传播载体、受众和传播效果五个要素的角度切入，剖析梅山傩戏发展传播的现状特点。

（1）传承者青黄不接

梅山傩戏是一个以远古蚩尤为祖源、以祭祖祈福仪式为载体、以“蚩尤屋场”为传播中心的民间巫傩文化活体。地处偏僻、经济落后，由汉化的土著巫傩师以口传身授、以家传和师传两系秘密流传至今。随着经济技术的发展和时代的进步，人们的生活理念和对生活质量的追求发生了很大变化。闭塞的地理环境、落后的经济、保守的传承方式等因素在一定程度上禁锢了梅山傩戏面向大众传播的可能，无法吸引更多的继承者，甚至有些年轻一代对梅山傩戏不但了解少，也没什么兴趣，严重影响了继承者队伍的发展壮大。以梅山峒主故里的冷水江为例，家传是主要的传承方式，保守、古老的承继方式距离现代人的生活渐行渐远，传承者不断老去，继承者严重缺失。传承面临危机，出现了青黄不接、人才匮乏、后继无力的现实问题。

（2）传播内容因循守旧

梅山傩戏是梅山地区农村中广为流传的古老地方戏，主要以记录物质生产、人口生产的劳动过程为题材，由反映现实生活中产生的基本概念为故事框架，表演内容主要是修路、架桥等披荆斩棘、开天辟地的故事，剧目原始而古朴。新媒体时代，催生无穷的信息需求、生成和消费，“内容为王”仍然是一个不变的事实。在多元文化背景下，社会大众特别是年轻一代更热衷于“快餐式”的消费文化，有些傩坛所教的傩戏为了跟上时代的潮流变化在原本的基础上进行了更改，但还是缺乏对梅山傩戏的深度创造和挖掘，现代创新比较少。作为一种古老而传统的艺术，梅山傩戏缺乏与现代演艺元素的结合，传播内容缺乏时代性与创新性。

（3）传播载体单一落后

受经济、地域、文化的影响，梅山傩戏传播载体还主要集中在传统媒体上，即报纸、新闻报道、电视播放、书籍、广播等，这种方式不能满足人们当下的欣赏心理要求。且以口耳相传、口传身授的方式传承，疏于记录和固态化，被文字记载的东西几乎没有，更谈不上在此基础上的升华，常常是不可再生，转瞬即逝的。亲身传播的覆盖范围受到传承人活动范围的制约，传播范围也很狭小，主要集中在参与活动的受众。梅山傩戏的小众化、传播媒介的缺位，传播载体的单一，都不利于梅山傩戏的传承和发展。然而，全球化时代背景下，新媒体进入千家万户，人们越来越享受视觉的刺激，电脑、手机、流动媒体等形式其传播范围之广、效果之大、速度之快均不容小觑，倍受人们的关注和喜爱。

（4）受众参与程度低

随着网络信息技术的迅速发展，在大众媒介的助推下，社会大众的审美情趣和文化消费方式随之发生了变化。当今社会大众更喜欢片段化、碎片化的“异化”内容，声、音、画及网络技术手段的信息融合日益受到大众的追捧。梅山傩戏受众也受到社会大环境的影响，在戏曲素养和心理素养方面与以前的受众有了很大的区别。对于傩戏这种表演时间长、内容晦涩化、相对完整的文化表现形式，受众特别是年轻一代受众的接受缺乏一定的耐心，出现受众流失现象。在新媒体世界里，“多对多”的信息交流方式日益受到社会大众的青睐。梅山傩戏传播方式固态化，渠道单一，无法与受众互动沟通，受众仍是“被动”的参观者，很少主动去“分享”，积极性不高，参与程度低。

（5）传播效果不尽人意

对于喜欢傩戏的受众来说，傩戏还是受认可的。但受多种因素的制约，社会影响力不大。尽管政府在努力积极传播，但宣传力度还不够，传播效果不是很好。本土传媒机构对梅山傩戏重视不够，通过百度、读秀学术搜索等查询，本市内仅有娄底日报、娄底晚报两家从2012年开始陆续有相关报道，以2015年、2016年、2017年三年居多，但宣传报道力度不够，没有一个以梅山傩戏传播为专业定位的媒介。况且地方性媒介对外影响力小，受众限于本地市民，外地人很少可以接收到相关消息。主要依靠传统媒体和人们的口头传播为主，难以适应信息化时代的传播要求，缺乏社会大众的关注，缺乏市场。

3.2.3　新媒体促进梅山傩戏的发展与传播

新媒体是以互联网络技术、数字技术、移动通信技术等为基础的新兴媒体，为梅山傩戏发展与传播带来了机遇。

(1) 拓宽传承者思路

新媒体利用互联网、卫星网络和无线通信网使信息的传播与获取突破了时空的限制，为传承者和受众接触外界打开了便捷之门，极大地拓展了人们的交往空间，迎来了一个“虚拟世界”，为传承者与受众之间的沟通互动提供了渠道，信息开放程度高，为信息的自由传播提供了良好的社会环境，实现了全球化的即时传播。这要求传承者要及时更新传承理念，转变传统观念，提高媒介素养，借助微信、微博等新媒体，提高梅山傩戏传播时效性，实现全球范围的即时推广。

(2) 丰富传承内容

新媒体背景下，社会高速发展，受众精神世界不断丰富，决定梅山傩戏内容必须与时俱进，尽可能地满足受众的需求，向多元化方向发展。新媒体为多样化、多元化的内容生产提供了现实的技术支持。通过新媒体技术，将特定文化元素实现超时空还原，打造影视动漫作品、互动电视节目；与传统节目结合，进行创意解读；深入挖掘和拓展新的题材，拍摄微纪录、微电影等。这样，可以丰富梅山傩戏传承内容和形式，大大提升用户体验，提高传承效果。

(3) 创新传播载体

新媒体依托数字技术实现了多媒介信息的整合，不仅可以为受众提供文字、声音、视频等多媒体信息，还可以实现受众可根据自己喜好设置接收不同形式的信息。它的超媒体性为传播梅山傩戏提供了新颖而丰富的载体形式，如可建设梅山傩戏官网、视频网站、微博、微信群、QQ 群、微信公共号等。通过整合各种传输渠道和多样接收终端，打通线上线下，为梅山傩戏融入社会、导入社会生活的每个领域提供了契机，从而将实现梅山傩戏传播由单一走向立体。

(4) 提高受众的主动性

新媒体改变了人们的交流习惯，不再是“言传身教”“口耳相传”，不再是单向传播交流，交互性成了新媒体最突出的功能，使传统的“对象化关系”转变成为“交往关系”，实现了传受双方的互动交流。将新媒体引入梅山傩戏传承，消弭了传承者和受众双方分离的状态，赋予了受众更多的平等交流权。受众同传承者一样对信息具有同样的控制权，在接收信息时成为传播信息的信息源，对其赋予新的情感或个性，通过微信、微博等新媒体进行个性化传播，大大增强了受众的体验感、成就感、参与感和主动性。

(5) 增强传播效果

新媒体的虚拟性为梅山傩戏传播由现实社会向虚拟社会延伸提供了现实可能性，大大拓展了传播空间。通过新媒体，增强了梅山傩戏传播的时代感和感染力。以微信、微博等新媒体为例，通过受众充满情绪的传递和分享，将感染享有相似宗教、语言、爱好、习俗的朋友们，产生出天然的“同类人”，传播效果明显提升。此外，通过微信朋友圈、微博内容，传承者可以及时、准确地获得受众动态的第一手资料，倾听受众的心声，了解受众的评价反馈，从而及时作出调整，有的放矢，增强梅山傩戏的传播效果。

3.2.4　新媒体视域下梅山傩戏的传播策略

(1) 转变理念，提升传播主体媒介素养

由于新媒体的诞生，梅山傩戏传播主体不能再墨守成规，应紧跟时代的发展要求，将新媒体的优势运用其中。首先，培养新媒体思维。当下，新媒体深受年轻一代的宠爱，改变了他们的媒介偏好。要吸引年轻受众，这要求传播主体不能只停留在自我了解的基础上，而是要与时俱进，了解新媒体，学习并熟练操作新媒体，提升对新媒体的认知度。要有媒介信息反思和判断的能力，准确使用新媒体技术，灵活选择与青年受众的交流方式，实现沟通交流的无障碍化，以吸引更多的年轻受众，喜欢地方文化资源。其次，打造一支具有信息化、媒介素养意识较高的传播主体团队。打造出内容新颖、形式多样的梅山傩戏，营造出良好的传播环境，促使预期传播效果的实现。

(2) 创新梅山傩戏内容，打造文化产业链

新媒体时代，梅山傩戏需不断创新剧目和表演（包括内容、形式和传播方式），在保持核心精神不变、保护原真性的前提下，适当融入现代元素，使其更贴合现代人的审美情趣，才能得以长远的发展。以往梅山傩戏的传播活动侧重于文字和图片，随着新媒体的应用，其类型也应趋向多元、立体、全面，达到

对梅山傩戏深入浅出的诠释。首先，对各类型文献进行收集整理，建立电子文档和梅山傩戏特色数据库；利用现代声像学影像技术，影像化采集梅山傩戏资源，鼓励与各种媒体的融合，制作专题直播新闻、纪录片、电视剧等，建立梅山傩戏影像资料库。其次，打造梅山傩戏表演特色品牌，积极挖掘民间的传统文化资源，建设文化特色村，与其他旅游品牌产生联动效应，提高梅山傩戏品牌的知名度、影响力。另外，梅山傩戏不能孤立存在，其内容不能孤芳自赏，要与湘西傩戏、云南傩戏、池州傩戏等互动交流，知己知彼，有益于对传统文明的探寻和深化。

（3）重视新媒介，打造新的传播生态链

传播学者麦克卢汉曾提出："媒介是人的延伸"，高度概括了媒介在传播活动中的重要地位。当前，多样的媒介为梅山傩戏传播提供了丰富的平台，传播平台实现由单级、单一平台向多渠道、多媒体、复合型转变。要高度重视并有效发挥媒介在梅山傩戏传播中的作用。首先，大力发展微传播。微传播以移动互联网为基础、以各种微介质进行传播，是当前主流传播方式，具有可以满足受众的即时需求、受众定位更加精准、成本低廉、内容更简短随性等优势。其次，提升主流媒体的传播力、影响力和公信力。主流媒体具有覆盖面广、影响力大、拥有较强公信力和较广泛受众群等特征。加强对梅山傩戏的深度报道；集中力量打造梅山傩戏电视品牌栏目；利用资源优势，加强主流媒体网站建设。另外，充分利用新媒体平台，强化互联网思维，实现传统媒介与新媒介融合，重新审视传播者与受众之间、传播者之间、受众之间的关系，建立新的传播生态链。

（4）实施分众传播，培养意见领袖

新媒体改变了传统传播点对面的单向传播，形成了一种多元互动模式，受众不再是传播过程的被动受体，而是会积极地选择和加工信息，拥有传授双重身份，是整个传播活动的中心。同时，受众在传播活动中有明显的选择性心理和不同的价值需求。传播梅山傩戏，在把握受众角色和心理的基础上，通过了解不同受众群体的差异性、多样性需求，选择不同传播媒介和传播方式，实施分众传播。分众传播是新媒体时代信息传播的重要方式，能够推动传播内容快速普及到各个分众群体。在实施分众传播的基础上，培养意见领袖。新媒体时代，通过意见领袖进行传播是民众更乐于接受的方式。意见领袖作为一个传播学概念，是指人际或网络传播活动中的活跃分子，积极为他人提供信息、观点或建议，具有巨大的号召力、鼓动力，发出的声音往往代表民众心声，具有极高的威信。通过意见领袖来传播梅山傩戏，更具吸引力和说服力。

（5）优化传播环境，提高传播实效

新媒体承载的信息纷繁芜杂，缺少信息“把关人”，各种合法、不合法、健康、不健康的信息“无屏障性”进入社会大众的视野。很多网络现象正以低级调侃方式消解甚至颠覆传统的审美取向，新媒体带来了一个复杂的文化场域。同时，新媒体平台也易成为社会舆论的助推器和放大器。在新媒体环境下，梅山傩戏传播效果也深受传播环境的影响，因此，通过优化传播环境来提高传播实效。首先，建构新媒体信息分析预警机制。梅山傩戏传播主体要提高警惕意识，及时研判不利于梅山傩戏传播的动态，多角度、全方位地收集问题信息，对症下药，建立预警机制，降低问题的发生率。其次，发挥新老媒体的合声效应，做好网络舆论引导，构建定位明确、覆盖广泛、功能互补的舆论引导格局，净化传播微环境。

梅山傩戏被学界称为“西南傩文化的源头之一”，是研究湖湘历史文化不可再生的资料库，是南方民族融合史、宗教演化史、民俗史的“活化石”。高校图书馆要积极参与非物质文化遗产保护研究，促进地方文化资源的繁荣和当地经济的发展。

4 高校图书馆与农家书屋建设

农家书屋政策的实施从 2003 年的倡导发起，2007 年的全国推行，2015 年的加强对农家书屋的统筹管理，到 2018 年 9 月，中共中央、国务院印发的《乡村振兴战略规划（2018—2022 年）》中提出要“推进农家书屋延伸服务和提质增效”，可以看出，国家政策对农家书屋工程建设予以了持续的关注。历经近 10 年的时间，农家书屋具备了一定规模，但也存在不少的问题，要推进农家书屋的延伸服务和提质增效，实现可持续发展，需要从管理体制、运行机制等多方面进行完善。

4.1 新公共服务理论在农家书屋建设中的引入

美国著名行政学家登哈特（Rober B. Denhardt）提出了新公共服务理论，以公共利益和公民权为核心内涵的新公共服务理论，充分体现了以人为本的服务理念和多方参与的服务模式。在我国倡导推进农家书屋延伸服务和提质增效的战略规划下，将新公共服务理论引入农家书屋建设研究，借助新公共服务理论所蕴含的人本主义、服务意识以及政府的责任与作用等，将对农家书屋建设具有深远的启迪作用。

4.1.1 新公共服务理论概况

（1）产生背景

20 世纪 70 年代末，西方发达国家实行“新公共管理理论”，这种新的管理主义实际上就是以追求“3E”即效益（efficiency）、经济（economy）、效率（effectiveness）为价值目标的“效率主义”。由于该理论过度依赖市场机制，推崇市场主导和追求效率，认为公共管理者是“掌舵，而不是划桨”，忽视了民主、公平、公共利益等基本价值，致使政府面对社会不公、贫富分化等实质问题时无法解决，也引来了不少批判和质疑之声。基于对此理论的反思与批判，“新公共服务理论”应运而生。

（2）基本观点

新公共服务理论，是以公民为中心的公共管理理念，将公民置于整个治理体系的中心，推崇公共服务精神，主张用民主和社会的标准来衡量公共服务质量，重视公民社会与公民身份，重视政府与社区、公民之间的对话沟通与合作共治，强调建立有效的公民利益表达机制，建立明显具有完整合力、回应力的公共机构。该理论的基本观点包括：① 服务于公民，而不是服务于顾客；② 追求公共利益；③ 重视公民权胜过重视企业家精神；④ 思考要具有战略性，行动要具有民主性；⑤ 承认责任并不简单；⑥ 服务，而不是掌舵；⑦ 重视人，而不只是重视生产率。

（3）特点

新公共服务理论是对传统公共行政的超越，具有以下特点：① 在政府角色定位方面，将政府定位于服务，平衡各方利益，创造共享价值；② 在实现政策目标的机制方面，主张构建各组织联盟，满足社会各方的共同需要；③ 在理性形态和行为模型方面，以战略理性为理性形态，构建对理性的多元检测的行为模型；④ 在管理者的行为动机方面，强调公共服务、奉献社会的意愿；⑤ 在组织框架的设定方面，主张建立公共领导的合作组织框架；⑥ 在责任强调方面，强调对公民负责；⑦ 在责任的实现途径方面，强调选择综合路径——必须关注法律、政治规范、社区价值和公民利益等。

4.1.2　新公共服务理论与农家书屋服务的契合

新公共服务理论的核心理念与农家书屋服务理念是契合的。首先，核心职能相同，强调服务。在新公共服务理论中，把服务当作公共行政的出发点和归宿，公共服务是政府的核心职能，政府存在的主要原因就是能够提供公共服务。农家书屋是为满足农民阅读需要，建在行政村的公益性文化服务设施，其本质属性是文化服务，服务既是农家书屋建设的逻辑起点，也是它的最终结果。其次，服务理念相同，强调“以人为本”。在新公共服务理论中，服务是政府的主要职能，而服务的理念是“以公民为本”，公民是公共活动领域的主体，政府部门更关注公民是否能够找到存在感和归属感，相互沟通是否顺畅，尊重公民的本性，维护公民的权益。农家书屋是一项面向农村、面向基层的文化惠民工程，是顺应时代发展和农村居民需求而诞生的，以农民需求为导向，充分重视农民的主体性与需求性。最后，根本目标一致，强调追求公共利益。在新公共服务中，追求的目标是更广泛、更长远意义上的公共利益，体现了对公民权利和民主传统的回归。农家书屋建设旨在满足农民群众最基本的文化需要，提升农民的文化素养和教育程度，保障农民群众的基本文化权益。可以说，农家书屋服务是一项系统的、复杂的公共服务，它的持续发展离不开社会组织的协同、公众参与以及公共利益的保障等，这些与新公共服务理论所倡导的战略性思考、公众参与、追求公共利益、回应性等理念都相契合。因此，充分地运用新公共服务理论来指导农家书屋建设具有重要的作用。

4.1.3 新公共服务理论视角下农家书屋建设存在的主要问题

（1）政府协同社会力量不足

农家书屋服务是一项关系广大农民利益的长期工程，需要人力、物力、财力等的持续投入才能实现可持续发展。单靠政府的精力和财力显然无法实现农家书屋永续发展的需要。据了解，农家书屋的建设和运营经费主要依靠各级政府的财政支持，存在资源配置的“垂直化”和高度集中化问题，造成农家书屋对政府管办和国家财政的“路径依赖”，同时，使得市场机制和社会力量进入存在体制性壁垒。缺乏社会力量的有效、长期、持续的支持，缺乏经费的保障和经费投入的评估机制，基础设施建设不平衡，硬件设施建设滞后。可见，在政府无法充分发挥其协同社会资本机制的情况下，仅仅依靠政府，无法满足农村居民多样化的需求，服务效率低下。

（2）缺乏战略性思考

农家书屋建设作为一项长期而复杂的文化惠民工程，执行过程中存在包括中央政府、地方政府、村（居）委会、农民等在内的多方利益主体。地方政府需进行战略性的思考，注重科学合理和长远的规划，在建设过程中，要具备民主性。当前，在农家书屋建设过程中，地方政府缺乏长期规划，配套政策不完善，没有形成统一的制度体系，只是由各地区各行政村自行治理，地方政府为追逐经济绩效而选择性执行政策，横向之间缺乏资源整合和统筹利用，存在局限于一地一村的地域化封闭排外倾向；地方政府主导制定的各项规章制度缺乏其他各方的广泛参与，村（居）委会处于政策执行链条的最底层，缺乏一定的自主性，农民作为政策对象的目标指向群体，一定程度上被排斥在政策制定外，导致自上而下的“送文化”难以满足农民文化需求。

（3）忽视农民的公民身份和作用，公众参与度不高

农家书屋是一项惠及广大农民群众的民心工程，最大受益者是农民，但一些地方政府忽视了农民的主体地位，未能充分关注到农民的公民身份和作用，农民的主体作用并未体现出来，出现了“虚位”“弱位”“错位”等情况，农民群众在农家书屋管理层面主体参与意识不强。同时，农家书屋“自上而下”“一刀切”的供给方式使农家书屋在藏书目录选择上缺乏一定的自主权，书籍

多以上级部门统一配发为主，存在资源配置不接地气、供需错位现象，忽略或者淡化农民实际的文化需求，有些地方农家书屋中的图书有20%～30%农民看不懂，没有依据当地民情有针对性地调整书籍结构，不能匹配不同地区农民的差异化和多样化需求，造成资源的浪费与闲置，难以调动农民群众阅读的兴趣和参与的热情，部分农家书屋出现“门前冷落鞍马稀”的境况。

（4）缺乏公众反馈和政府回应机制

作为一项国家文化惠农工程，农家书屋工程的初衷就是要满足农民的文化需要，通过对贫困地区的文化帮扶，培育一批能够依靠科技文化知识来摆脱贫困的新型农民。然而，在实际运行中，农家书屋宣传、服务、反馈部分性缺位，在决策管理上存在体制“内外隔离”、体制内部“上下不通”、多层管理体系间“信息不通”等问题，农家书屋政策在农村遭遇悬浮化困境。对农家书屋的监督评价和农民需求的征求反馈缺乏常态、有效的机制，没有相应的接受与回应农民需要的渠道，没有与农民建立良好的正向互动，监管和评价工作常常流于形式，没有“民主的输入”“民主的沟通”平台，公众参与存在“效率”与“回应”的两难问题。

（5）缺乏责任机制，责任意识淡薄

农家书屋建设是一个系统的公共工程，需要政府牵头，职责明确，带领相关部门和组织进行系统的统筹和建设。目前，农家书屋责任制度的建立并不完善，农家书屋采用的是村民自治制度，管理上按“免费借阅，村民自主管理”的模式来实施。“自主管理”意味着没有明确的岗位职责和身份限制，长此以往，导致管理虚化。部分乡镇和村干部在“重经济，轻文化”的意识主导之下，抱有上级布置，下级完成的被动思想。有的把农家书屋当成面子工程和形象工程，建成后疏于管理。管理人员匮乏，素质不高，村干部兼任管理员的情况十分普遍，然而，在低福利与多任务的矛盾下，村干部往往被动消极执行，主动为农民提供知识服务的意识淡薄，对书屋的重要作用认识不足，责任意识不强。

4.1.4 新公共服务理论对农家书屋建设的启示

（1）协同社会资本，构建多渠道投入机制

新公共服务理论认为，政府的角色是不止于控制或引导新方向，更重要的作用在于，促进营利组织及非营利组织协同合作，共同寻找解决问题的办法，主张一种多中心的公共服务治理结构，整合各方面的力量，注重发挥集体的合力，以便更好地回应公民的公共需求。当前，农家书屋的供给模式是以“自上而下”的政府供给为主，但这并不意味着应当全部由政府供给，农家书屋是由政府政策主导的公益性文化服务项目，广泛联合社会力量，是农家书屋可持续发展的必由之路。可以通过企业赞助、公益捐助等途径直接融资或合作交流，也可以参照其他公共物品的供给方式，将竞争机制引入农家书屋的建设中，开拓农家书屋新的运营和筹资模式，积极发挥各参与主体的潜力，形成价值环流，让农家书屋变成真正自我管理的生态体，实现参与主体的“多赢”。

（2）创新发展模式，深远谋划发展

新公共服务理论以追求公共利益为主要目标，主张思考要具有战略性，行动要具有民主性，强调政府在进行决策前要进行战略性的规划，在战略决策中维护公民权利，注重公民参与管理，实现多元化使用行政权。因此，建设农家书屋，首先要全面提高公共服务意识，充分发挥公民在追求公共利益中的作用，鼓励公民组织或者公民个体参与管理，实现从“顾客”型服务模式向以人为本的“公民权利”型服务模式的转变，从控制导向向服务导向的转变，从效率导向向公正导向的转变，积极探索捐助型、托管型、民间公益型、企业型、公建民营公助型、旅行驿站型等发展模式。其次，要制定合理的有战略性的规划，深远谋划农家书屋建设，细致化、多维度地针对农家书屋建设制定发展规划和长效机制，将农家书屋建设纳入乡村振兴战略规划，纵向联动服务，横向联盟发展，使得实施的农家书屋建设活动体现民主性。

（3）创新服务方式，提升用户黏度

新公共服务理论强调以人为本，以公民的需求为导向，重视公民的社会身份，突出“人”的价值主体性。这要求从公民权的高度充分认识农家书屋以人为本的服务理念，转变农家书屋单一的服务方式，从“自上而下、一刀切”向“自下而上、以需定供”的服务方式转变，拓展服务深度，提供精准化服务，提升用户黏度。结合本地区的自然资源和社会资源、产业发展等，推动农家书屋延伸服务和提质增效。村村通、村村网使得农村不再处于封闭状态，农民需求越来越多元化，要充分整合资源，为新时代农民提供更丰富的精神食粮，充分应用新媒体、新技术不断培养农家书屋自我造血功能，推广农家书屋数字化建设，开发各类阅读软件，利用大数据划分群体，持续推动指导关注分众需求，探索新的农家书屋“1+X”服务方式，紧抓延伸服务，打造成集多种功能于一体的乡村公共服务平台，吸引用户参与，提高用户的参与积极性。

（4）加强协商交流，完善公众反馈和政府回应机制

新公共服务理论认为，公共利益是共同协商共同价值观的结果，重视政府、社会与公民之间应基于平等身份的基础上进行对话、沟通和协商，强调建立有效的公民利益表达机制，建立明显具有完整合力、回应力的公共机构，实现公共利益。Web 2.0时代农村信息化发展不断提高，依托社会化媒体在农村的发展，充分利用社会化媒体的共享、交互、便捷等优势，建立农家书屋社会化媒体平台，改变现有的单一信息传递模式为互动的信息交流模式，畅通农民自下而上的表达渠道，帮助农民表达其利益诉求，保障农民的表达权、知情权、监督权，建立政府与农民的良性互动机制，积极回应农民的诉求，建立有效的公众反馈机制和政府回应机制，最大程度地满足农民的需求。

（5）完善责任机制，建立绩效评估体系

新公共服务理论承认责任并不简单，关注的不仅仅是市场，还应该关注宪法法律、社区价值观、职业标准等，这种责任，既有政治上的，也有法律上和道义上的。面对农家书屋发展中存在的诸多问题，建立完善的责任机制和绩效评估体系刻不容缓。建立以服务价值为导向的责任机制是提高农家书屋服务水平的关键，不仅要依靠外部规章制度的制定来规范管理者的责任，更要依靠内源于管理者的职业责任意识，加强农家书屋人才队伍建设，拓展人才培养机制，采取政府服务和志愿公益相结合的方式，充分挖掘“新乡贤”和文化热心人士，通过制度建设和政策引导，培育一支共同参与、勇于承担多样化责任的管理员队伍。着力推进农家书屋管理的科学化、规范化工作，层层细化职责，落实责任主体，建立完善的考评和监督机制，细化各项考核指标，努力实现数量评价、质量评价和效益评价三方面的平衡，对书屋建设、资金使用、服务质量等指标进行监管和考核，制定相应的奖惩制度，以达到激励和警示作用。

在精准扶贫和乡村振兴的大背景下，面对农民群众日益增长的文化需求，农家书屋的服务必须寻求新的方向和定位，不断完善管理配套机制，创新管理

理念，改进服务方式，推进农家书屋延伸服务和提质增效，才能实现其可持续发展。新公共服务理论是一种全新的公共行政理论和实践模式，给我们提供了一个充分重视民主、公民权和为公共利益服务的理论框架，为农家书屋建设提供了一个新的理论视角。

4.2 高校图书馆参与农家书屋建设的理论与实践

2019 年 2 月，由中央宣传部、中央文明办等十部门联合印发的《农家书屋深化改革创新提升服务效能实施方案》，以深化改革和提升效能为目标，吹响了农家书屋改革再出发的号角，全面部署了农家书屋提质增效的有关工作。方案提出了 4 个方面 17 条具体举措，明确要推动共建共享，解决资源闲置问题；要开展主题性和常态化阅读活动，提高书屋使用效能；要优化内容供给，有效对接群众需求；要健全体制机制，强化书屋工作保障等内容。从协同理论视角来看，系统能否发挥协同效应是由系统内部各子系统或要素的协同作用决定的，因此，图书馆等社会力量参与农家书屋建设的协同发展模式能够助推农家书屋的建设与发展。

4.2.1 国内相关研究现状

国内学者对农家书屋展开了积极的研究，研究内容主要集中在农家书屋发展中存在的问题及建议、农家书屋信息化建设、农家书屋建设和发展中的困境、农家书屋发展模式、农家书屋可持续发展策略探讨等。赵虹等指出农家书屋在长效管理机制、文献资源建设、科学管理等方面存在问题，建议以政府为主体的持续均衡投入；把儿童阅读培养放在重要地位；建立县级、省级农家书屋联盟；开展农家书屋的数字化升级改造；完善管理体制、拓展服务范围。丁学淑等探讨了农家书屋信息化内容构建发展策略，即加大资金投入力度；实现资源共建共享；加强与图书馆的联系；延伸服务，谋求发展；凸显地域资源特色。孙鹏等提出以建立政策体系、打造资金链条、建设技术团队、筹划人力体系和统筹数字资源等为抓手，保障农家书屋信息化建设的实施与稳步推进。潘炜等通过调查分析了农家书屋发展现状，指出普遍存在供给行政化、产品错配化、管理消极化和服务低效化等问题，分析了农家书屋发展困境的技术归因，提出了农家书屋转型发展的技术路径，即利用技术手段破除“进入壁垒”“效率困境”、搭建信息化平台促进多方对接和资源整合、建立线上线下多元监督和激励约束机制。曾建辉指出农家书屋已经出现管理虚化现象，考核机制的失效和激励机制的缺位是问题产生的根源，建议从机制改革着手，改进考核方法同时建立激励机制来进行治理。孔兰对农家书屋实施社会化媒体发展模式的可行性进行了阐述，分析了农家书屋社会化媒体发展模式的本质与目标，提出从依托“中国农村传媒网”建立社会化全媒体中心、以“互联网＋”思维拓展参与主体、实现阅读主体与资源之间的互动、社会化互动与线下转化共同作用于乡村文化、建立“荣誉＋积分”激励机制这几个方面对农家书屋社会化媒体模式进行了整体布局。陶爱兰等以宁夏为例，分析了宁夏农家书屋管理服务中存在的问题，探讨了民族地区农家书屋管理及服务新模式，建议以出版物补充为保障，以加强管理为重点，以精准服务为抓手，以创新理念为关键，以整合资源为支撑。刘敏提出了基于真人图书馆的农家书屋服务新模式，通过加大宣传，提高农村读者认知度；了解需求，确定真人图书馆活动主题；广泛招募，科学管理真人图书；深度宣传，提高读者参与度；组织借阅，重视反馈和评价来实施。段玉昆等探讨了互联网背景下的农家书屋众筹模式，通过创新平台运作方式、便捷网络筹资渠道、多渠道配送捐赠图书、多平台合作完善制度建设、加强对农家书屋众筹项目的包装来建设农家书屋众筹平台。孙薇通过调查和分析吉林地区农家书屋现状的调查以及存在问题，提出加大投入，提供后续资金保障；探索数字书屋建设，降低资源的配置成本；以农民为主体，提高文献利用率；加强书屋管理员队伍建设等新路径实现农家书屋可持续发展。唐玲分析了农家书屋可持续发展面临的问题，从完善农家书屋的管理体制、组建优良的管理队伍、加大农家书屋后期资金的投入、加强农家书屋的信息化建设四个方面来推进农家书屋可持续发展。李景文基于农村阅读的视角，探讨了“十三五”时期农家书屋可持续发展，建议通过整合资源构建平台、紧扣需求健全机制、倡导阅读耕读传家和数字技术指尖阅读等手段来提质增效，实现农家书屋的可持续发展。

近年来，社会力量被图书馆以各种形式广泛利用，国内学者对这一现象也进行了积极研究，但相关研究主要集中在高校图书馆和公共图书馆，对县及以下的基层公共图书馆和农家书屋研究甚少，王登佐、姚秀敏对农家书屋建设中的社会力量介入进行了探讨，王登佐提出社会力量办农家书屋的模式有以副养文农家书屋模式、个人独资农家书屋模式、民办公助农家书屋模式、民办民助农家书屋模式和公办民助农家书屋模式；姚秀敏归纳了社会力量介入农家书屋建设的模式有独立模式、合作模式和志愿服务模式。

总体来看，国内学者对农家书屋的研究已取得了可喜的成就，如对农家书屋的作用认识比较深刻，对存在的问题剖析全面深入，对资源建设和管理提出了很好的建议以及对农家书屋的可持续发展问题展开了积极的探讨。学者姚秀敏、王登佐对社会力量介入农家书屋建设进行了探讨，但主要是从宏观方面进行描述，对系统内各要素的协同管理缺乏系统性、全面性研究。在借鉴已有研究的基础上，结合社会协同理论进行创新，为高校图书馆等社会力量参与农家书屋建设实践予以理论铺垫，并在此基础上，从资源、技术、平台、服务以及人员五个角度，宏观、中观、微观三个维度，构建出一个社会力量参与农家书屋建设协同框架，为农家书屋的后续建设提供借鉴。

4.2.2 社会协同理论与适用性

协同理论由德国著名物理学家哈肯（H. Haken）于20世纪70年代提出，强调将一切研究对象看成是由组元、部分或者子系统构成，通过子系统之间的有效整合、相互协作等，产生一种整体效应。如今，协同理论已被引入多个学科领域用以解释复杂系统中多个主体相互作用和相互影响的机制。一些学者将协同概念引入对社会结构、社会系统的研究，形成了社会协同思想。社会协同的内涵主要体现在三个方面：(1) 明确协同的主体。(2) 明确各协同主体的职能。(3) 明确协同的机制。

农家书屋建设是一个系统的公共工程，是复杂的开放系统，除了政府，还可以有政府、高校图书馆、企业、社会组织、个人等多种主体以多种方式参与，它内部的子系统不断地和外界进行着资源、信息等的交换；同时，随着社会的发展，农民对农家书屋的需求内容更丰富、更多元化，“一刀切”式的供给方式已不能满足农村居民多元的文化需求，农家书屋存在供需失衡现象，系统各组成成员的相互作用也表现非线性叠加的作用；另外，随着经济的发展，农村居民开始注重对精神与文化的需求，部分文化需求并未能从现有供给中得到满足，促使其成为供给的主体，系统的发展过程虽然很大程度上由政府主导，却具有自组织演化的特点，因此，以社会协同理论研究农家书屋工程是具有适用性的。

4.2.3　农家书屋社会协同的实施

在农家书屋这一系统工程中，有政府、高校图书馆、社会力量（企业、社会组织、个人）以及农家书屋等子系统，如何使这些子系统产生协同效应，形成农家书屋协同发展的长效机制，是当前农家书屋发展中的瓶颈性问题。社会协同理论为解决这一难题提供了有力的理论支撑。

农家书屋建设的有关问题可以秉承“多样化供给、分类化服务”的理念，从资源、技术、平台、服务以及人员五个角度，宏观、中观、微观三个维度，对社会力量参与农家书屋建设的协同发展模式和实现机制展开研究。从政策法规和农民需求出发，设计的基于社会协同理论的社会力量参与农家书屋建设基本框架分为三个模块，即协同形成机制、协同运行机制和协同保障机制，具体框架如图 7－5 所示。

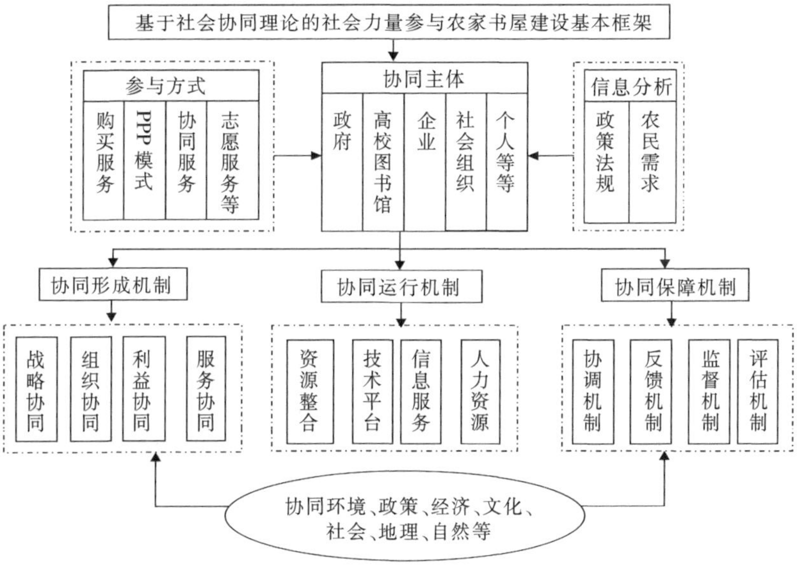

图 7－5　基于社会协同理论的社会力量参与农家书屋建设基本框架

（1）协同形成机制

社会力量参与农家书屋协同建设的实施过程是农家书屋多元主体协调一致、寻求最佳实现策略的过程。在由政府、企业、社会组织、个人以及农家书屋等各子系统构成的农家书屋这一系统工程中，政府处于核心地位，属于“元治理”（如图7-6），负责制定协同制度和规则，统筹协调各主体，赋予各主体平等的参与权与决策权。开放性是协同机制形成的前提；各方的目标是否一致，直接影响协同能否达成，以及产生什么样的协同效果；利益的分离与耦合对协同关系能否形成具有关键性作用，影响协同的形成和协同机制的生成路径；合理科学的组织管理是协同机制形成的组织保障；服务是协同机制形成的根本。这就需要政府制定相应的优惠政策，积极鼓励和引导社会力量参与农家书屋建设。让社会力量参与到农家书屋战略规划、政策制定等宏观层面，农家书屋资源共享、平台建设、联盟发展等中观层面以及信息服务、阅读推广等微观层面的管理和建设中来。根据农家书屋政策法规和农民的信息需求，在意识上达成一致，制定统一的战略目标、组织制度，均衡各方利益，充分利用社会资源，协同完成目标和任务，在质、量两方面放大系统功效，创造出局部所没有的新功能，从而产生“1+1>2”的协同效应，实现力量增值，达到服务理想化的效果，最终实现利益协同的目标。因此，围绕战略形成聚焦并将战略有效分解形成计划和具体工作内容，是协同机制形成的标志。

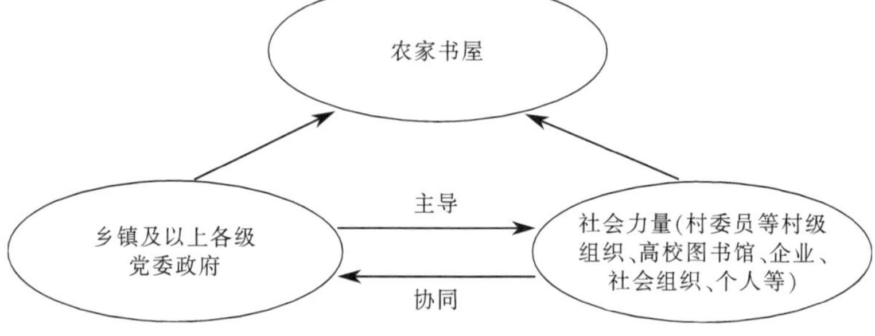

图7-6　农家书屋建设的多元主体示意图

（2）协同运行机制

协同运行是实现农家书屋战略目标并将战略行动方案付诸实施的过程。社会力量参与农家书屋协同建设要做好资源整合、技术平台、信息服务和人力资源管理等方面的工作。在资源维度上，根据用户的信息需求，对资源系统各要素进行加工与重组，使之相互作用和相互渗透，形成合理的结构，实现资源利用整体优化和协调发展，同时，创新"中心—投放点"运行模式，以中心带动投放点，发挥"聚"效应，即将临近的农家书屋进行联盟，发挥整体最大功能，整合各种社会资源，创新农家书屋发展模式，成立基金会、理事会等。在技术平台维度上，充分利用现代信息技术，加强农家书屋书籍内容的数字化和农家书屋数字化平台的建设与管理。一方面，引入优质的数字资源；另一方面，以用户需求为导向，注重应用"互联网+"思维，利用云计算技术构建数字化服务云平台，实现数字资源的一站式检索，为农民提供一个便捷的数字资源服务平台，还要注重以O2O等方式，实现线上线下整合服务的开展，增强农民体验感。在信息服务维度上，要以为农民提供个性化服务为特色，从"大而全"的服务向"精而专"的个性化服务转变。利用大数据划分群体，关注分众需求，形成自动传递给用户的综合性的信息服务机制。开展"1+X"服务运营模式、"农家书屋+电商"等多元化服务形式，延伸书屋的服务功能，增强自我造血功能，把"农家书屋"办成一个集农民学习、休闲、娱乐于一体的农民俱乐部。在人力资源方面，规范农家书屋内部队伍建设，寻求管理队伍最优化的解决途径，加强对农家书屋管理员的培训，解决好农家书屋管理员待遇；同时，建立健全社会组织的培育机制，规范和培育社会力量，重点培育文化志愿者、新乡贤和文化能人等主体力量，提升其专业化服务水平。

（3）协同保障机制

在农家书屋建设中引入社会力量，不仅仅改变了政府对农家书屋的管理模式和经费投入方式，更是对当下监督机制、激励机制等的深化变革。协同保障机制贯穿协同机制形成和运行的全过程。在协调机制方面，政府在吸引社会力量参与农家书屋建设时要秉着平等尊重、协商互利的原则，尊重社会力量意愿，找准农家书屋多元建设共同目标，实现多元共赢；在模式设计、实施步骤和进度推进中，要充分考虑社会力量的参与程度和参与能力，既需要突破传统、鼓励创新的社会文化，也需要培育良好的社会公益环境，统筹协调社会力量；完善相关法律法规，以完善的政策法律体系建构社会力量参与的制度空间，搭建社会力量有效参与农家书屋建设的平台载体，调动社会力量的参与积极性。反馈机制方面，建立和完善反馈制度，为不同主体间以及主体和农民之间搭建一个交流反馈的平台，各主体的需求表达是驱动多元主体协同的重要动力，充分利用微博、微信等拓宽反馈渠道，加强相互间的交互程度，对读者需求进行精确定位和深度剖析，通过大数据技术构建精准用户画像，缩小服务供给与农民需求之间的差距，真正实现以需定供。在监督机制方面，社会力量参与农家书屋建设，需要一套成熟完善的监督机制，在公开透明的监督下合理地运作。政府要建立健全购买服务的事前、事中和事后监管体系，成立监管基金会，制定农家书屋捐赠公开制度等一系列管理制度，完善和规范农家书屋资金使用和管理的合理化流程，建立审批准入退出机制，促进社会力量参与农家书屋建设规范化发展。在评估机制方面，树立包容正确的评价观念，基于公益性的社会力量参与行动采取包容心态，承认不同社会力量参与农家书屋建设的动机的差异性，细化考核指标，坚持以服务效能、社会效益作为衡量标准，建立科学合理的考核评价和激励机制，提高公众参与农家书屋建设的荣誉感和成就感，激发各参与主体的积极性，促进农家书屋与社会力量之间的良性互动，确保政府投入和社会力量参与的有效性。

4.2.4 作家爱心书屋——农家书屋协同建设案例

作家爱心书屋是湖南省人文科技学院图书馆重点帮扶的农家书屋，它位于湖南省涟源市白马镇田心村，建筑面积700余平方米，是一个多功能农村图书馆。从作家书屋的建立、运营到服务保障都体现了协同治理的理念，是高校图书馆等社会力量参与农家书屋协同建设的典范。

首先，作家爱心书屋的建立是社会力量与政府协同推动形成的结果。1998年2月，由著名作家谭谈发出倡议，在巴金、冰心等一大批知名作家、湖南人民出版社以及时任湖南省主要领导纷纷捐书捐物，同时，省内和涟源市的众多单位和个人捐款支持馆舍建设，1999年12月作家爱心书屋建成投入使用。涟源市政府将作家爱心书屋纳入政府管理，设为股级机构，安排4名专职管理人员负责日常管理工作。从作家呼吁，个人、企事业单位响应，再到政府设置管理机构，个人、社会力量和政府的协同努力共同推动了作家爱心书屋的建设。

其次，社会力量、政府和个人协同管理是作家爱心书屋的日常运行机制。文献资源筹集主要由作家、企事业单位和个人完成；村委会负责组织协调村民参与各类活动；政府派驻人员负责日常管理，负责组织活动的实施。在这样良性的协同管理下，作家爱心书屋不仅通过读书活动、赠书、画展等活动丰富了农村的文化生活，还通过与村委会、卫生院合作，利用中药材种植等扶贫项目，推动了当地的脱贫致富工作，延伸了书屋的服务功能。

最后，协同保障机制是作家爱心书屋运行良好的重要基础。政府协调捐赠人、捐赠机构和村委会等社会力量，建立了平等尊重、协商互利的关系。在作家爱心书屋运行的基础条件上，村委会是场馆维护主体，保证了文献的存储空间和开展活动的场所；政府提供管理人员和日常运营经费，这是作家爱心书屋可持续运行的基础；作家及企事业单位稳定的捐赠活动成为图书等资源的重要来源。2015年以来，笔者所在图书馆每年对该书屋进行了帮扶，组织业务骨干进行专业指导，培训管理人员，捐赠图书资料，组织志愿者到书屋开展社会实践活动。经过多年的运行，作家爱心书屋在政府指导、捐赠人合作的基础上形成了捐赠、管理和开展活动的一系列制度，建立了作家爱心书屋与捐赠人间的协调机制，实现了作家爱心书屋的可持续发展。

5　高校图书馆与乡村阅读推广

国家乡村振兴战略的提出，赋予乡村阅读文化建设助力人才振兴、产业振兴、生态振兴等时代使命。乡村振兴，文化先行。习近平总书记在《坚定文化自信 建设社会主义文化强国》中指出，文化是一个国家、一个民族的灵魂。乡村阅读推广对于加强乡村文化建设、提升村民文化素质、促进乡村经济社会发展具有十分重要的意义。近年来，在乡村振兴视域下对农村阅读推广的研究成为当下热点。现阶段，新媒体的规模越来越大，已由众多独立的发布点构成了广泛的传播结构，为乡村阅读推广带来了契机。高校图书馆应当大力发挥自身的资源和专业服务优势，逐步扩大社会化服务的范围，积极参与实施乡村振兴战略，大力开展乡村阅读推广工作，以带动乡村文化的繁荣发展。

5.1 乡村阅读推广研究现状

乡村阅读作为全民阅读和乡村文化建设的重要组成部分，近年来，受到了学术界的高度重视。以中国知网（CNKI）为数据来源，以“农家书屋”“乡村图书馆”“乡村阅读”“农村阅读”作为主题检索词，通过人工筛选和整理发现，学者围绕乡村阅读推广的现状、乡村阅读推广的意义、乡村阅读推广存在的问题与策略、乡村阅读推广体系构建等方面展开了研究，主要就乡村阅读推广问题、乡村阅读推广方法、乡村阅读空间改造、乡村阅读困境、乡村阅读推广案例等开展了全面研究。如杨云燕结合乡村振兴战略背景分析了乡村阅读的重要性，分析了现阶段乡村阅读推广工作存在的问题，并提出了相关建议，卢凤英、李静等论述了新媒体环境下农村数字阅读推广的现状；李欣研、孙博等探讨了乡村阅读空间改造设计；王忠友、伍芳芳等进行了乡村阅读案例分析，分别以平度市“行走的书籍”和四川工商学院图书馆的乡村阅读推广工作为例；张晓芳探讨了乡村阅读的新形式乡村小学阅读夏令营；吴德志等对农村居民的阅读困境做了实证探析，王春梅调查了齐齐哈尔地区阅读情况对农民阅读的内在多维度贫困进行了研究；常倩倩、郑雨霏等探讨了农村阅读推广的策略；宁爱媛、赵海珍、张黎斌等探讨了乡村阅读推广体系的构建。纵观目前已有的文献，国内学者针对乡村阅读形成了许多富有建设性的研究成果。

5.2 新媒体时代乡村阅读推广面临的机遇

5.2.1 阅读推广的新媒介：新媒体

新媒体以其便利性、丰富性和交互性改变了人们的阅读方式，它的飞速发展给阅读带来了前所未有的便利和优势，对阅读推广起到了巨大的推动作用。新媒体丰富了阅读推广的资源，除传统文字资源外，各种视频、音频、数字资源极为丰富；新媒体拓宽了阅读推广的渠道和形式，利用微信、QQ、微博等的群发推送、自动回复等功能，能实现实时推送和满足读者互动性需求，利用百度贴吧、二维码、线上同步微展览、微视频拍摄等，通过新媒体的公信力、影响力、传播力等，能有效地拓宽阅读的推广范围，拓展边界，发展内涵，提升阅读推广的效果。新媒体具有鲜明的时代特征，新媒体阅读推广是阅读推广工作的未来趋势。

5.2.2 阅读推广的新方向：数字阅读

随着新媒介和数字化阅读的发展，我国国民的阅读方式发生了巨大的变化。《第十八次全国国民阅读调查报告》显示，2020年我国成年国民各媒介综合阅读率持续稳定增长，图书阅读率和数字化阅读方式接触率呈上升态势。数字化阅读方式（网络在线阅读、手机阅读、电子阅读器阅读、Pad阅读等）的接触率为79.4%，手机阅读和网络在线阅读是成年国民数字化阅读的主要方式，2020年，有76.7%的成年国民进行过手机阅读，较2019年的76.1%增长了0.6个百分点，71.5%的成年国民进行过网络在线阅读；从数字化阅读方式的人群分布特征来看，主力依然是18～49周岁的中青年群体，同时越来越多的50周岁及以上的中老年群体加入数字化阅读大军。成年国民有声阅读规模持续扩大，听书介质日趋多元化，选择“移动有声App平台”听书的国民比例为17.5%；有10.8%的人选择通过“微信公众号或小程序”听书；有10.4%的人选择通过“智能音箱”听书。

5.2.3 阅读推广的新业态：文旅阅读

2018年4月，文化和旅游部正式挂牌成立，搭建了文旅融合的新平台，催生了文旅融合新模式，为阅读推广提供了新契机。在文旅融合时代，阅读不限于图文阅读、有形阅读，正裂变出更多形态。文旅融合催生的文旅阅读推广如研学旅游、文创阅读等正逐渐成为阅读服务的新增长点。基于“行、游、食、住、购、娱”阅读推广模式构成的文旅阅读推广能有效满足用户全方位的阅读需要。旅行阅读推广、民宿阅读推广、酒店住宿阅读推广、美食图书馆阅读推广、美食节阅读推广、研学旅游阅读推广、文化旅游阅读推广以及文创产品阅读推广等将成为乡村阅读服务创新的有效切入点和指引图。

5.2.4 阅读推广的新需求：双向交流

传统的阅读形式通常是单方向的，不注重用户的反馈，难以精准地定位读者的需求。新媒体时代，用户既是信息的接收者、受益者，又是信息的提供者、分享者，通过阅读交流、分享、评价、反馈，使资源在用户之间相互传递，可以实现资源的充分流动和共享。信息的发送者和接受者之间还可以双向交流并及时反馈，不同于双向循环与互动模式，用户可以主动介入阅读活动，直接参与阅读各环节设计和信息反馈，从而可以针对不同用户群体设计更加多元化的阅读活动主题，满足用户个性化、定制化的阅读需求，增强用户的黏性。

5.2.5 阅读推广的新模式：精准推广

互联网的实时交互功能打破了传统的阅读推广模式，在新媒体的推动下，用户的阅读方式、阅读体验、阅读习惯均已发生变化，阅读需求呈多元化与个性化趋势，阅读推广环境由“供给主导”转变为“需求主导”，阅读推广步入数字化、自动化、智能化、精准化的智慧服务发展阶段，阅读精准推广模式应运而生。精准推广既是创新“互联网+智慧服务”的有效途径，也是革新阅读推广服务方式的重要内容，能实现有效供给与用户需求的有效对接，全方位满足用户不断增长的阅读需求，有效推进阅读推广活动的开展，是提升阅读推广能力的新引擎。

5.3 乡村阅读推广的相关理论

5.3.1 “体验经济”理论

“体验经济”理论是美国经济学家派恩（B. Joseph Pine）和吉尔摩（James H. Gilmore）在其著作《体验经济》中提出：“企业以服务为舞台，以商品为道具，以消费者为中心使消费者参与其中，从生活与情境出发，塑造感官体验及思维认同，引起其胸臆间的热烈反响，并且创造出值得消费者回忆的、令其难以忘怀的活动。”以感知体验满足为核心的体验经济理论已经渗透到服务经济的各个领域，为服务经济的价值增值效应凸显。乡村阅读推广同样可以借助“体验经济理论”的理念与框架，以增强感知体验满意为目标，综合考虑用户感官、情感、思考、行动和关联五方面，从服务理念、内容设计、空间布局和推广平台等方面完善服务体制机制，全面满足用户的感知体验需求，实现感官体验和心理认同，获得用户对服务的认可，进而提升阅读推广的服务效能。将经济学领域中的“体验经济”理论引入乡村阅读推广工作中，将为阅读推广工作带去新的思考方向。

5.3.2 社会互动理论

社会互动理论（Social Interaction Theory）是社会心理学理论之一。社会互动是一种社会行动，人们通过社会之间的信息交流互动影响对方，其可以用来解释或表达对他人的行为意见。阅读推广活动可以理解为推广主体向用户群体基于资源所开展的社会交互活动，既可以是推广主体和用户群体间的交互，也可以是用户群体之间的交流与分享的交互活动。在阅读推广过程中，需要为用户群体提供交互平台，阅读推广活动才会变得更加有针对性。因此，以社会互动理论为基础，可以为乡村阅读推广中搭建互动交流平台以分析用户行为和用户偏好研究提供理论依据。

5.3.3 精准营销思想

精准营销指在定性和定量研究完美融合的基础上来分析目标市场的消费群体，按照不同消费者的行为特点和消费心理，公司利用现代科技和先进的营销理论，有针对性地和消费群体建立营销沟通。精准营销借助精确的市场定位技术、数据库技术、网络通信技术等保障和顾客的长期个性化沟通，使营销达到可度量、可调控等精准要求的一种新型营销手段。乡村阅读推广可以借鉴精准营销中的思维、手段和方法，通过了解用户的真实需求，差异化选择渠道与用户进行有效的双向、互动沟通，为用户精准匹配适应性最高的资源和服务，实现需求满足以及阅读推广价值的最大化。将其公益行为与精准营销思想结合，形成一种全新的精准公益营销模式。

5.4 高校图书馆乡村阅读精准推广策略

5.4.1 基于推广对象：用户画像，分众推广

用户画像在电子商务、计算机及互联网等领域已得到了广泛的应用，作为一种精准刻画用户特征的工具，为乡村阅读开展精准阅读推广提供了便利，契合了精准阅读推广从“数据”到“用户”的要求。以读者需求分析为核心，通过采集读者个人基本信息、阅读行为信息等数据，刻画典型读者的阅读偏好、心理特征、互动关系等社交特征，整合构建用户画像，挖掘读者的显性阅读需求和隐性阅读需求，从而有利于高校图书馆把握各类读者的需求特点及需求变动规律，掌握目标阅读群体的全貌，在此基础上进行有差别、个性化阅读推广，为目标阅读群体提供更加精准的阅读资源和阅读活动，从而将资源和服务与真正需要的用户精准对接，从根源上解决资源和服务的供需错配问题。

5.4.2 基于推广客体：资源画像，分类推荐

新媒体时代，随着云计算和互联网技术的发展，数字化资源日趋丰富、完善，且以指数形式的高增长率进行实时更新，呈现方式主要有音频资源、视频资源、文本类资源、图片类资源等。多元性、多样化的数字化资源背景下，用户更多地会充当资源的咨询者、浏览者、反馈者、对话者等角色，以往典型的资源被动型受众角色可能会被中止，如何使数字化资源被高效利用是乡村阅读推广资源建设的关键。资源画像是提高有效利用数字化资源的必然选择。资源画像，简单理解就是资源标签化，依据资源基本属性、媒体类型属性、内容属性和结果属性四个维度抽象出来标签化的资源模型。资源画像的构建流程以目标（Object）为导向，进行数据（Data）的收集、清洗，对不同维度进行分析、挖掘，最大化地勾勒出资源的特征，根据特征提取进行画像。资源画像为资源建设和个性化资源推荐提供支持。

5.4.3 基于推广方式：媒体融合，多维推广

大数据时代，信息传输速度加快，新媒体势力异军突起，传统媒体与新媒

体的融合成为时代发展的潮流。新媒体具有信息灵活度高、传播时效性强、丰富度高等特点，传统媒体具有权威性强、可信度高等特点，两者融合将使体验更加丰富、功能日趋完善，互动日渐增强、信息逐步碎片化，受众逐渐拓展、价值显著提升。高校图书馆开展乡村阅读推广须探索媒体融合策略，丰富推广手段，提升宣传效果。首先，要根据乡村民俗风习等特点，推出一系列可以在多个媒体上可以同时发布的融合性阅读内容，形成一次编辑、多次发布的快速发布形式；其次，结合用户实际需求，融合多种平台渠道，如传统媒体利用新媒体建立粉丝群、建立微信平台、建立直播平台以及建立“云”平台等，形成多层次、多平台的传播格局，最大限度地发挥各种传播媒介的宣传推广效果，实现阅读推广信息的大范围、深层次、多领域传播，增强用户的阅读体验和黏性，实现阅读推广效益的最大化。

5.4.4　基于推广空间：空间转型，特色推广

乡村图书馆作为构建公共文化服务体系中的一个重要载体，是基层文化建设的主阵地，推动其空间结构优化与服务转型是促使乡村阅读充分发挥作用的必由之路。多元文化体验需求日益旺盛对乡村图书馆的传统空间设计理念带来了冲击，高校图书馆应大力协助乡村阅读空间的转型发展。传统的阅读空间主要以书屋的形式存在，形态比较单一。乡村阅读空间转型应坚持“质”“量”协同、“效”“能”并重、“人”“物”一体，空间设计注重场景与情境的构建，通过动态化、场景化、个性化、情境化的环境设计促进用户阅读。凝练文化内涵，在“一村一品”建设的基础上，可以打造“一村一主题”图书馆，充分发挥本地资源优势、区位优势，在新型阅读空间中植入具有本地特色的文创产品、地方文化等，打造出本地特色阅读推广空间，如地方文化阅读推广空间、主题阅读推广空间、智慧阅读推广空间以及文旅体验阅读推广空间等。如杭州图书馆钢琴主题分馆、济南市图书馆特色阅读空间“名泉・名人・名城”、浦口区图书馆打造的“山居书屋”、青田县民宿图书馆“坐忘阁”，在自身的转型需求驱动下，具有贴近用户、社会参与度高等特征。

5.4.5 基于推广平台：技术融合，智慧阅读

信息技术的飞速发展推动着人类社会进入智慧时代。各种高新科技使得阅读场景从数字阅读、移动阅读逐次向智慧阅读聚焦。智慧阅读强调利用智能技术开展自主化、精准性、自适应的阅读。在所有智慧理念的背后，都离不开智能技术的支撑。5G 技术、情景感知、移动云计算、网络切片技术、区块链技术、VR、可穿戴技术、物联网等技术相互融合，可以应用到基础资源层架构、知识发现层、知识服务层，为阅读空间可视化、资源发现、创新阅读资源加快聚集等提供了遴选通道，共同支撑起智慧阅读推广平台，集成先进阅读理念、关联资源、智能技术、关系难度、多元情境等构建智慧阅读推广生态，搭建以“互联网+、品牌+、文化+”等为核心特色的平台载体，帮助用户以立体感、空间感、方位感来享受智慧阅读盛宴，提升用户的阅读认知与情感，优化阅读品质与体验。

5.4.6 基于推广模式：多元融合，立体阅读

现代信息技术的飞速发展，深刻地改变着读者的阅读心理和阅读行为，阅读推广一方面需追求主题内涵深化，另一面需追求阅读形式创新，立体阅读以其内涵丰富、主题独特、形式多样等特点倍受图书馆界青睐，成为近年图书馆界兴起的创新型阅读推广模式。如同济大学图书馆开展了“粉墨中国”“经典上海”等立体阅读推广品牌活动；辽宁大学图书馆开展了“中华传统经典立体阅读之旅”；石家庄学院图书馆开展了“读书·读人·读己——基于读者协会的立体化阅读推广体系”；上海海洋大学图书馆建立了“立体阅读”服务资源共享平台。立体阅读逐渐被图书馆界所采用和延伸发展。乡村阅读推广同样可以采用立体阅读推广模式。在“围绕阅读主题，整合载体资源”的理念驱动下，构建出集名著、演讲、展览、演出、美食、民宿、地方文化、文创产品、互动等为一体的活动架构，将单一传统的阅读方式转变为多维度、多层次、创造性、建构性的个性化阅读体验，有效传递深层次知识。

6　美国高校图书馆社会价值评估研究及启示

近年来，国外图书馆界掀起了对图书馆价值评估研究的热潮，以美国为主的西方国家针对图书馆价值评估的研究案例日益增多，很多公共图书馆都以图书馆经济价值评估年度报表的形式来揭示其如何支持当地经济的发展，用事实和数据证明图书馆的社会价值。面对当前的经济和政治环境，美国图书馆界已经广泛意识到评估高校图书馆社会价值的必要性和重要性，并逐步开展了相关的实践研究项目，对美国高校图书馆的价值评估展开了广泛研究，积极向外界彰显其社会价值，提高了政府和公众对图书馆价值的认识。在信息化时代，相较其他路径而言，面向社会开放是高校图书馆职能转变背景下，体现社会价值最直接、最有效的路径。

6.1　美国高校图书馆社会价值评估研究的背景

6.1.1　经济的剧变

20 世纪 90 年代，美国经济稳步增长，良好的经济环境推进了图书馆的发展和变革，2000 年前投入数字图书馆研究的经费超过 8 亿美元。但自 2001 年 3 月后，美国经济开始进入衰退期，同年“9・11”事件的重创，经济的困窘席卷美国各地，各部门预算紧缩，图书馆界也不例外，公共图书馆、学院图书馆、学术图书馆和大学图书馆的资金均遭到不同程度的削减。据报道，2004 年，每个州的经费削减几乎达到 50%，图书馆预算削减在过去 18 个月中达到了 1.112 亿美元。2008 年的全球金融危机更是雪上加霜，政府预算的削减和捐赠基金的严重流失，使众多图书馆举步维艰，2009—2010 年，多数图书馆的购书和运行经费勉强维持甚至减少。因此，面对经济的衰退和经费预算的削减，图书馆有必要为其提供经费的主管部门和用户展示其存在的社会价值。

6.1.2 “新公共管理运动”思潮的传播

20世纪70年代末，西方国家发起了一场声势浩大的改革运动——“新公共管理运动”。新公共管理运动以提高公共行政效率、减轻政府财政压力为出发点，在一切可能的领域推行市场化，引发了公共部门管理全方位的实质性变革。这种新的管理主义实际上就是以追求“3E”为价值目标的“效率主义”，要求领导人强调效益、经济、效率的价值，主张把市场竞争机制引入公共管理部门，行政效率、经济效益成为公共政策最主要的价值取向。“新公共管理运动”思潮很快席卷世界各地，并持续地对世界各国政府行为产生了深远的影响，美国也不例外。2003年，美国联机计算机图书馆中心OCLC（Online Computer Library Center）的报告指出：图书馆、博物馆、档案馆等有关组织，目前还没有用文件的形式来证明它们提供的经济利益……创造共享的效率并提高纳税人的投资回报率将是其未来若干年关键的努力方向。

6.1.3 “拯救图书馆运动”的兴起

2003年，面对经济衰退和图书馆经费预算的消减，美国图书馆协会ALA（American Library Association）前主席弗里德曼（MauriceJ Freedman）发起了拯救图书馆运动（The Campaign to Save America's Libaries），目的在于号召和团结全美图书馆人士以及一切热爱图书馆事业发展的有识之士，抗议对图书馆预算不足及削减图书馆经费的行为。这次“拯救图书馆运动”主要包括有五项应对措施，其中重要的一条就是：“竭力阐明图书馆的社会价值和作用”。用事实和数据来证明图书馆的社会价值。

6.1.4 信息技术的高速发展

随着网络化和数字化技术的不断发展，特别是Web 2.0技术的出现，越来越多的人习惯通过搜索引擎获取信息，而不再“麻烦”图书馆，图书馆作为文献信息中心的社会地位面临极大的挑战，其现实社会价值受到不同程度的质疑。同时，云计算、增强和虚拟现实、开源软件、发现工具以及社交网络工具等技术的发展极大地影响着用户的需求变化、图书馆馆藏和使用方式的变革，大部分高校图书馆都面临着“读者要求变高，馆舍空间使用需要转型，购买力下降”的挑战。因此，为了尽可能地满足读者的需求，争取到有限的资金，图书馆就要证明自己在教学产出、招生、学生就业、基金申请以及职工科研生产力等方面的影响力。

6.1.5　美国高等教育问责制的影响

社会越来越需要学术图书馆去证明自己的社会价值，这一趋势是更广泛范围的高等教育问责制运动的一部分。美国几乎所有的高等院校都接受了纳税人提供的资金或补助金，如哈佛大学 20% 的预算就来自政府拨给的基金，这就意味着高等院校面临着巨大的公共责任和压力。同时，政府也开始寻求各种途径把高等教育拨款与业绩联系起来，以监督其履行责任。因而，美国高等教育机构不得不认真履行政府的问责，接受监督，证明自己在资源方面消耗的有效性和合理性。部分高校也明确要求：评估图书馆的各个项目和服务，对比它们对读者的价值与文献资源建设的价值，将图书馆经费划拨与图书馆业绩联系起来。

6.2　美国高校图书馆社会价值评估理论体系的形成

6.2.1　图书馆评价的早期理论研究阶段

图书馆评价产生于 20 世纪 30 年代，到 20 世纪 60—70 年代，图书馆评价理论取得了初步发展。1977 年，美国著名图书馆学家兰开斯特（F. W. Lancaster）的《图书馆服务的测量与评价》，是公认的有关图书馆评估的理论著作，提出了较为完整、系统的图书馆评价理论和方法体系，成为该时代图书馆评价工作的基本指南。这段时期的学者纷纷提出了若干关于图书馆评价有价值的理论和图书馆评价模型，奠定了评价研究的理论基础。

6.2.2　强调以图书馆为中心，关心投入——产出的绩效评估研究阶段

在评价理论发展的同时，图书馆绩效评价指标研究不断推进。在 20 世纪 80—90 年代，学者们将图书馆绩效评价从理论研究转向实际应用，相继开展了

一系列有关图书馆绩效评价的研究项目和评价实践活动，陆续发布了许多关于图书馆绩效评估的指标体系，图书馆评价活动开始向规范化、标准化的方向发展，制定了一系列高校图书馆绩效评价的重要标准和指南。如 1988 年国际图联（IFLA）出版了《关于大学图书馆绩效测度的标准》，1990 年美国大学和研究图书馆协会（ACRL）制定了《学术图书馆绩效评价标准》等。

6.2.3　强调以用户为中心，关注服务对用户最终影响的成效评估研究阶段

随着图书馆绩效评估过程的发展和深入，图书馆学界逐渐意识到评估的目的是为了更好地为用户服务。而绩效评估指标难以覆盖图书馆服务的所有方面，尤其是深层次的服务。因此，逐渐把焦点转移到对图书馆服务质量的评估，从以自我感知来衡量转变到以用户感知来衡量。1996 年，以美国大学和研究图书馆协会为主，开始了对图书馆成效评估的系统研究，经过两年多的时间，于 1998 年发布了《学术图书馆成效评估报告》白皮书。之后，图书馆成效评估逐步从绩效评估的混合中分离开来，其概念、评估原则、原理以及方法被单独定义和研究，并逐渐形成了一整套完善的成效评估理论体系和规范化的实践程序与方法。随着成效评估的理论和方法体系的日益成熟，2004 年，美国将成效评估写入统一制定的《高等教育图书馆标准》（Standards for Libraries in Higher Education）中。

6.2.4　强调以全社会为中心，关注对全社会贡献的价值评估阶段

在日益成熟的图书馆绩效评估和成效评估的滋养下，在相关学科领域价值评估理论与方法的启示下，在经济、政治环境的影响和推动下，20 世纪 90 年代末，图书馆评估研究的重心推进到价值评估的新阶段。图书馆价值评估是以绩效评估和成效评估及其结论为基础，融合绩效评估和成效评估的理念，是图书馆评估的高级阶段。经过近三十年的探索，已经初步形成了一套评估理论和方法，开辟了图书馆评估研究的新领域。

6.3　美国高校图书馆社会价值评估的典型项目与实践活动

弗吉尼亚联邦大学 VCU（Virginia Commonwealth University）图书馆是美国

较早开展社会价值评估研究的机构。1999 年，弗吉尼亚联邦大学图书馆研究了图书馆参考咨询台服务（Reference Desk Service）的价值评估。综合采用条件价值评估法、消费者剩余法和时间成本法，选择了该校 382 名在校学生和教师进行调查，结果显示，图书馆参考咨询服务带来的总价值为 326 443 美元，其中给教师带来的价值是 68 548 美元，给学生带来的价值是 257 895 美元，学生和教师花费在参考咨询上的总的时间成本为 93 600 美元，得到弗吉尼亚联邦大学图书馆参考咨询台服务的投资回报率（ROI）为 3.5 : 1。该研究充分证明了高校图书馆开展参考咨询服务的价值。

2006 年，开展了对匹兹堡大学（University of Pittsburgh）图书馆馆藏期刊的社会价值评估研究。该研究综合采用了条件价值评估法和时间成本法，选择了该校 209 名学生和教师进行问卷调查，结果得到匹兹堡大学图书馆馆藏期刊的 ROI 为 3.93 : 1。

2006—2009 年，由美国研究图书馆协会（ARL）联合田纳西州立大学等开展的、美国博物馆和图书馆服务研究所（IMLS）资助的为期三年的项目 Lib_ Value致力于研究高校图书馆价值和 ROI，旨在通过开发一系列可测量的方法和工具来更好地评价高校图书馆的服务，向高校管理层和资助方展示图书馆的价值所在。并同时开发完成了“高校图书馆价值、成果和投资回报（ROI）”网站，该网站涉及图书馆价值、评估和各类型图书馆的投资回报研究、高校图书馆 ROI 文献的书目数据库、有关图书馆价值决定方法的基础资料等资源，这些资源免费提供给进行图书馆价值评估研究人员参考。

2007 年，伊利诺伊大学厄巴那 - 香槟分校（University of Illinois at Urbana - Champaign）图书馆与 Elsevier 和 Informed Strategies 公司合作，致力于探寻高校图书馆价值的定量化揭示。选择从图书馆资源的提供与资助项目成功申请关系着手，调查对象选择了终身制体系下的教研人员，通过建立经济学模型，估计了图书馆对大学的投资回报率，结果得到总体 ROI 为 4.38 : 1。

基于对行为评估的长期兴趣，以及近年来的图书馆价值讨论热潮，2009 年，ACRL 董事会创立了一个工作组，发起了高校图书馆价值及其评估的倡议，致力于讨论高校图书馆价值及其评估问题，从服务机构使命和结果的角度来彰显高校图书馆的价值，聘请了奥克利（Megan Oakleaf）对相关文献进行了定量和定性分析，于2010年发布了《高校图书馆价值》的报告，主要内容包括汇集了精心挑选出的各类图书馆价值彰显的成功经验，引导高校图书馆采取策略赢得支持，为高校图书馆价值的进一步展示提出了建议，列出了衡量高校图书馆价值的22个方面的内容，同时，每个方面的内容给出了一些评估指标及其所关联的内容。

6.4 美国高校图书馆社会价值评估的借鉴意义

6.4.1 树立科学的图书馆价值评估理念

开展高校图书馆价值评估研究不仅是对高校内部某一特定部门的评价，也是对图书馆功能是否得以充分发挥的系统考察。学校对图书馆的支持力度取决于图书馆对教学、科研、招生、就业、社会等方面贡献的大小，因此，通过对高校图书馆价值的科学评价，有利于向主管部门在财政预算和决策投入时提供科学的参考依据，从而设计合理的资金配置方案；有助于图书馆人正确认识自身价值，从而在科学管理、提升服务等方面具有更充分的科学依据，使自己不断提升向社会输出的服务效益，有利于图书馆向公众证明自身的价值，提高政府和公众对图书馆价值的认识。

6.4.2 争取图书馆协会等行业组织的支持与推动

美国图书馆价值评估成功的经验之一就是有以图书馆协会为代表的行业组织的积极参与。美国图书馆协会、美国研究图书馆协会、美国大学和研究图书馆协会等在图书馆价值评估中担负着重要的推动和促进作用。我国不仅有全国性的图书馆协会，各省也有相应的协会，可以由协会统筹图书馆价值评估研究的开展。单个图书馆的影响力十分有限，通过借助图书馆协会的宣传和支持，有助于价值评估在众多图书馆的开展和迅速推广。

6.4.3 加强理论研究与实践研究的联系力度

美国高校图书馆价值评估的实践研究与理论研究几乎同时展开，理论发展需要以扎实的实证研究为基础和推动，实践研究需要系统丰富的理论为指导，二者相辅相成，共同促进美国高校图书馆价值评估研究的发展。当前我国高校图书馆评估研究领域在一定程度上还存在理论与实践研究相脱节的问题，这将不利于我国高校图书馆价值评估研究的发展。理论来源于实践，在具体的价值评估实践中开展理论研究将更贴近现实，更具有深度和意义。因此，期待我国学者进行深入的理论和实践探索。

6.4.4　注重多种评估方法的使用和融合

美国高校图书馆价值评估的方法不断臻于成熟，逐渐趋于综合化，通常采用条件价值评估法、时间成本法和消费者剩余法等多种方法的综合，平衡了单独使用一种方法引起的偶然性或偏颇性，既注重定量测评，又有定性分析，以求得评估结论的客观和准确。高校图书馆价值评估属于多学科交叉领域范畴，通过采取兼容并包的开放态度，充分吸取国外成功经验，借鉴其他相关学科领域的前沿理论和方法，推进研究的跨越式发展。

6.4.5　遵循价值评估体系演化的循序渐进性

任何制度的形成都不是一蹴而就的，而是需要经过实践的反复考验和优化，成熟的体系也只有通过循序渐进的演化才能形成。美国在建设价值评估的过程中，通过长期的绩效评估、成效评估研究，以其研究成果及结论为基础，经历了探索、发展、成熟的阶段。目前，我国尚未建立起系统的、完善的、本土化的图书馆价值评估理论体系和方法，因此，在价值评估理论和技术发展过程中，强调绩效评估、成效评估对于价值评估的基础支撑作用，不断总结经验，逐步完善价值评估工作，努力构建适合我国特色的图书馆价值评估框架，建立起本土化的图书馆价值评估理论体系和方法。

面向世界学术动态，高度重视和大力加强高校图书馆价值评估研究，是今后我国图书馆评估研究的一个重要任务，要大力借鉴相关学科领域的价值评估理论与方法，深化图书馆价值运动规律研究，努力构建新的图书馆价值评估逻辑框架，并以此牢固树立正确的价值导向，改善价值取向，促进高校图书馆更好地开展社会化服务工作，不断地提升图书馆事业对整个经济社会的贡献能力与水平。

参考文献

[1] 黄健. 高校图书馆发展研究［M］. 长春：吉林文史出版社，2009.
[2] 方东权. 数字时代之图书馆［M］. 北京：线装书局，2007.
[3] 臧鸿妹. 高校图书馆读者服务新探［M］. 合肥：安徽大学出版社，2009.
[4] 张理华. 大数据时代高校图书馆信息服务创新研究［M］. 北京：北京理工大学出版社，2019.
[5] 杨永华. 智慧时代高校图书馆服务创新与发展研究［M］. 北京：中国原子能出版社，2020.
[6] 农艳春. 大数据时代高校图书馆服务工作研究［M］. 长春：吉林大学出版社，2018.
[7] 蔡莉静. 大学图书馆学科服务理论与实践［M］. 北京：海洋出版社，2015.
[8] 王文兵. 高校图书馆学科服务研究［M］. 武汉：湖北科学技术出版社，2012.
[9] 舒予. 高校图书馆学科服务研究及应用实践［M］. 成都：四川大学出版社有限责任公司，2021.
[10] 王惠君等. 图书馆文化论［M］. 长沙：湖南大学出版社，2004.
[11] 程超，梁桂钊等. 高可用可伸缩微服务架构［M］. 北京：电子工业出版社，2019.
[12] 维尼休斯·弗多萨·帕切科. 微服务设计模式和最佳实践［M］. 程晓磊，译. 北京：清华大学出版社，2019.
[13] 张春红等. 社交网络（SNS）技术基础与开发案例［M］. 北京：人民邮

电出版社，2012.

［14］乌丙安. 非物质文化遗产保护理论与方法［M］. 北京：文化艺术出版社，2010.

［15］(美) 珍妮特·V·登哈特，(美) 罗伯特·B·登哈特. 新公共服务：服务，而不是掌舵［M］. 丁煌，译. 北京：中国人民大学出版社，2014.

［16］龙斌. 高校图书馆社会化服务研究［M］. 长春：吉林出版集团股份有限公司，2019.

［17］云玉芹. 新时代高校图书馆社会化服务与创新［M］. 长春：吉林人民出版社有限责任公司，2021.

［18］王波. 图书馆学及其左邻右舍［M］. 北京：海洋出版社，2014.

［19］吴建中. 21 世纪图书馆新论［M］. 上海：上海科学技术文献出版社，2003.

［20］王振伟. 新时期高校图书馆读者服务工作研究［M］. 北京：北京理工大学出版社，2019.

［21］胡广翔. 图书馆学与信息化应用研究［M］. 北京：社会科学文献出版社，2014.

［22］严栋. 智慧图书馆概论［M］. 大连：辽宁师范大学出版社，2021.

［23］邓香莲. 新媒体环境下阅读引导与读者服务的协同推进研究［M］. 上海：复旦大学出版社，2014.

［24］吴民祥. 从启蒙到学术百年中国大学图书馆功能演变［M］. 杭州：浙江大学出版社，2017.

［25］陶景治. 图书馆移动阅读服务研究［M］. 长春：吉林出版集团股份有限公司，2020.

［26］蒋太岩. 数字图书馆建设理论与应用技术［M］. 北京：高等教育出版社，2004.

［27］代根兴. 数字时代的图书馆信息资源建设［M］. 北京：北京图书馆出版社，2006.

［28］蒋沁芮. 数字技术背景下寿险公司业务运营模式转型研究［D］. 成都：西南财经大学，2022.

[29] 李伟平，罗晖. 富媒体环境下信息交流模式及通用组件的研究——基于 RIA 技术的 FLASH 网络日志的研究 [J]. 天津科技，2007 (12)：41 -44.

[30] 王风. RiaCS 企业富媒体开发研究 [J]. 重庆工学院学报（自然科学版），2007 (8)：150 -153.

[31] 何云，姚能坚，李辉等. 基于 RIA 架构的企业级即时通信系统 [J]. 计算机系统应用，2011 (10)：11 -14.

[32] 吴报玉. RIA 客户端技术研究与应用 [D]. 合肥：合肥工业大学，2009.

[33] 谷照升. RIA 技术解析 [J]. 长春工程学院学报（自然科学版），2010 (3)：85 -88.

[34] 邓启辉，赵英. RIA 技术在数字图书馆中的应用 [J]. 图书馆学研究，2008 (6)：27 -30.

[35] 马骅. 图书馆自动化系统在 RIA 架构下的优点与新功能性需求分析 [J]. 图书情报工作，2010 (3)：115 -118.

[36] 潘春华. RIA 技术的三维场景图书馆服务系统设计与实现 [J]. 图书情报工作，2010 (7)：111 -114.

[37] 范文，赵利国. IPTV 的关键技术及发展现状 [J]. 有线电视技术，2010 (3)：97 -99.

[38] 蔡冰. 论图书馆服务模式的重构 [J]. 图书馆，2009 (2)：78 -81.

[39] 白瑛. 基于价值链理论的中国 IPTV 运营模式分析 [D]. 北京：中国科学院，2008.

[40] 李春明，孙钢，张炜. 浅析面向数字电视网络的公共图书馆服务体系 [J]. 图书馆杂志，2010 (12)：23 -25.

[41] 张文彦，刘钟美，张瑞贤. 美国手机图书馆的发展概况 [J]. 图书馆建设，2009 (11)：96 -101.

[42] 鄢小燕，李名洋. 国内图书馆手机移动信息服务现状研究 [J]. 图书馆学研究（应用版），2010 (1)：63 -67.

[43] 吴政. 通用手机图书馆系统的设计与实现 [J]. 现代图书情报技术，2009 (1)：98 -104.

[44] 贺利娜，李媛源，田增山. 基于 J2ME 和 J2EE 的手机图书馆研究与设计

［J］．图书馆理论与实践，2010（12）：63－66.
［45］师晓青．手机图书馆信息服务应用价值研究［J］．情报资料工作，2009（1）：99－102.
［46］刘桂玲，郝俊勤，杨春华等．泛在图书馆环境下解放军医学图书馆学科化服务的思考［J］．图书馆理论与实践，2011（5）：80－82.
［47］张瑜．美国泛在图书馆服务研究［D］．武汉：华中师范大学，2011.
［48］蔡冰．论图书馆泛在服务模式实现的路径和方式［J］．图书情报工作，2009（13）：74－77.
［49］曹玉平．图书馆泛在服务模式与实现途径的探讨［J］．图书馆论坛，2010（5）：99－101.
［50］张甫，吴新年，张红丽．国内区域图书馆联盟建设与发展研究［J］．情报杂志，2011（8）：138－143.
［51］张会田．基于案例的数字图书馆泛在化服务模式分析［J］．情报理论与实践，2011（3）：77－81.
［52］刘学平．3G 技术在手机图书馆中的应用和发展［J］．情报科学，2010，（4）：511－515.
［53］卢颖．“985 工程”院校手机图书馆服务比较分析［J］．图书馆学研究（应用版），2010（9）：74－77.
［54］张凌云．公共图书馆手机服务现状分析与应对策略［J］．图书馆工作与研究，2010（10）：30－33.
［55］张文彦，张瑞贤．美中 WAP 手机图书馆发展现状比较［J］．图书馆杂志，2009（7）：64－68.
［56］程孝良等．基于移动通信技术的手机图书馆：理念、设计与应用［J］．图书馆理论与实践，2009（9）：63－66.
［57］邓香莲，杜珂．5G 时代社交短视频在出版业的应用——以机械工业出版社的抖音短视频运营为例［J］．编辑学刊，2020（1）：52－57.
［58］陈曦，吴晓艳．短视频平台的用户心理分析及其规制——以抖音为例［J］．传媒，2019（3）：86－88.
［59］徐炜炜，徐睿．大学生抖音使用状况的调研报告［J］．思想理论教育，

2019（7）：83－87.

［60］褚福勇，肖依，蔡志平，陈彬．虚拟机备份机制研究［J］．计算机工程与科学，2009（9）：131－134.

［61］廖海生．基于重复数据删除技术的数据容灾系统的研究［D］．广州：华南理工大学，2009.

［62］陈永选，郑乐丹．图书馆数字信息资源整合模式探究［J］．四川图书馆学报，2008（2）：18－20.

［63］阳广元．国外 Web Archive 研究进展及启示［J］．图书馆工作与研究，2016（6）：18－21.

［64］张新．从 iPRES 看国际数字资源长期保存研究与实践最新进展［J］．图书馆理论与实践，2016（7）：1－7.

［65］黄旭，毕强．国内外数字资源长期保存研究现状与进展［J］．图书馆学研究，2009（1）：25－28.

［66］伍进平．数字资源合作保存研究［D］．保定：河北大学，2010.

［67］刘万国，周秀霞，姜雷．数字资源长期保存联盟研究［J］．情报资料工作，2016（3）：75－79.

［68］王肖．基于 SOA 的教学资源库的设计与实现［D］．新乡：河南师范大学，2012.

［69］沙为超．基于 Web 服务的 SOA 应用研究［D］．合肥：安徽大学，2007.

［70］马晨，施晓华，王昕．MOOC 环境下的高校电子教参服务研究［J］．现代教育技术，2016（1）：67－72.

［71］娄秀明，丁鹏宇．上海地区图书馆 RSS 应用调研及分析［J］．图书馆杂志，2009（2）：53－57.

［72］董伟，贾东琴．RSS 在图书馆应用实例分析［J］．图书情报工作，2009（5）：82－85.

［73］高海峰，任树怀．Web 2.0 技术在高校图书馆学科建设中的应用——以上海大学图书馆学科馆员平台建设为例［J］．图书情报工作，2007（4）：115－118.

［74］陈成鑫．网络原生代信息查询行为个人影响因素分析［J］．图书馆学研

究，2011（7）：80－83.

［75］漆俐红，储冬红．高校图书馆开设就业信息服务的探析［J］．高校图书馆工作，2011（4）：77－79.

［76］张静，鞠静．高校图书馆开设学科博客的现状与启示［J］．图书馆论坛，2012（4）：120－122.

［77］王惠，王树乔等．基于 Wiki 的图书馆应用研究［J］．现代情报，2013（7）：156－160.

［78］武琳，冯园媛．SNS 在图书馆的应用及发展策略［J］．图书情报工作，2010（19）：24－27.

［79］陆萍，张蒂等．Web 2.0 环境下基于用户需求的信息服务研究［J］．情报杂志，2010（3）：170－172.

［80］李育嫦．基于 Web 2.0 的高校图书馆个性化信息服务：现有模式、存在问题及服务优化［J］．新世纪图书馆，2011（4）：30－33.

［81］李娇，刘西林．电子政务快速响应信息服务模型研究［J］．现代图书情报技术，2010（9）：42－47.

［82］姚向阳．基于 SNS 的国内高校图书馆互动服务现状及发展趋势［J］．图书馆理论与实践，2014（5）：36－39.

［83］田野．基于 SNS 的图书馆服务创新［J］．图书馆工作与研究，2013（3）：33－35.

［84］陈一茜．试述新媒体与图书馆信息服务［J］．图书馆工作与研究，2013（2）：45－47.

［85］吴穹，郑建明．基于自建 SNS 的高校图书馆信息咨询服务研究［J］．图书馆杂志，2013（10）：59－64.

［86］刘记，袁琳，叶晓峰等．Web 2.0 环境下的信息构建研究（Ⅰ）——信息构建发展的新阶段［J］．图书情报工作，2007（8）：58－63.

［87］鞠芳．试析物联网时代的智憾图书馆建议［J］．新世纪图书馆，2010（6）：86－89.

［88］李佳．基于物联网 RFID 技术的图书馆管理系统设计［D］．长沙：湖南大学，2011.

[89] 张海营. 基于物联网的图书馆馆藏推荐服务平台构建 [J]. 图书馆杂志, 2013 (12): 33 - 36.
[90] 杨莹, 潘无名. 基于物联网的学科服务系统构建研究 [J]. 图书馆学研究, 2014 (5): 99 - 101.
[91] 杨辉, 郑军. 物联网环境下智能图书馆的服务创新 [J]. 四川图书馆学报, 2012 (3): 2 - 4.
[92] 李峰, 李书宁. 基于物联网技术的智能图书馆发展研究 [J]. 图书情报工作, 2013 (5): 66 - 70.
[93] 徐军玲. 物联网技术与图书馆的智能化 [J]. 图书情报工作, 2013 (12): 114 - 117.
[94] 蒲姗姗. 高校图书馆就业信息资源的整合与服务 [J]. 教育教学论坛, 2011 (10): 99 - 100.
[95] 张立彬, 赵麟, 吴一平等. 基于 Tag 的个性化信息服务新方式 [J]. 情报科学, 2008, 26 (10): 1494 - 1501.
[96] 赵需要. 基于 Tag 的图书馆联盟资源共享机制研究 [J]. 图书馆学研究 (理论版), 2011 (5): 18 - 21.
[97] 吕婷. 论我国大学生就业体系的构建 [D]. 成都: 四川大学, 2007.
[98] 欧庭宇. 高校图书馆文化育人: 何以可能与何以实现 [J]. 重庆三峡学院学报, 2021 (2): 34 - 43.
[99] 杨宇涵. 加强高校图书馆文化建设 全面营造育人氛围 [J]. 图书馆建设, 2002 (2): 23 - 24, 31.
[100] 董利波. 高校图书馆文化育人职责的审视与思考 [J]. 图书馆工作与研究, 2012 (8): 58 - 60.
[101] 杨国富. 文化育人视域下高校图书馆的文化传承与创新——以浙江大学图书馆立体文化育人平台建设为例 [J]. 大学图书馆学报, 2018 (3): 84 - 87, 118.
[102] 胡开胜, 周玉波. 高校图书馆文化育人功能的价值追求与途径探索 [J]. 图书馆, 2020 (2): 93 - 98.
[103] 张晓东. "三全育人" 理念下高校图书馆思政教育路径与对策研究 [J].

图书馆工作与研究，2019（7）：33－37.

［104］陈俭峰．大数据环境下图书馆决策机制的优化及实现［J］．图书馆工作与研究，2017（11）：37－42.

［105］李雪原．国内外高校图书馆营销比较研究［J］．图书馆工作与研究，2012（2）：20－23，29.

［106］王璞．营销理念在高校图书馆的应用研究［J］．图书情报工作，2006（2）：31－34.

［107］张岚岚，周舒．基于营销理念的高校图书馆数字参考咨询服务［J］．情报理论与实践，2009（8）：90－97.

［108］戴鹭涛，苏海潮．针对读者需求的图书馆营销策略［J］．图书情报工作，2005（8）：124－126.

［109］生萎萎，李国锋．基于价值链理论的图书馆营销策略［J］．图书情报工作，2006（2）：72－75.

［110］曾尔雷．美利坚大学图书馆营销活动及其启示［J］．情报理论与实践，2008（1）：158－160.

［111］陈丽冰．基于 Web 2.0 技术的图书馆营销研究［J］．图书馆论坛，2011（5）：70－72.

［112］陈静．基于用户视角的高校图书馆营销媒体研究［D］．济南：山东大学，2017.

［113］甯佐斌．社会化媒体情境下图书馆营销战略实施研究［J］．图书馆学研究，2015（8）：16－20.

［114］张汝昊，傅文奇．效能视角下的图书馆营销——以 IFLA 国际营销奖项目为例［J］．图书馆论坛，2017（2）：126－134.

［115］袁红军．“互联网＋”背景下图书馆文化创意产品营销策略研究［J］．图书馆工作与研究，2018（1）：52－55.

［116］董兰军，彭中云．意见领袖在图书馆新媒体营销中的应用研究［J］．图书馆工作与研究，2017（6）：105－108.

［117］杨玫．高校图书馆社会化服务的需求与优势［J］．图书情报工作，2010（17）：53－56.

[118] 吴金红，陈强，王娜. SOLOMO 环境下图书馆数字资源重构策略研究 [J]. 图书馆论坛，2014 (4)：64 -69.
[119] 谢蓉，刘炜. SoLoMo 与智慧图书馆 [J]. 大学图书馆学报，2012 (3)：5 -10.
[120] 白才进，王红. SoLoMo 环境下图书馆发展变革 [J]. 图书馆学研究，2012 (5)：23 -26.
[121] 朱曼曼，朱江. SoLoMo 概念及其在图书馆服务中的应用 [J]. 图书馆学研究，2013 (12)：57 -61.
[122] 曹亚苹. 基于非物质文化遗产数字化保护的平台设计研究——以皮影艺术为例 [D]. 上海：华东理工大学，2016.
[123] 余习扬. 非物质文化遗产中的元数据应用研究 [D]. 武汉：湖北美术学院，2017.
[124] 苑芳凯. 非物质文化遗产传承的激励机制研究 [D]. 济南：山东大学，2015.
[125] 常本瑞，谢瑞东. 从“5W”模式看科技传播 [J]. 图书馆论坛，2000 (5)：19 -21.
[126] 冯思思. 基于新公共服务理论的政务微信传播策略 [D]. 武汉：湖北大学，2016.
[127] 潘炜，陈庚. 农家书屋困局及其技术突破路径——来自 21 个省份 282 个行政村的调查 [J]. 图书馆论坛，2019 (6)：98 -106.
[128] 黄雪丽. 农家书屋政策执行：困境分析与破解之道 [J]. 图书馆论坛，2017 (3)：44 -50.
[129] 李景文. “十三五”时期农家书屋可持续发展探究——基于农村阅读的视角 [J]. 出版广角，2016 (12)：17 -19.
[130] 陆和建，涂新宇，张晗. 我国农家书屋开展文化精准扶贫对策探析 [J]. 图书情报知识，2018 (3)：35 -44.
[131] 曾建辉. 农家书屋的管理虚化问题及其治理 [J]. 图书馆学研究，2016 (8)：98 -100.
[132] 陶爱兰，王岗. 民族地区农家书屋管理及服务模式探究——以宁夏地区

为例［J］. 图书馆理论与实践，2018（12）：76－80.

［133］赵虹，徐跃权. 我国农家书屋的发展现状、问题与策略［J］. 图书馆学研究（应用版），2011（10）：92－96.

［134］丁学淑，丁振伟，刘允斌. 农家书屋信息化内容构建与可持续发展［J］. 图书情报工作，2015（18）：41－45.

［135］孙鹏，李岩. 农家书屋信息化建设的保障途径——以辽宁省农家书屋信息化建设为例［J］. 图书情报工作，2015（18）：56－60.

［136］潘炜，陈庚. 农家书屋困局及其技术突破路径——来自21个省份282个行政村的调查［J］. 图书馆论坛，2019（6）：98－106.

［137］曾建辉. 农家书屋的管理虚化问题及其治理［J］. 图书馆学研究，2016（8）：98－100.

［138］孔兰. 农家书屋的社会化媒体发展模式研究［J］. 图书馆学研究，2018（2）：92－95.

［139］陶爱兰，王岗. 民族地区农家书屋管理及服务模式探究——以宁夏地区为例［J］. 图书馆理论与实践，2018（12）：76－80.

［140］刘敏. 基于真人图书馆的农家书屋服务新模式探讨［J］. 图书馆理论与实践，2014（7）：59－62.

［141］段玉昆，戴旸. 互联网背景下的农家书屋众筹模式探究［J］. 新世纪图书馆，2016（6）：26－32.

［142］孙薇. 吉林地区农家书屋可持续发展路径探析［J］. 图书馆学研究，2014（14）：51－54.

［143］王登佐. 基于社会力量办农家书屋的几点思考［J］. 图书馆学刊，2012（10）：7－9.

［144］姚秀敏. 农家书屋建设中社会力量介入的基本模式研究［J］. 山东图书馆学刊，2014（4）：67－69.

［145］陆雪梅. 高校图书馆数字资源立体多元协同服务机制研究［J］. 图书馆工作与研究，2016（12）：45－49.

［146］卢凤英. 新媒体环境下农村数字阅读现状及对策研究［J］. 图书馆学刊，2018（9）：97－101.

[147] 王忠友，韩雷，林风谦．乡村振兴战略下乡村阅读实践探索——以平度市“行走的书箱”乡村阅读推广项目为例［J］．图家图书馆学刊，2021(1)：77－83.

[148] 伍芳芳，张慧诚．乡村振兴战略下高校图书馆的乡村阅读推广工作——以四川工商学院图书馆实践为例［J］．出版广角，2020（13）：83－85.

[149] 张晓芳．民间图书馆开拓乡村阅读的新形式——记江西宁都县乡村小学阅读夏令营［J］．山东图书馆学刊，2016（6）：117－122.

[150] 吴德志，毕德强，董颖．农村居民的阅读困境之实证探析［J］．图书情报工作，2016（3）：70－76.

[151] 王春梅．农民阅读的内在多维度贫困——齐齐哈尔地区阅读情况调查［J］．图书馆论坛，2019（1）：145－152.

[152] 常倩倩．基于视频类平台的农村阅读带读机制策略研究［J］．图书馆建设，2021（9）：58－69.

[153] 郑雨霏，蓝依纯，常雅璇．农村阅读推广的路径与策略［J］．图书馆学刊，2021（1）：76－81.

[154] 赵海珍．基于信息公平的农村阅读推广体系建设研究［J］．河南图书馆学刊，2018（9）：4－5.

[155] 张黎斌．乡村振兴视域下河南省农村阅读推广体系建设研究［D］．开封：河南大学，2020.

[156] 冯敏．浅析新媒体在高校图书馆阅读推广中的应用［J］．出版广角，2020（24）：71－73.

[157] 第十八次全国国民阅读调查报告权威发布［EB/OL］．https://new.qq.com/omn/20210427/20210427A02ENB00.html. 2022－02－16.

[158] 黄安妮，陈雅．文旅融合下的公共图书馆服务创新路径［J］．图书馆，2020（2）：35－40，52.

[159] 高珊．H公司互联网金融产品精准营销策略研究［D］．杭州：浙江工商大学，2022.

[160] 赵锦辉，刘偲偲．“立体阅读”：多元融合的阅读推广新模式探析——以沈阳师范大学图书馆为例［J］．图书情报工作，2017（6）：16－20.

[161] 徐涌，史聪慧. 美国“拯救图书馆运动”及其对我国图书馆的启示［J］. 图书馆建设，2006（1）：79－81.

[162] 郝晓薇. 基于新公共管理运动的瓦格纳定律之审视：实证与启示［D］. 成都：西南交通大学，2010.

[163] 冯遵永. 美国高等学校问责制研究［D］. 上海：华东师范大学，2006.

[164] 刘文清. 论图书馆评价［D］. 湘潭：湘潭大学，2003.

[165] 张红霞. 国际图书馆服务质量评价：绩效评估与成效评估两大体系的形成与发展［J］. 中国图书馆学报，2009（1）：78－85.

[166] 贾国柱，熊伟. 国外图书馆价值评估研究述评［J］. 图书情报工作，2011（1）：84－88.

[167] Morris S，Tuttle J，Essic J. A Partnership Framework for Geospatial Data Preservation in North Carolina［J］. Library trends，2009，57（3）：516－540.

[168] LIU H L. Research on the microservice system of library［J］. Researches In Library Science，2015，4（1）：74－77.

[169] Dawson Munjeri. Tangible and Intangible Heritage：from difference to con vergence［J］. Museum International，2004，56（5）：20－21.

[170] Richard Kurin，Intangible. Cultural Heritage in the 2003 UNESCO Convention［J］. Museum International，2004，56（2）：66－77.

[171] Stephen. B. Brush. Heritage Protection：seeking a middle ground［J］. Current Anthropology，2004（6）：121－124.

[172] Wend Wendland. Intangible Heritage and Intellectual Property：challenges and future ProsPeets［J］. Museum International，2004，56（2）：97－107.

[173] Atsushi Hiyama，Yusuke Doyama，Mariko Miyashita，Eikan Ebuchi，Masazumi Seki，Michitaka Hirose. Wearable Display System for Handing Down Intangible Cultural Heritage［J］. Virtual and Mixed Reality-Systems and Applications Lecture Notes in computer Science，2011（6774）：158－166.

[174] Megan Oakleaf. What's the Value of an Academic Library：The Development of the ACRL Value of Academic Libraries Comprehensive Research Review and

Report [J]. Australian Academic & Research Libraries, 2011, 42 (1): 1 -13.

[175] Ahmed Morsi. Research and Preservation Projects on Intangible Heritage [J]. Museum International, 2005 (57): 61 -66.

[176] Scassa T, Taylor F. Legal and Ethical Issues around Incorporating Traditional Knowledge in Polar Data Infrastructures [J]. Data Science Journal, 2017 (16): 1 -14.

[177] Nils S, Inge A, David M. Towards an indicator -based assessment of cultural heritage as acultural ecosystem service—A case study of Scottish landscapes [J]. Ecological Indicators, 2018 (95): 288 -297.